Mit Führung den demographischen Wandel gestalten

Daniela Eberhardt
Margareta Meyer

Mit Führung den demographischen Wandel gestalten

Individualisierte alternsgerechte Führung:
Wie denken und handeln Führungspersonen?

Rainer Hampp Verlag   München, Mering   2011

Bibliografische Information der Deutschen Nationalbibliothek

Die Deutsche Nationalbibliothek verzeichnet diese Publikation in der Deutschen Nationalbibliografie; detaillierte bibliografische Daten sind im Internet über http://dnb.d-nb.de abrufbar.

ISBN 978-3-86618-615-6 (print)
ISBN 978-3-86618-715-3 (e-book)
DOI 10.1688/9783866187153
1. Auflage, 2011

© 2011   Rainer Hampp Verlag   München und Mering
           Marktplatz 5   D – 86415 Mering
           www.Hampp-Verlag.de

∞   *Dieses Buch ist auf säurefreiem und chlorfrei gebleichtem Papier gedruckt.*

Liebe Leserinnen und Leser!
Wir wollen Ihnen ein gutes Buch liefern. Wenn Sie aus irgendwelchen Gründen nicht zufrieden sind, wenden Sie sich bitte an uns.

Für Beatrice, Dieter, Edith, Gabrielle, Gérard, Gisela, Hannelore, Hans, Jean-Luc, Jolanta, Marianne, Michèle, Peter, Rudolf, Ruth und allen älter-werdenden Mitarbeiterinnen und Mitarbeitern des IAP Institut für Angewandte Psychologie

Vorwort

Wer eine Organisationseinheit mit gemischter Altersstruktur führen darf, weiss wie vielfältig und interessant das ist und wie sehr es immer wieder ein sich Hineindenken in die Lebenswelt, die Erfahrungen und das Know-How der Mitarbeitenden in verschiedenen Alters- und Lebensphasen bedeutet. Das ist eine der grössten Herausforderungen und auch eine der schönsten Aufgaben einer Führungsperson!

Die Babyboomer kommen in die Jahre. Das bedeutet eine immense Veränderung des Altersgefüges in Gesellschaft und Unternehmen. Während auf gesellschaftspolitischer Ebene über eine Verlängerung der Lebensarbeitszeit und entsprechende Modelle diskutiert wird, werden in den HR-Abteilungen der Unternehmen Möglichkeiten des Age Managements und der Gesundheitsförderung zum Erhalt der Arbeitsfähigkeit entwickelt. All diese neu entstehenden Möglichkeiten sind hilfreich und nützlich. Wenn Führungskräfte von heute nicht nachhaltig führen, die Arbeitsfähigkeit ihrer Mitarbeitenden nicht langfristig erhalten und keine älteren arbeitsfähigen Personen neu einstellen, kann der demographische Wandel nicht erfolgreich bewältigt werden. Führung in unserer Zeit und Gesellschaft hat immer auch den Anspruch alle gleich zu behandeln und dennoch dem einzelnen Individuum gerecht zu werden. Wenn dieser generalistische und gleichzeitig individualistische Führungsanspruch aufgegriffen und alternsspezifisch umgesetzt wird, dann reden wir von individualisierter alternsgerechter Führung – IAF. Um Führungspersonen in ihren Möglichkeiten zur IAF zu unterstützen, ist es erforderlich zu wissen, wie Führungspersonen ältere und älter werdende Mitarbeitende wahrnehmen, welche Einstellungen ihr Verhalten leiten und wie ihre heutige individualisierte alternsgerechte Führung ausgeprägt ist. Mit der vorliegenden Studie, an der knapp 400 Führungspersonen in der Schweiz und in Deutschland teilgenommen haben, soll dieses Wissen verfügbar gemacht werden.

Eine solch umfassende Studie ist immer nur mit der Unterstützung vieler möglich, denen wir an dieser Stelle herzlich danken möchten. Prof. Dr. Cordula Braedel-Kühner hat ihr Erhebungsinstrument zur Erfassung der IAF zur Verfügung gestellt, die deutschen Daten erhoben und uns mit vielfältigen Hinweisen, Fachdiskussionen und Gesprächen ermuntert und unterstützt, herzlichen Dank liebe Cordula! Wertvolle inhaltliche Anregungen haben wir von Dr. Joseph Weiss, Martin Hoch und Dr. Marc Schreiber erhalten. Prof. Dr. Werner Nienhüser hat uns angeregt, die Analysen zu erweitern und uns mit weiteren wertvollen Hinweisen in unserer Arbeit bereichert. Schlussendlich war es Stephanie Claus, die unser Manuskript kritisch durchgesehen und überarbeitet hat. Das alles war jedoch nur möglich, weil sich nahezu 400 Führungspersonen in der Schweiz und in Deutschland die Zeit genommen haben an dieser Studie teilzunehmen. Vielen Dank an alle!

Zusammenfassung

In der vorliegenden Studie werden Wahrnehmung, Einstellung und Verhalten von N = 395 Führungspersonen in der Schweiz und in Deutschland überprüft. Die Studie basiert auf dem Konzept der individualisierten altersgerechten Führung (IAF) von Braedel-Kühner (2005) und der altersgerechten Führung von Ilmarinen und Tempel (2002) und integriert weitergehende Überlegungen zum Erhalt der Arbeitsfähigkeit.

Im ersten Teil der Studie wurde das Instrumentarium zur Erhebung der IAF von Braedel-Kühner (2005) weiterentwickelt: Anhand einer Hauptkomponentenanalyse wurden die Skalen zu Wahrnehmung, Einstellung und Verhalten des überarbeiteten Erhebungsinstrumentes IAF neu ermittelt und auf ihre Reliabilität hin überprüft. Im zweiten Teil der Studie wurden die Stichprobe und die Ergebnisse beschrieben sowie weitergehende Hypothesen getestet. Jeweils drei von vier Skalen zeigen eine zustimmende Einstellung respektive eine entsprechende Einschätzung des eigenen Führungsverhaltens. Anders als erwartet präsentieren sich die Ergebnisse der Skala *Individualisierte altersspezifische Führung*. Hier fanden sich bei den Einstellungen und den Verhaltensweisen nur teilweise zustimmende Bewertungen der altersspezifischen Vorgehensweise. Die Wahrnehmung der Fähigkeiten älterer Mitarbeitender wurde mit der Wahrnehmung der Entwicklung eigener Fähigkeiten verglichen und eine nahezu identische Selbst- und Fremdwahrnehmung festgestellt. Die Einschätzung beider Bereiche stimmt mit den entwicklungspsychologischen Erkenntnissen der Forschung überein und lässt auf eine realistische Sicht der Führungskräfte schliessen. Altersstereotype sind wenig ausgeprägt. Korrelationen der vier Einstellungs- und Verhaltensskalen (*Erhalt der Arbeitsfähigkeit*, *Individualisierte altersgerechte Führung*, *Frühzeitiger Austritt aus dem Erwerbsleben* und *Führung älterer Mitarbeitender*) wie auch der Wahrnehmungsskalen wurden untersucht. Die jeweiligen Einstellungs- und Verhaltensskalen stehen in einem starken Zusammenhang. Die Wahrnehmung des eigenen Älterwerdens und die Wahrnehmung der Fähigkeiten älterer Mitarbeitender stehen in einem geringen bis moderaten signifikanten Zusammenhang. Signifikante Unterschiede zwischen Einstellung und Verhalten in Bezug auf individualisierte altersgerechte Führung wurden nachgewiesen. Es zeigt sich, dass die Einstellung in Bezug auf die drei folgenden Bereiche der IAF stärker zugunsten der älteren Mitarbeitenden ausgeprägt ist als das angegebene Verhalten: *Erhalt der Arbeitsfähigkeit*, *Individualisierte altersspezifische Führung* und *Führung älterer Mitarbeitender*. Der Bereich *Frühzeitiger Austritt aus dem Erwerbsleben* wird im Gegensatz dazu dahingehend beantwortet, dass die Führungskräfte ein Verhalten angeben, welches positiver ist als ihre Einstellung. Es zeigte sich, dass sie ein höheres Mass an Frühpensionierungen befürworten, als sie tatsächlich nutzen. Dabei ist zu bemerken, dass sie Frühpensionierungen tendenziell eher ablehnen. Die Überprüfung verschiedener Gruppeneffekte in Bezug auf die Einstellungs- und Verhaltensskalen ergab interessante Unterschiede in den Variablen Arbeitsland (Schweiz/Deutschland), Führungsstufe, Geschlecht und Unternehmensgrösse. Mittels multipler Regression wurde der potenzielle Einfluss von Wahrnehmung, Personen- und Unternehmensmerkmalen auf die Einstellung und das Verhalten untersucht. Die Überprüfung ausgewählter Forschungs-hypothesen vertiefte die Betrachtung der erhobenen Daten. In den abschliessenden Schlussfolgerungen werden die Ergebnisse bewertet und Möglichkeiten für den Praxis-transfer aufgezeigt. Die Ergebnisse der Studie bieten eine Grundlage für den Aufbau eines unterstützenden Führungsverhaltens mit Blick auf die Bewältigung des demographischen Wandels.

Inhaltsverzeichnis

1   Einleitung   **1**

1.1   Zielsetzung und Relevanz: Individualisierte alternsgerechte Führung gestaltet
den demographischen Wandel   1

1.2   Systematik der Themenbearbeitung   4

2   Demographische Entwicklung und Erwerbsverhalten Älterer   **9**

2.1   Demographische Entwicklung in der Schweiz und in Deutschland   9

2.2   Demographischer Wandel und Erwerbsbevölkerung   10

2.3   Auswirkungen des demographischen Wandels auf die Erwerbsarbeit in der
Schweiz   12

2.4   Ab wann sind Mitarbeitende ältere Mitarbeitende?   14

3   Individualisierte alternsgerechte Führung   **15**

3.1   Faktor Alter in Personalführungssituationen   15

3.2   Modellvorstellungen der altersgerechten Führung nach Ilmarinen   16

3.3   Individualisierte alternsgerechte Führung (IAF) nach Braedel-Kühner   17

3.4   Erhalt der Arbeitsfähigkeit   19

3.5   Führungs- und sozialpsychologische Modellvorstellungen als Basis der
Weiterentwicklung der IAF   21

    3.5.1   Differenzierung und Individualisierung von Führung   21

    3.5.2   Wahrnehmung, Einstellung und Verhalten gegenüber älteren und älter
    werdenden Mitarbeitenden   22

    3.5.3   Entwicklung von Fähigkeiten im Altersverlauf   23

    3.5.4   Führungs- und sozialpsychologische Forschungsfragen und Hypothesen
    zur Überprüfung der individualisierten alternsgerechten Führung   26

        3.5.4.1   Deskription von Führungsverhalten, Einstellungen und
        Wahrnehmungen   26

        3.5.4.2   Bivariate Unterschiede und Zusammenhänge von Einstellung,
        Verhalten und Wahrnehmung   26

        3.5.4.3   Überprüfung ausgewählter führungs- und sozialpsychologischer
        Hypothesen   27

        3.5.4.4   Multiple Zusammenhänge zur Erklärung von Einstellung und Verhalten   28

4   Modifikation Erhebungsinstrument IAF   **28**

4.1   Ausgangsinstrument, Kurzbeschreibung in den zentralen Aspekten   29

4.2   Konzeptionelle Weiterentwicklung des Fragebogens   30

4.2.1	Inhaltliche Überarbeitung	30
4.2.2	Weitere Aspekte der Überarbeitung	32
4.2.3	Ratingskalen des Fragebogens	32
4.2.4	Konzeptionell weiterentwickelter Fragebogen	33
4.2.5	Durchführung der Befragung	34
4.3	Skalenbildung und -überprüfung	34
4.3.1	Hauptkomponentenanalyse betreffend Einstellung und Verhalten	35
4.3.1.1	Hauptkomponentenanalyse betreffend Verhalten	36
4.3.1.2	Hauptkomponentenanalyse betreffend Einstellung	39
4.3.1.3	Skalenstatistiken zu den Einstellungs- und Verhaltensskalen	41
4.3.2	Hauptkomponentenanalysen betreffend Wahrnehmung	43
4.3.2.1	Wahrnehmung von älteren Mitarbeitenden und ihren Fähigkeiten (WA)	43
4.3.2.2	Wahrnehmung des eigenen Älterwerdens (eigene Fähigkeitsentwicklung)	45
4.3.2.3	Skalenstatistiken zu den Wahrnehmungsskalen	47
4.4	Zwischenfazit	48
5	**Empirische Überprüfung der IAF bei Führungspersonen in der Schweiz und in Deutschland**	**50**
5.1	Deskriptive Beschreibung der Stichprobe	50
5.1.1	Angaben zur Durchführung	50
5.1.2	Beschreibung der Stichprobe	50
5.1.2.1	Teilnehmende Führungskräfte	51
5.1.2.2	Teilnehmende Unternehmen	52
5.1.2.3	Teilnehmende Führungskräfte in ihrem Unternehmen	54
5.2	Deskriptive Beschreibung der Ergebnisse, ausführliche Dokumentation verschiedener Ergebnisfacetten	56
5.2.1	Ab welchem Alter gehören Mitarbeitende zu den älteren Mitarbeitenden?	56
5.2.2	Beschreibung der Ergebnisse auf Item-Ebene nach Konstrukten geordnet	56
5.2.2.1	Führungsverhalten gegenüber älteren Mitarbeitenden	57
5.2.2.2	Einstellung zur Führung von älteren Mitarbeitenden	58
5.2.2.3	Individualisiertes altersspezifisches Führungsverhalten	58
5.2.2.4	Einstellung zur altersspezifischen individualisierten Führung	59
5.2.2.5	Führungsverhalten Erhalt der Arbeitsfähigkeit	60
5.2.2.6	Einstellung zum Erhalt der Arbeitsfähigkeit	60

5.2.2.7   Wahrnehmung von älteren Mitarbeitenden (Alterssterotpyen)   61

5.2.2.8   Wahrnehmung der Fähigkeiten älterer Mitarbeitender   62

5.2.2.9   Wahrnehmung des eigenen Älterwerdens (eigene
Fähigkeitsentwicklung)   62

5.3   Bivariate Unterschiede und Zusammenhänge   63

5.3.1   Mittelwertsvergleich von Einstellung und Verhalten nach Skalen   63

5.3.1.1   Erhalt der Arbeitsfähigkeit - Einstellung und Verhalten   64

5.3.1.2   Individualisierte altersspezifische Führung - Einstellung und Verhalten   65

5.3.1.3   Führung älterer Mitarbeitender - Einstellung und Verhalten   66

5.3.1.4   Frühzeitiger Austritt aus dem Erwerbsleben - Einstellung und Verhalten   67

5.3.2   Vergleich der Wahrnehmung der Fähigkeiten von älteren Mitarbeitenden
und der Wahrnehmung des eigenen Älterwerdens (eigene Fähigkeitsentwicklung)   68

5.3.3   Korrelationen der Einstellungs- und Verhaltensskalen   69

5.3.4   Korrelationen der Wahrnehmungsskalen   70

5.3.5   Skalenunterschiede nach Gruppen   72

5.3.5.1   Nach Arbeitsland und Nationalität   73

5.3.5.2   Nach Branche, Unternehmensgrösse   75

5.3.5.3   Nach Führungsstufe und Anzahl Jahre im Unternehmen   78

5.3.5.4   Nach Geschlecht und Altersgruppe   81

5.3.6   Zusammenhänge: Korrelation der Skalen nach Spearman   84

5.4   Überprüfung ausgewählter führungs- und sozialpsychologischer Hypothesen   85

5.4.1   Bivariate Zusammenhänge von Einstellung, Verhalten und Wahrnehmung   85

5.4.2   Alters-Bias   87

5.4.3   Zusammenhänge mit dem eigenen Alter   88

5.4.4   Soziale Identität   89

5.4.5   Differentielle Fähigkeitsentwicklung   93

5.5   Multiple lineare Regression zur Erklärung von Einstellung und Verhalten   94

5.5.1   Verhalten als abhängige Variable   95

5.5.2   Einstellung als abhängige Variable   99

5.5.3   Vergleich der multiplen Regressionsanalysen zu Einstellung und Verhalten 103

5.6   Diskussion der Ergebnisse   107

5.6.1   Inhaltliche Dimension   107

5.6.2   Methodische Dimension   116

6   Schlussfolgerungen und Praxistransfer   121

6.1   Bewertung der Ergebnisse und Transfermöglichkeiten   121

6.2   Erwartungen der Praxis   125

6.3   Generelle Gestaltungsfelder der Praxis   126

Literaturverzeichnis   130

Abbildungsverzeichnis   134

Tabellenverzeichnis   135

Anhangsverzeichnis   136

1 Einleitung

1.1 Zielsetzung und Relevanz: Individualisierte alternsgerechte Führung gestaltet den demographischen Wandel

Mit Führung den demographischen Wandel gestalten? Die Babyboomer kommen in die Jahre und mit ihrem absehbaren Eintritt ins Rentenalter wird vor dem Hintergrund der abnehmenden Erwerbsbevölkerung in nahezu ganz Europa die Verlängerung der Lebens-arbeitszeit politisch diskutiert. Mitarbeitende länger - fit und gesund - im Erwerbsleben zu erhalten, ist eine Voraussetzung, zu der insbesondere Führungspersonen beitragen kön-nen. Gestaltungsempfehlungen für Führungspersonen können dann fundiert entwickelt werden, wenn bekannt ist, durch welche Wahrnehmung und welche Einstellungen ihr altersbezogenes Führungsverhalten beeinflusst wird und wie individuell und altersbezogen sie bereits heute führen.

In der vorliegenden Studie werden verschiedene Aspekte der alternsgerechten Führung untersucht. Übergeordnet wird der zentralen Fragestellung „Wie kann die Arbeits- und Beschäftigungsfähigkeit der älter werdenden und älteren Mitarbeitenden durch die Führungspersonen erhalten oder sogar erhöht werden?" nachgegangen.

Die vorliegende Studie befasst sich mit der Frage, wie sich Führungskräfte gegenüber älteren und älter werdenden Mitarbeitenden verhalten und wie sie deren Fähigkeiten ein-schätzen. Erfragt wurden auch die Haltung resp. Einstellung zur Führung von älteren und älter werdenden Mitarbeitenden sowie eine Einschätzung des eigenen Älterwerdens. Einstellung und Verhalten in Bezug auf den Erhalt der Arbeitsfähigkeit war ein weiteres Thema des Fragebogens. Einstellung und Verhalten können sich beträchtlich unterschei-den, beispielsweise aufgrund einschränkender Rahmenbedingungen.

Als Ausgangspunkt der Betrachtung dient zunächst der Anspruch an das Management der Beschäftigungsfähigkeit der Mitarbeitenden. Die *„Beschäftigungsfähigkeit managen heisst, Verhaltensweisen zu fördern und Verhältnisse herzustellen, die eine aktive und dauerhafte Teilnahme am wirtschaftlichen und gesellschaftlichen Leben ermöglichen"* (Richenhagen, 2007, S. 44 - 51).

Das Konzept der individualisierten alternsgerechten Führung IAF (Braedel-Kühner, 2005) bietet die Grundlage sich differenziert mit den Einstellungen, Wahrnehmungen und Verhal-tensweisen von Führungspersonen gegenüber älter werdenden und älteren Mitarbeiten-den auseinanderzusetzen. Führungspersonen spielen eine zentrale Rolle im Erhalt der Arbeitsfähigkeit von Mitarbeitenden und damit in der Bewältigung des demographischen Wandels. Die differenzierte Kenntnis von Erleben und Verhalten der Führungspersonen legt die Basis für gestaltungsorientierte Interventionen in der Praxis.

Aufbauend auf die Modellvorstellungen der IAF von Braedel-Kühner (2005) wird das Instrumentarium IAF zunächst auf den altersbezogenen Kontext der individualisierten Führung fokussiert. Zusätzlich wird der Bereich zur Fähigkeitsentwicklung überarbeitet und erweitert. Insgesamt werden N = 395 Führungskräfte zu ihrer Wahrnehmung, Einstellung und ihrem Verhalten gegenüber älteren und älter werdenden Mitarbeitenden befragt. Die Ergebnisse dieser Befragung bieten einen reichen Fundus für die Ableitung von weiterreichenden, evidenzbasierten Interventionsmöglichkeiten.

Der demographische Wandel hat volkswirtschaftliche, betriebswirtschaftliche, gesellschaftliche und persönliche Auswirkungen. Von Unternehmen und Organisationen wird erwartet, die Arbeits- und Beschäftigungsfähigkeit länger zu erhalten, um diesem demographischen Wandel zu begegnen. Dabei sind die Unternehmen aufgrund des Generationenwechsels mit drei Anforderungen konfrontiert: ältere Mitarbeitende, ältere Kunden und Auswirkungen auf die Produkte und Produktinnovationen (Höpflinger, 2008). Eine wichtige Herausforderung liegt im Erhalt der Innovationskraft der Belegschaft trotz alternder Strukturen (Krey & Meier, 2004).

In der Debatte um die Sicherung der Rentensysteme und in der Sorge um einen baldigen Mangel an Arbeitskräften wird immer wieder auf die Notwendigkeit einer Erhöhung des Rentenalters hingewiesen:

> „... die mit der Beschäftigung älterer Menschen zusammenhängenden Probleme [können] nicht einfach durch den Umbau der Rentensysteme gelöst werden. Bevölkerungs-, familien- und sozialpolitische Fragen, Probleme des Arbeitsmarktes, der Arbeitsorganisation und der Weiterbildung sind eng miteinander verflochten, und neben dem Gesetzgeber spielen die Unternehmen dabei die Schlüsselrolle." (von Cranach, 2004, S. 18)

Was aber bedeutet das, wenn ältere Mitarbeitende bevorzugt entlassen werden und über 50-Jährige kaum mehr Beschäftigungschancen erhalten? Oder wenn Erwerbstätige über ihre Belastungsgrenzen hinaus arbeiten und an ihrer Arbeitsstelle längerfristig Gesundheitsrisiken in Kauf nehmen?

Dass ein Umdenken nötig ist, erscheint vor diesem Hintergrund ohne Frage. Eine tragende Rolle in dieser Entwicklung haben - neben der vom Staat wahrgenommenen gesellschaftlichen Verantwortung - Unternehmen und somit auch Führungspersonen. Nicht nur Arbeitnehmende müssen ihre Selbstverantwortung wahrnehmen, auch Führungspersonen müssen dafür sorgen, dass ältere Menschen beschäftigt bleiben und den schnell wechselnden Anforderungen auch in Zukunft gerecht werden können. Sie müssen die Arbeitsfähigkeit ihrer Mitarbeiterinnen und Mitarbeiter „managen". Wie aber denken und handeln Führungspersonen in Bezug auf ältere und älter werdende Mitarbeitende und deren Arbeitsfähigkeit? Was bedeutet es Arbeitsfähigkeit zu managen? Wie nehmen Führungspersonen ihre Mitarbeitenden altersbezogen wahr und wie erleben sie das eigene Älterwerden? All diesen Fragen wird detailliert nachgegangen. Dabei liegt der Studie folgende Annahme zugrunde:

Führungspersonen haben eine zentrale Rolle in der nachhaltigen Förderung der Arbeitsfähigkeit von Mitarbeitenden. Massnahmen zur wirkungsvollen Unterstützung von Führungspersonen in der individualisierten altersgerechten Führung müssen auf deren

Wahrnehmungen, Einstellungen und Verhaltensweisen aufbauen und der Situation der Führungspersonen gerecht werden.

Eine zentrale Voraussetzung für eine berufslebenslange Beschäftigungsfähigkeit ist die Arbeitsfähigkeit. Unter Arbeitsfähigkeit wird *„die Summe von Faktoren, die eine Frau oder einen Mann in einer bestimmten Situation in die Lage versetzen, eine gestellte Aufgabe erfolgreich zu bewältigen"* verstanden (Ilmarinen & Tempel, 2002, S. 166). Neben der psychologischen Dimension gibt es für den Erhalt der Arbeitsfähigkeit betriebswirtschaftliche Gründe: Das Finnish Institute of Occupational Health (FIOH) hat berechnet, dass bei schlechter Arbeitsfähigkeit pro Person und Jahr € 7086 Arbeitsunfähigkeitskosten und € 3571 Abwesenheitskosten entstehen (Ilmarinen, 2003).

Die Schweiz und Deutschland stehen wie nahezu alle industrialisierten Länder vor der Herausforderung dem demographischen Wandel gerecht zu werden. In Forschung und Praxis werden die Entwicklungen überprüft und aus verschiedenen Perspektiven Lösungsansätze entwickelt. Voraussetzung für eine (berufs-)lebenslange Beschäftigung ist der Erhalt der Arbeitsfähigkeit der Erwerbspersonen. Themen wie demographische Entwicklung und HR-Demographie, nachhaltiges HRM, die Vorstellungen von Personalverantwortlichen etc. werden in verschiedenen Forschungen überprüft.

Verschiedene theoretische Ansätze und wissenschaftliche Arbeiten zum Themengebiet Organisationsdemographie befassen sich mit der Thematik, wie Personalstrukturen zustande kommen, welchen Einfluss demographische Entwicklungen auf die Veränderung dieser Personalstrukturen haben und welche Konsequenzen sich hieraus ergeben. Nienhüser hat die verschiedenen Modellvorstellungen und Befunde der Organisationsdemographieforschung analysiert, systematisiert sowie verschiedene Einflussgrössen und Wirkungen diskutiert. Ein offener Punkt war, ob sich individual-theoretische Konzepte zur Erklärung von Ursachen und Wirkungen von Personalstrukturen eignen: *„Mit Hilfe von individualtheoretischen Aussagen lässt sich überhaupt erst verstehen, wie Strukturen (nicht-individuelle Phänomene) auf das Verhalten von Personenmehrheiten (ebenfalls ein nicht-individuelles Phänomen) wirken"* (1998, S. 525). Erfolgt die Betrachtung auf der psychologischen Ebene fokussiert sich die Erklärung individueller Phänomene bislang vornehmlich auf arbeitspsychologische Betrachtungen. Schwerpunkt dieser Forschungen bilden Arbeiten von Ilmarinen und seinen Mitarbeitenden sowie daraus resultierende weltweite Folgeforschungen. Bei der Entwicklung des Work-Ability-Indexes (WAI) und anderen Arbeiten steht der Erhalt der Arbeitsfähigkeit im Mittelpunkt der Betrachtung. Zentrale Akteure in der Durchsetzung organisatorischer Belange und in der Wahrnehmung von Verantwortung durch eine Organisation oder ein Unternehmen sind die Führungspersonen. Sie erzeugen mit ihren Entscheidungen und Verhaltensweisen Multiplikatoreffekte und können den Umgang mit der demographischen Entwicklung in Organisationen massgeblich beeinflussen.

Aus der Perspektive Führung älterer und älter werdender Mitarbeitender liegen bislang wenig empirische Arbeiten vor. Tuomi et al. (1997) konnten in ihrer Längsschnittstudie als

3

einzig hochsignifikanten Faktor zur Verbesserung der Arbeitsfähigkeit von Mitarbeitenden zwischen dem 51. und 62. Lebensjahr das altersgerechte Führungsverhalten identifizieren.

Ilmarinen und Tempel (2002) haben das Konzept der altersgerechten Führung entwickelt, das von Braedel-Kühner (2005) - unter Integration der Modellvorstellungen der unternehmerischen Führungslehre von Wunderer - zum Modell der individualisierten alternsgerechten Führung weiterentwickelt wurde. Sie hat erstmals Daten zu Wahrnehmung, Einstellungen und Verhalten von deutschen Führungspersonen erfasst. Zum Thema Führung älterer Mitarbeitender gibt es erste qualitative Forschungen (Mücke, 2008). Weitergehende empirische Daten liegen bislang nicht vor.

In der vorliegenden Studie wird zunächst das Instrumentarium der IAF weiterentwickelt und damit die IAF bei Führungspersonen in der Schweiz und in Deutschland empirisch überprüft. Mittels einer empirischen Überprüfung von Wahrnehmungen, Einstellungen und Verhalten von Führungskräften gegenüber älteren und älter werdenden Mitarbeitenden können differenziert die Fragen nach Altersstereotypen, nach Unterschieden von Einstellungen und Verhalten und nach verschiedenen handlungsrelevanten Bereichen beantwortet werden. Das Selbst- und Fremdbild bezüglich der altersabhängigen Entwicklung von Fähigkeiten ermöglicht eine ausgewogene Beurteilung potenzieller Gestaltungsoptionen.

1.2 Systematik der Themenbearbeitung

Zentrale Herausforderung für die Führungskräfte und somit Hintergrund für die IAF und ihre Weiterentwicklung ist die Bewältigung des demographischen Wandels. Auf dem Hintergrund der demographischen Entwicklung werden Modellannahmen, Instrumentarien und Untersuchungsschritte aufgezeigt.

Die Grundlage der IAF bieten die Arbeiten von Ilmarinen und Tempel (2002) zur altersgerechten Führung und die Modellvorstellungen der unternehmerischen Führungslehre von Wunderer (2001). Braedel-Kühner (2005) integrierte diese in ihr Konzept der individualisierten alternsgerechten Führung (IAF). Das Konzept und das Erhebungsinstrument der IAF nach Braedel-Kühner (2005) war der Ausgangspunkt für die vorliegende Studie zu Wahrnehmung, Einstellung und Verhalten von Führungskräften in der Schweiz und in Deutschland und für die Weiterentwicklung des Erhebungsinstrumentes zur IAF.

Die Fähigkeit der Mitarbeitenden im Arbeitsleben bestehen zu können, beruht auf der sogenannten funktionalen Kapazität. Diese wird verstanden als *„die Summe aller physischen, psychischen (mentalen) und sozialen Funktionen, die ein Mensch in einer bestimmten Situation und in einem bestimmten Alter wahrnehmen kann"* (Ilmarinen & Tempel, 2002, S. 95). Für den Erhalt und die Förderung der Arbeitsfähigkeit sind in diesen Bereichen Überbelastungen zu vermeiden und Reserven aufzubauen. Eine gute Gesundheit im umfassenden Sinn ist allerdings nicht ausreichend für die Arbeitsmarktfähigkeit. Zusätzlich müssen die im Arbeitsleben erworbenen Qualifikationen auf adäquatem Niveau gehalten werden. Dies ist mit einer Erstausbildung nicht getan, sondern erfordert ständige Weiterbildung. Die Integration von älteren Arbeitnehmenden ins Erwerbsleben kann nur erfolgreich sein, wenn nicht schon in jungen Jahren ein solcher Raubbau an der Gesundheit betrieben wird, dass der längerfristige Verbleib im Arbeitsleben gefährdet ist. Ebendies scheint sich immer stärker zu verbreiten und es besteht die Gefahr, dass insbesondere junge Mitarbeitende ohne ausgewogene Work-Life-Balance ihr Erwerbsleben vorzeitig abbrechen werden (Egger et al., 2007, S. 93). Für Unternehmen und somit auch für Führungskräfte ist es darum essentiell, der Förderung von Gesundheit und Leistungsfähigkeit sowie dem Erhalt der beruflichen Qualifikationen der Mitarbeitenden die notwendige Aufmerksamkeit zu schenken (vgl. auch Eberhardt, 2009). Egger, Moser & Thom (2007) haben in ihrer vergleichenden Studie verschiedene Aspekte der Arbeitsfähigkeit überprüft und daraus Handlungsfelder zum Erhalt der Arbeitsfähigkeit abgeleitet. In der konzeptionellen Weiterentwicklung des Instrumentes IAF (Abbildung 1) wurde der Erhalt der Arbeitsfähigkeit sowohl in Bezug auf das Führungsverhalten als auch in Bezug auf die Einstellung der Führungskräfte operationalisiert und in die Weiterentwicklung mit einbezogen. Mit dem Konstrukt Wahrnehmung von älteren Mitarbeitenden (Altersstereotype) soll überprüft werden, ob das Defizitkonzept des Alters auch in den Köpfen der Führungskräfte verankert ist.

Die individualisierte Führung wurde ausschliesslich bei gleichzeitigem direktem Bezug zum Alter oder zur altersspezifischen Individualisierung erhoben. Individualisierte Führung mit dem Fokus Alter und individualisierte Führung von älteren Mitarbeitenden wurden entflochten und getrennt behandelt. Das Konstrukt Wahrnehmung des eigenen Älterwerdens (eigene Fähigkeitsentwicklung) wurde erweitert und mit entsprechenden Items im Konstrukt Wahrnehmung der Fähigkeiten von älteren Mitarbeitenden gespiegelt (Abbildung 1). Zunächst wurde das revidierte Instrumentarium einem Pretest bei Führungspersonen unterzogen und Expertenfeedbacks von Spezialisten in der Forschung zur demographischen Entwicklung eingeholt. Die Überlegungen zur Erweiterung und Fokussierung der IAF wurden der konzeptionellen Weiterentwicklung zu Grunde gelegt (Abbildung 1).

Im Anschluss an die konzeptionelle Weiterentwicklung erfolgte die empirische Überprüfung durch eine Umfrage bei insgesamt N = 395 Führungspersonen in der Schweiz und in Deutschland. Die Dimensionen Einstellung, Verhalten und Wahrnehmung wurden mittels Hauptkomponentenanalyse untersucht. Aufgrund der Resultate dieser Analyse wurden anschliessend die Skalen gebildet.

Dabei wurden in einem ersten Schritt die Items der beiden Dimensionen Führungsverhalten gegenüber älteren und älter werdenden Mitarbeitenden sowie Einstellung zur Führung älterer und älter werdender Mitarbeitender einer Hauptkomponentenanalyse unterzogen. Die Skalen zu Einstellung und Verhalten der Führungskräfte umfassen jeweils die folgenden Inhaltsbereiche: *Erhalt der Arbeitsfähigkeit, Individualisierte altersspezifische Führung, Frühzeitiger Austritt aus dem Erwerbsleben sowie Führung älterer Mitarbeitender.*

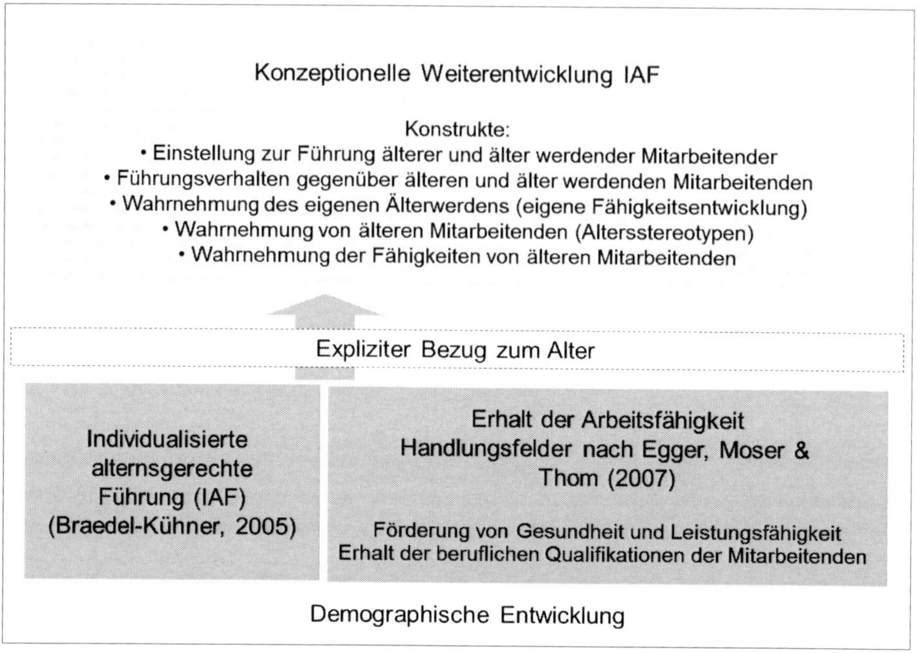

Abbildung 1. Konzeptionelle Weiterentwicklung des Erhebungsinstruments zur IAF

In einem zweiten Schritt wurden die Konstrukte Wahrnehmung von älteren Mitarbeitenden (Altersstereotypen) und Wahrnehmung der Fähigkeiten von älteren Mitarbeitenden, sowie Wahrnehmung des eigenen Älterwerdens (eigene Fähigkeitsentwicklung) einer Hauptkomponentenanalyse unterzogen. Da für die beiden Konstrukte Wahrnehmung des eigenen Älterwerdens (eigene Fähigkeitsentwicklung) und Wahrnehmung der Fähigkeiten von älteren Mitarbeitenden identische Items, jedoch verschiedene Ratingskalen verwendet worden waren, wurde die Skalenstruktur der beiden Themenbereiche unabhängig voneinander analysiert. Die Ergebnisse der Hauptkomponentenanalyse sind in den wesentlichen Punkten im unteren Teil von Abbildung 2 dargestellt. Die Skalen bilden das überarbeitete Erhebungsinstrumentarium der IAF.

Im zweiten Forschungsschwerpunkt ging es um die empirische Überprüfung der IAF bei 395 Führungspersonen in der Schweiz und in Deutschland (Abbildung 2 oben).

Zuerst wurden die empirischen Daten deskriptiv analysiert. Die Stichprobe wurde in Bezug auf die Merkmale der teilnehmenden Führungskräfte (z.B. Alter, Geschlecht), der Führungskräfte im Unternehmen (z.B. Führungsstufe, Anzahl Jahre im Unternehmen) und der Unternehmen (z.B. Arbeitsland, Branche, Unternehmensgrösse) beschrieben. Die Mittelwerte der Itemantworten wurden nach Konstrukten gruppiert und grafisch dargestellt. Dies erlaubte eine erste Betrachtung der Wahrnehmung, Einstellung und des Verhaltens aller Führungspersonen.

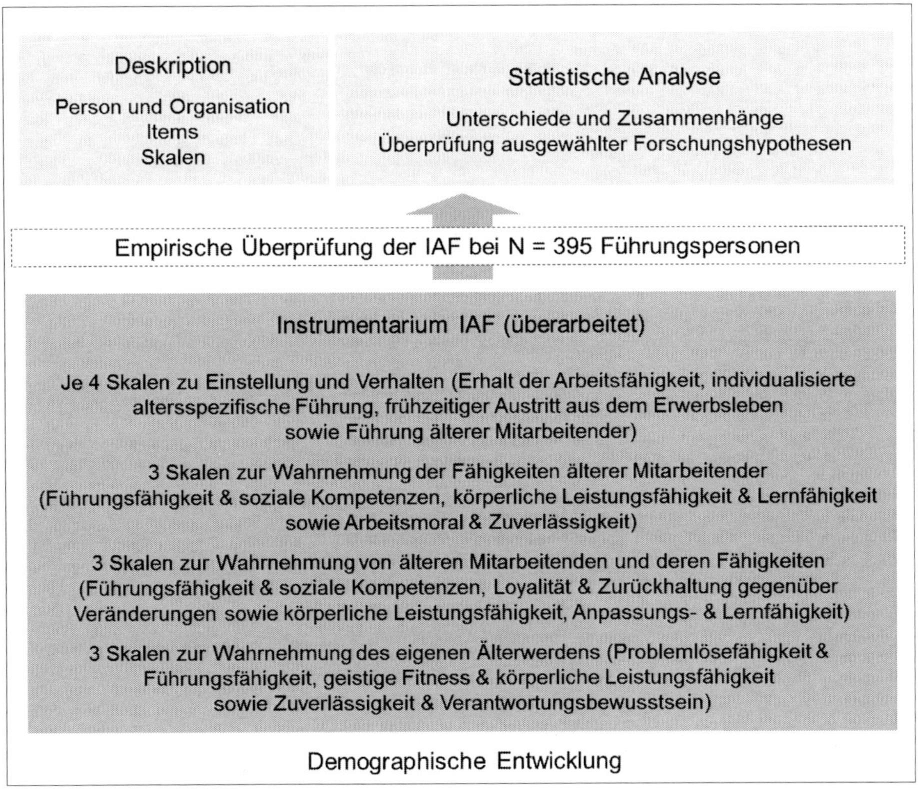

Abbildung 2. Weiterentwicklung des Instrumentariums IAF und empirische Überprüfung der IAF in der Schweiz und in Deutschland

Anschliessend wurden Unterschiede und Zusammenhänge zwischen Einstellung und Verhalten, sowie weitere ausgewählte Forschungshypothesen überprüft. Die Wahrnehmung des eigenen Älterwerdens, welches die Wahrnehmung der eigenen Fähigkeitsentwicklung beschreibt und die Wahrnehmung der Fähigkeiten von älteren Mitarbeitenden enthalten gespiegelte Items. Diese beiden Skalen wurden qualitativ miteinander verglichen, da aus Gründen der Vergleichbarkeit mit den Ergebnissen von Braedel-Kühner (2005) unterschiedlich gestufte Ratingskalen verwendet worden waren. Die Zusammenhänge der verschiedenen Skalen wurden mittels Korrelationen analysiert und Unterschiede auf Skalen- und Itemebene auf statistische Signifikanz geprüft. Der potentielle Einfluss der verschiedenen Wahrnehmungsskalen, sowie von Variablen der Person und des Unternehmens auf die Einstellung und das Verhalten wurde mittels multipler Regression untersucht.

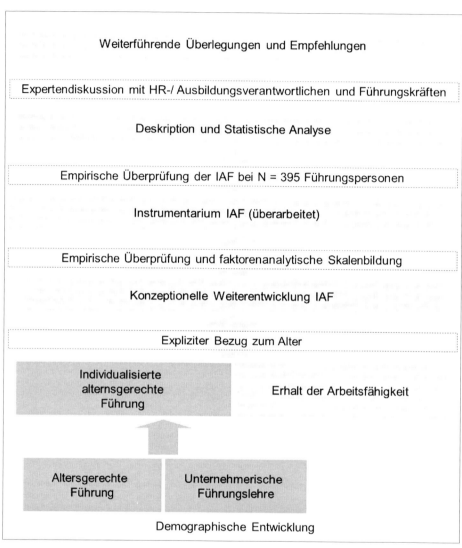

Abbildung 3. Systematik der Themenbearbeitung und Design der Studie

Die differenzierte Kenntnis von Wahrnehmung, Einstellungen und Verhaltensweisen von Führungspersonen legt die Basis für die Entwicklung von Gestaltungsoptionen und datenbasierter Interventionen. Der Austausch mit Führungspersonen und Weiterbildungsverantwortlichen in einem moderierten Workshop wurde zur vertieften Interpretation und Identifikation von Handlungsbedarf genutzt. Die differenzierte Betrachtung der IAF in den relevanten Bereichen Wahrnehmung, Einstellungen und Verhalten, die Analyse von Zusammenhängen und Gruppenunterschieden liefert die Basis für die Entwicklung von Rahmenbedingungen der Führung zur Unterstützung des demographischen Wandels und zur individuellen Unterstützung von Führungspersonen durch Weiterbildung/Training, Zuschnitt der Führungsaufgaben und -verantwortung, Coaching etc. Erste Ansatzpunkte hierfür werden im Anschluss an die differenzierte Darstellung der Untersuchungsergebnisse aufgezeigt. Es bleibt die Aufgabe der Praxis, die Ergebnisse für die Entwicklung der eigenen Führungskultur und der Führungspersonen zu nutzen und in entsprechende Massnahmen umzusetzen.

Eine Zusammenfassung der in diesem Kapitel dargestellten Systematik der Themenbearbeitung ist in Abbildung 3 dargestellt.

2 Demographische Entwicklung und Erwerbsverhalten Älterer

2.1 Demographische Entwicklung in der Schweiz und in Deutschland

Weltweit ist die Lebenserwartung durch Fortschritte in der Medizin, der Gesundheitspflege und der landwirtschaftlichen Produktion gestiegen. Die sinkende Geburtenrate verstärkt den dadurch ausgelösten demographischen Wandel. Der demographische Wandel findet weltweit in verschiedenem Ausmass statt; in Europa ist er besonders früh und stark spürbar. 19 der 20 Länder, die den höchsten Bevölkerungsanteil von Menschen im Alter von 65 oder mehr Jahren aufweisen, liegen in Europa (Wish, 2009c).

Die Altersstruktur der schweizerischen Bevölkerung hat sich in den letzten Jahrzehnten beträchtlich verändert (Abbildung 4). Während der Anteil der Personen ab 65 Jahren im Jahr 1960 bei 10,3% lag, betrug er 2008 bereits 16,6%. Gemäss dem mittleren Szenario dürfte dieser Anteil bis 2060 weiter auf 28.3% ansteigen. Umgekehrt sank der Anteil der Personen unter 20 Jahren im Zeitraum 1960 bis 2008 von 31,8% auf 21,2% und dürfte 2060 bei 18.4% liegen. Der Anteil der Personen im erwerbsfähigen Alter (20-64 Jahre) an der Gesamtbevölkerung belief sich 2008 auf 62,2%. Es wird prognostiziert, dass er im Jahr 2060 53.3% ausmacht (Bundesamt für Statistik, 2010b).

In Deutschland bestand die Bevölkerung 2009 zu 19% aus Kindern und jungen Menschen unter 20 Jahren, zu 61% aus 20- bis unter 65-Jährigen und zu 20% aus 65-Jährigen und Älteren. Im Jahr 2060 werden bereits 34% 65 Jahre oder älter sein. Die Zahl der unter 20-Jährigen wird auf 16% der Bevölkerung zurückgehen, während die 20- bis unter 65-Jährigen weiterhin 60% der Bevölkerung ausmachen (Statistisches Bundesamt. Destatis, 2009; Szenario Untergrenze der „mittleren" Bevölkerung).

Der demographische Wandel ist in Deutschland stärker spürbar als in der Schweiz. Im Gegensatz zu Deutschland nimmt in der Schweiz die Wohnbevölkerung noch immer zu, wobei 85% des Wachstums auf Migration zurückzuführen ist. Migranten sind meist im jungen Erwachsenenalter und tragen daher zur Verjüngung der Wohnbevölkerung bei. Die Fruchtbarkeitsraten der beiden Länder unterscheiden sich ebenfalls. Deutschland hat die niedrigste Geburtenrate der Welt (8 Geburten pro 1000 Einwohnern); in der Schweiz liegt sie bei 14 pro 1000 Einwohner (de Wall & Yokoyama, 2009; Wish, 2009b; Yokoyama, 2009).

Die Alterung in den Industrienationen ist primär die langfristige Konsequenz eines Geburtenrückgangs. Dieser Effekt wird durch eine markante Erhöhung der Lebenserwartung älterer Menschen noch verstärkt. Insbesondere bei Kleinstaaten oder auf regionaler und kommunaler Ebene ist zusätzlich die Migrationsbilanz von Bedeutung (Höpflinger, 2009b). Ostdeutsche Städte haben seit 1990 bis zu 30% ihrer Einwohner verloren. Zurückgeblieben sind leere und überalterte Städte (Wish, 2009a). In der Schweiz sind es vor allem ländliche Gebiete und Bergregionen, die durch die Abwanderung der jüngeren Generationen eine zum Teil markante Alterung der verbleibenden Bevölkerung erfahren (Höpflinger, 2009b).

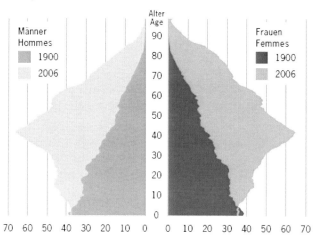

Abbildung 4. Altersaufbau der ständigen Wohnbevölkerung in Tausend nach Geschlecht um 1900 und 2006 (Bundesamt für Statistik, 2008c, S. 15)

2.2 Demographischer Wandel und Erwerbsbevölkerung

Die Beschäftigungsrate in der Altersgruppe von 56 bis 65 Jahren ist in Europa weltweit am niedrigsten (Tulloch, 2009). Die Schweiz besetzte 2006 (zusammen mit Island, Schweden, Norwegen und Dänemark) den intereuropäischen Spitzenplatz, waren doch mehr als 70% der 55-64-jährigen Personen erwerbstätig (Bundesamt für Statistik, 2008a). Im gleichen Zeitraum lag der Anteil der 55-64-jährigen erwerbstätigen Personen in Deutschland bei ca. 64%. Dies hängt mit dem Phänomen der Frühpensionierungen zusammen, die in den meisten europäischen Staaten seit Ende der Vollbeschäftigung in den 1970er Jahren eingeführt wurden und in der Schweiz eher selten sind. Es gab in der Schweiz keine nationale Vorruhestandspolitik und gleichzeitig hatte die Schweiz eine kontinuierlich günstige Wirtschaftslage (Guillemard, 2003). Erst in den 90er Jahren kam es durch eine konjunkturelle Verschlechterung zu Restrukturierungen und Entlassungen, von denen hauptsächlich die Älteren betroffen waren. Dies wurde auch durch die Verfügbarkeit von finanziellen

Mittel begünstigt, die Frühpensionierungen konnten von Personen finanziert werden, die neu den Grossteil ihres Erwerbslebens Beiträge in die zweite Säule einbezahlt hatten (Eidgenössische Volkszählung, 2000; zit. nach Mücke, 2008, S. 22).

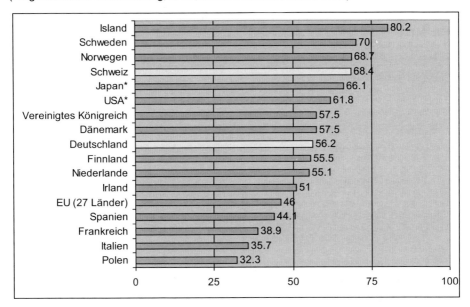

*Die Zahlen für Japan und die USA stammen aus dem Jahr 2007

Abbildung 5. Erwerbsquote[1] der 55-64-Jährigen im Ländervergleich im Jahr 2009 (Eurostat, 2010).

Der demographische Wandel in der Arbeitswelt wird sich beschleunigen, da die geburtenstarken Jahrgänge (Baby-Boomer), die selbst wenige Kinder zur Welt brachten, ins Rentenalter kommen. Es wird davon ausgegangen, dass der Anteil der Erwerbspersonen ab 50 Jahren, welcher im Jahr 2007 27.7% betrug, bis 2050 auf gut ein Drittel (33.6%) ansteigen wird (Bundesamt für Statistik, 2008a).

Im tertiären Sektor ist die Alterung der Erwerbsbevölkerung am stärksten spürbar, wobei in den Branchen „Öffentliche Verwaltung" (35.4%), „Unterrichtswesen" (29.4%) und „Ge-

---

[1] Die Erwerbsquote von älteren Arbeitern ergibt sich aus dem Dividieren der Anzahl von erwerbstätigen Personen im Alter zwischen 55 und 64 Jahren durch die Gesamtbevölkerung derselben Altersklasse. Der Indikator bezieht sich auf die EG-Arbeitskräfteerhebung. Sie deckt die in privaten Haushalten lebende Bevölkerung ab, schließt jedoch kollektive Haushalte wie Pensionen, Studentenwohnheime und Krankenhäuser aus. Die Erwerbsbevölkerung besteht aus Personen, die während der Referenzwoche irgendeine Tätigkeit gegen Entgelt oder Ertrag während mindestens einer Stunde ausgeübt haben oder die nicht gearbeitet haben, weil sie vom Arbeitsplatz vorübergehend abwesend waren (Eurostat, 2010).

sundheits- und Sozialwesen" (27.4%) eine Übervertretung älterer Erwerbstätiger zu beobachten ist. In den Branchen „Kredit- und Versicherungswesen" sowie „Gastgewerbe" liegt der Anteil von Erwerbstätigen ab 50 Jahren unter 20% (Bundesamt für Statistik, 2008a).

In den Industriestaaten liegt der Eintritt in die Rente/Pension - trotz höherer Lebenserwartung - ungefähr auf dem Niveau von 1970 (Internationale Arbeitsorganisation/ILO).

Die Erwerbsquote der Personen im Alter von 65 bis 74 Jahren liegt in der Schweiz bei 13.6% und somit beinahe doppelt so hoch wie in der Europäischen Union (EU 27: 7.2%). In Deutschland beträgt der Anteil lediglich 4.7%. Die Mehrzahl der 65-74-jährigen Erwerbstätigen arbeitet Teilzeit. Der durchschnittliche Beschäftigungsgrad liegt bei ca. 50%. Bei der Fortsetzung der Erwerbstätigkeit über das reguläre Rentenalter hinaus scheint im Vordergrund der Wunsch nach dem Verbleib im Erwerbsprozess zu stehen. Männer arbeiten dabei vorwiegend in den Wirtschaftszweigen „Land- und Forstwirtschaft" und „Immobilien, Vermietung, Informatik, F&E", Frauen in den Branchen „Handel, Reparaturgewerbe", „sonstige öffentliche und private Dienstleistungen" sowie „Land- und Forstwirtschaft" (Egger, et al., 2007).

Die Situation der Erwerbsbevölkerung hat sich dahingehend verändert, dass die Ausbildung immer länger dauert und der Berufseinstieg später stattfindet. Obwohl das Bildungsniveau der älteren Arbeitskräfte höher ist als vor 10 Jahren, sind jüngere Arbeitskräfte weiterhin besser ausgebildet. Die Notwendigkeit des lebenslangen Lernens zeigt sich darin, dass vor allem Personen mit einem Abschluss auf Tertiärstufe den Zeitpunkt ihres Erwerbsrücktritts selbst bestimmen können. Eine Ausbildung auf Tertiärstufe ist ein signifikantes Merkmal der Berufstätigen im Rentenalter. Auch Erwerbstätige über 50 Jahre haben doppelt so häufig einen Abschluss auf Tertiärstufe als Nichterwerbstätige; sie sind zudem beruflich mobiler (Bundesamt für Statistik, 2008a).

Nahezu ein Viertel der Personen im Alter von 50 bis 64 Jahren war im Jahr 2007 nicht erwerbstätig. Zwei Drittel (65.2%) möchten nicht bzw. nicht mehr arbeiten. Ein Drittel der Personen, die aufgrund eines Stellenverlustes oder aus gesundheitlichen Gründen erwerbslos wurden, wären jedoch zu einem Wiedereinstieg bereit (Bundesamt für Statistik, 2008a).

Wie die demographischen Aspekte des Arbeitsmarktes in Zukunft aussehen werden, hängt - sofern die Geburtenrate relativ konstant bleibt - vor allem vom zukünftigen Pensionierungsverhalten und von der Migrationsbilanz ab.

2.3 Auswirkungen des demographischen Wandels auf die Erwerbsarbeit in der Schweiz

Der Anteil der erwerbsfähigen Bevölkerung wird aufgrund der demographischen Entwicklung stark zurückgehen und es wird innerhalb der Erwerbstätigen eine Altersverschiebung geben, da immer weniger junge Erwerbstätige nachrücken und die älteren Erwerbstätigen somit anteilsmässig zunehmen. Auch die starke Zuwanderung eher jüngerer ausländischer Arbeitskräfte wird die Erhöhung des Alters der Erwerbsbevölkerung nicht verändern können (Bundesamt für Statistik, 2008a).

Der Arbeitsmarkt muss also mittelfristig mit weniger und älteren Arbeitskräften auskommen. In der Schweiz ist die Erwerbsquote von 50-64-jährigen vergleichsweise hoch (75%). Der tertiäre Sektor und insbesondere die Branchen „Öffentliche Verwaltung", „Unterrichtswesen" und „Gesundheits- und Sozialwesen" sind von der Alterung besonders betroffen. Im sekundären Sektor ist der Anteil älterer Arbeitskräfte in den letzten zehn Jahren stabil geblieben.

Die schweizerische Arbeitskräfteerhebung (SAKE) gibt einen vertieften Einblick in die verschiedenen Erwerbsstati nach Altersklasse. Diese sind in Abbildung 6 aufgrund der Zahlen des Bundesamtes für Statistik dargestellt (Bundesamt für Statistik, 2010a).

Anteil Personen mit verschiedenen Erwerbsstati je Altersklasse 2009

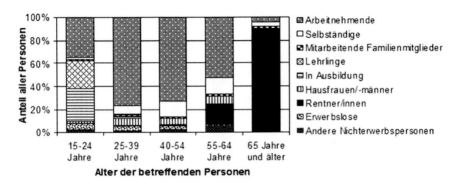

Abbildung 6. Anteil Personen mit verschiedenen Erwerbsstati je Altersklasse 2009 (nach Zahlen vom Bundesamt für Statistik, 2010a)

Frühpensionierungen hängen von persönlichen Merkmalen und von Merkmalen der letzten Erwerbstätigkeit vor der Pensionierung ab. Es sind vor allem Männer sowie Personen, die in einem Unternehmen mit über 100 Mitarbeitenden arbeiten und eine Vorgesetztenfunktion wahrnehmen, die mit einer höheren Wahrscheinlichkeit einen frühzeitigen Erwerbsrücktritt aufweisen. Zudem sind Frühpensionierungen in den Branchen „Kredit- und Versicherungswesen", „Verkehr und Nachrichtenübermittlung" sowie - in etwas geringerem Ausmass - im „Baugewerbe" verbreiteter (Bundesamt für Statistik, 2008a).

Die Anhebung des gesetzlichen Rentenalters allein garantiert nicht, dass die Betroffenen im Erwerbsleben integriert bleiben. Ihre Integration muss von der Wirtschaft und den Sozialpartnern unterstützt werden. Dazu wird es auch entscheidend sein, die Arbeitsfähigkeit der weniger und älter werdenden Arbeitskräfte zu erhalten und zu fördern (Luisier et al., 2003). Mücke (2008) postuliert, dass die im internationalen Vergleich hohe Erwerbsquote von Personen über 55 Jahren nicht darüber hinwegtäuschen darf, dass das Management

13

älterer Mitarbeitender nicht optimal ist: ab dem 50. Altersjahr nimmt die Häufigkeit der Weiterbildung am Arbeitsplatz ab (Ferro Luzzi & Sonnet, 2003) und der Anteil an 50-jährigen oder älteren Arbeitslosen ist stetig gestiegen. Mücke zeigt eine Vervierfachung der Arbeit suchenden Männer und Frauen seit den 90er Jahren auf (Eidgenössische Volkszählung, 2000; aufbereitet durch Mücke, 2008).

Höpflinger geht davon aus, *„dass die demografische Alterung gegenwärtig tatsächlich durch eine markante sozio-kulturelle Verjüngung älterer Menschen kompensiert wird. Dadurch werden Vorstellungen, dass eine demografisch alternde Gesellschaft an Dynamik und Innovationsfähigkeit verliert, relativiert"* (2009a, S. 5). In 2007 geben nur 25% der schweizerischen Firmen an, die allgemeine Altersstruktur vollständig analysiert zu haben. (Adecco Institute, 2008).

Zusammenfassend lässt sich feststellen, dass ab dem 50. Lebensjahr die gesundheitsbe-dingten Austritte und Entlassungen zunehmen und ab dem 55. Lebensjahr die Frühpensi-onierungen hinzukommen. Ab dem 60. Lebensjahr steigt die Anzahl der Frühpensionierungen aus persönlichen und familiären Gründen. Egger et al. (2008) geben an, dass rund 7% aller über 60-Jährigen unfreiwillig gehen, weil im Unternehmen Umstruk-turierungen vorgenommen wurden und sie „zu alt" sind. 8% der 60-65-jährigen geben gesundheitliche Gründe an; weitere 7% verlassen aus familiären oder persönlichen Grün-den ihren Arbeitsplatz. Lediglich 3% der 60-65-jährigen geben an, dass sie keine Lust mehr haben oder keine Notwendigkeit mehr sehen, weiterhin erwerbstätig zu sein.

2.4 Ab wann sind Mitarbeitende ältere Mitarbeitende?

Die Wahrnehmung einer Mitarbeiterin oder eines Mitarbeiters als ältere Person, ist subjek-tiv an die Wahrnehmung durch die Führungskraft gebunden. Maier (1997, S. 23) lehnt eine Zuordnung einer Altersangabe ab, ab wann Mitarbeitende als ältere Mitarbeitende einge-teilt werden, da es u.a. auch vom Beruf, Betrieb, Geschlecht, Arbeitsmarkt oder der jewei-ligen Tätigkeit abhängt. Gleichwohl gibt es offizielle Einteilungen, die den Begriff „ältere Mitarbeiterin" oder „älterer Mitarbeiter" einem bestimmten Lebensalter zuordnen. Die ILO (Internationale Arbeitsorganisation) verzichtet wie die OECD (Organisation for Economic Cooperation and Development) auf die Festlegung auf ein bestimmtes Lebensalter. Gleichwohl gibt es eine Orientierung, wann von älteren Mitarbeitenden gesprochen wird: Sie stehen in der 2. Hälfte ihres Berufslebens, haben das Rentenalter noch nicht erreicht und sind arbeitsfähig (OECD, 2010).

Die WHO (World Health Organisation) (1991) definiert als alternde oder ältere Mitarbei-tende diejenigen, die über 45 Jahre alt sind. In der betrieblichen Praxis variiert die Zuord-nung zur Bezeichnung älterer Arbeitnehmer/ältere Arbeitnehmerin breit zwischen Branchen und Positionen (BAuA, 1994, 2004). Bei der Durchführung von empirischen Studien, der Entwicklung von personalpolitischen Programmen oder der Erhebung von altersspezifischen Dimensionen der Führung oder Entwicklung von Mitarbeitenden wird auf die WHO-Definition Bezug genommen oder es findet eine Konzentration auf das Alter 50plus statt (z.B. Gasteiger et al., 2008).

3 Individualisierte alternsgerechte Führung

Welche Rolle spielt der Faktor Alter in Personalführungssituationen? Und welche Modellvorstellungen und Forschungen gibt es zum Thema alternsgerechte Führung? Der vorliegenden Arbeit liegt das Konzept der IAF nach Braedel-Kühner (2005) zugrunde, die ihre Arbeiten wiederum auf den Vorarbeiten von Ilmarinen & Tempel (2002) und Wunderer (2001) aufbaut. Die Weiterentwicklung der IAF berücksichtigt einen stärkeren Bezug zum Thema Erhalt der Arbeitsfähigkeit (vgl. Abschnitt 3.4) und fokussiert sich stringent auf die Individualisierung in der Führung mit Blick auf die differenzielle Gruppe Alter. Zudem werden die sozial- und führungspsychologischen Grundlagen der IAF transparent gemacht sowie die Fähigkeitsentwicklung intensiver behandelt.

3.1 Faktor Alter in Personalführungssituationen

Die empirische Überprüfung des Faktors Alter in der Führung von Mitarbeitenden oder mit Blick auf die Gestaltung der Mitarbeitendenbeziehung setzt an verschiedenen Punkten an. Altersspezifisches oder alternsgerechtes Personalmanagement umfasst beispielsweise den Verzicht auf Altersangaben in Stellenanzeigen, die gesundheitsförderliche Arbeitsgestaltung oder die flexible Arbeitsorganisation (Eurolink Age, 2001). Höpflinger (2006) gibt einen Überblick über Handlungsbedarf und personalpolitische Massnahmen in schweizerischen Unternehmen. Er dokumentiert, wie verbreitet bestimmte personalpolitische Massnahmen sind und was darüber hinaus in den Unternehmen zusätzlich geplant ist (A = angeboten; G = geplant): Teilzeitarbeit gegen Berufsende (A = 52%; G = 17%), Wechsel der Stelle innerhalb des Unternehmens (A = 42%; G = 10%), Austausch einzelner Aufgaben (A = 35%; G = 13%), Laufbahnberatung/-gestaltung ab 50 (A = 13%; G = 11%), spezifische Weiterbildung ab 50 (A = 15%, G = 9%).

Zölch (2006) stellt eine Vielzahl an Instrumenten für Unternehmen vor und empfiehlt Personalmanagementinstrumente auf ihre Alternsgerechtigkeit hin zu überprüfen und anzupassen. Als Instrumente eines alternsgerechten Personalmanagements werden beispielsweise genannt: Senior Consulting Ansätze, Zusatzurlaub, Gesundheitszirkel, Altersstrukturanalysen, Diversity Management, Plafonierung des Lohns, Anpassungsqualifizierung, Weiterbildungsgutscheine als Altersgeschenk, flexible Pensionierungssysteme, Altersteilzeit etc.

Lois (2007) kann aufzeigen, dass die Partizipation an Einarbeitungs- und Aufstiegsqualifizierungen negativ altersabhängig ist, Anpassungsfortbildungen jedoch unabhängig vom Alter besucht werden. Insgesamt scheint eine Fehleinschätzung vorzuliegen, dass man in der Erstausbildung genügend Qualifikationen für das gesamte Arbeitsleben erworben habe und Weiterbildung entsprechend weniger wichtig ist.

Egger et al. (2007, S. 96) setzen ihre Beobachtung auf der Ebene der geführten Person an und stellen eine erhöhte Weiterbildungsbereitschaft bei Personen mit einer „Vorgeschichte des Lernens" fest. D.h. diejenigen die sich ständig weiterbilden, engagieren sich auch in zunehmendem Alter stärker in der Weiterbildung (vgl. auch Tippelt, 2010). Der Einfluss des Gesundheitszustandes älterer Erwerbstätiger ist stark von deren diesbezüglicher Wahrnehmung abhängig:

> „Der selbst wahrgenommene Gesundheitszustand bzw. die Zufriedenheit mit der Gesundheit der älteren Erwerbstätigen ist nicht schlechter als dies bei den jüngeren der Fall ist. Da nicht der objektive, sondern der selbst wahrgenommene Gesundheitszustand letztlich entscheidend für die Arbeitsfähigkeit ist, weisen ältere Mitarbeitende keine gesundheitsbedingt schlechtere Produktivität auf als jüngere Mitarbeitende." (Egger, et al., 2007, S. 101)

Mücke (2008) fokussiert ihre qualitative Studie auf den Aspekt Personalführung und setzt damit bei den Führungspersonen an. Sie stellt fest, dass Führungspersonen Alter als relevante Erklärung für das Mitarbeitendenverhalten attribuieren, dass bis auf wenige Ausnahmen das Führungsverhalten aber nicht altersspezifisch angepasst wird - trotz der Attribution von Alter auf Verhalten. Dennoch gilt: Bei älteren Mitarbeitenden kommt ein anderes Führungsverhalten zum Tragen als bei jüngeren. Der Einfluss des Faktors Alter wird einseitig und häufiger als nachteilig für die älteren Mitarbeitenden in Führungssituationen angesehen.

Kluge und Krings (2007) stellen fest, dass die Diskriminierung älterer Arbeitskräfte kaum thematisiert wird. Roth, Wegge und Schmidt (2007) zeigen auf, dass die geringe Erwerbsquote älterer Mitarbeitender in Deutschland mehrere Ursachen hat und auch die Diskriminierung älterer Personen hierbei eine Rolle spielt.

Oshagbemi (2004) fand in seiner quantitativen Studie bei britischen Führungspersonen Altersunterschiede im Führungsstil: Ältere Führungspersonen sind partizipativer und stärker konsultierend als ihre jüngeren Kollegen. Kabacoff & Stoffey (2001) erhoben in ihrer grosszahligen Studie die Effektivität von Führung und kamen zu dem Schluss, dass ältere Führungspersonen ihre Stärken in der Kooperation, Empathie und Delegation und jüngere Führungspersonen in ihrer Begeisterungsfähigkeit, Dominanz und Kommunikationsfähigkeit haben. Als Erklärung für diese Unterschiede sehen sie vor allem Generationseffekte.

Mücke (2008), Oshagbemi (2004) und Braedel-Kühner (2005) bemängeln die geringe Anzahl an Studien, die direkt die alternsspezfische Führung überprüfen. Aufgrund der wenigen einschlägigen Studien lassen sich kaum schlüssige Aussagen über die Führungspersonen und den Einfluss des Alters auf ihren Führungsstil machen.

3.2 Modellvorstellungen der altersgerechten Führung nach Ilmarinen

Es gibt kaum Studien, die differenziert Auskunft über altersgerechtes Führungsverhalten geben. Zentraler Ausgangspunkt für die Führung älterer und älter werdender Mitarbeitender ist deren Arbeitsfähigkeit.

In finnischen Längsschnittstudien konnte von 1981 - 1992 über elf Jahre gezeigt werden, dass altersgerechtes Führungsverhalten der einzige hochsignifikante Faktor zur Verbesserung der Arbeitsfähigkeit (= Indikator für „erfolgreiches Altern") von Mitarbeitenden zwischen dem 51. und 62. Lebensjahr ist. Die Arbeitsfähigkeit wurde mit dem Work Ability

Index (WAI) erhoben. Der WAI wird durch eine Fragebogenerhebung ermittelt, in der die derzeitige Arbeitsfähigkeit zu der besten je erreichten Arbeitsfähigkeit, zu den Arbeitsanforderungen, zu den diagnostizierten Krankheiten, zum Krankenstand im vergangenen Jahr und zur Einschätzung der eigenen Leistungsfähigkeit und den psychischen Leistungsreserven in Relation gesetzt wird. Der Fragebogen wird durch die/den Befragte/n oder einen Betriebsarzt ausgefüllt. Die Erhebung des Work Ability Indexes (WAI) wurde in der Studie von Tuomi et al. (1997) zu drei Zeitpunkten vorgenommen, zu Beginn waren die insgesamt über 800 teilnehmenden finnischen Arbeitenden zwischen 44 und 51 Jahre alt, mit Abschluss der Studie 55 bis 62 Jahre alt. Insgesamt hat die Arbeitsfähigkeit bei der Mehrzahl der Studienteilnehmer (über 80%) abgenommen. Veränderungen in der Arbeits- und Lebenssituation hatten einen starken Einfluss auf die Entwicklung der Arbeitsfähigkeit, einen stärkeren als die ursprünglich vorhandenen Altersunterschiede. Eine Zufriedenheit mit der Einstellung des Vorgesetzten konnte einen Anstieg der Arbeitsfähigkeit am besten erklären, eine Abnahme der Aufmerksamkeit und Wertschätzung hingegen bietet die beste Erklärung für die Abnahme der Arbeitsfähigkeit (Tuomi, et al., 1997). Das Risiko für eine verminderte Arbeitsfähigkeit steigt bei Personen zwischen dem 51. und 62. Lebensjahr auf das 2,4-fache, wenn die Möglichkeit, Anerkennung und Respekt zu erlangen, aus irgendeinem Grund abgenommen hat. Hingegen steigert eine erhöhte Zufriedenheit mit dem Verhalten des Vorgesetzten die Arbeitsfähigkeit um das 3,6-fache.

Ilmarinen & Tempel (2002) zeigen auf, dass es vier Führungsqualitäten gibt, die aus der Sicht von älter werdenden Arbeitnehmern hilfreich sind: eine aufgeschlossene (nicht stereotype) Einstellung gegenüber dem Alter, die Bereitschaft zu kooperieren, die Fähigkeit zur individuellen Arbeitsplanung sowie die Kommunikationsfähigkeit. Wenig berücksichtigt werden in seinem Konzept der altersgerechten Führung Modellvorstellungen aus der Führungsforschung.

3.3 Individualisierte alternsgerechte Führung (IAF) nach Braedel-Kühner

Braedel-Kühner (2005) hat in ihrer umfassenden Arbeit, eingebettet in das übergreifende europäische Forschungsprojekt RESPECT[2], eine theoretische Fundierung und Erweiterung des altersgerechten Führens vorgenommen. Das von ihr entwickelte und empirisch überprüfte Konzept der individualisierten alternsgerechten Führung basiert auf den Vorarbeiten von Ilmarinen (1999; Ilmarinen & Tempel, 2002) und erweitert diese Vorüberlegungen um Modellvorstellungen der Führungslehre. Sie nimmt Bezug auf verschiedene Führungstheorien und ordnet das Konzept der IAF in diese Modellvorstellungen, insbesondere in die der unternehmerischen Führungslehre von Wunderer und in seine Syste-

---

[2] Research action for improving Elderly workers Safety, Productivity, Efficiency and Competence Towards the new working environment; beteiligt waren 12 Partner aus Wissenschaft und Industrie aus den Ländern Deutschland, Finnland, Frankreich, Griechenland und Schweiz.

matisierung von struktureller und interaktioneller Führung ein (Wunderer, 2001, S. 71). IAF steht bei Braedel-Kühner (2005, S. 38) für *„eine individualisierte, interaktive und strukturelle Führung älter werdender Mitarbeiter unter individueller Berücksichtigung der differenziellen Kriterien altersgerechter Führung"*.

Die Modellvorstellungen der IAF enthalten Elemente der strukturellen und der interaktionellen Führung, immer mit Blick auf die Individualisierung der Führung. Mit der Forderung nach der interaktionellen Individualisierung von Führung verbunden ist die individuelle Verhaltensbeeinflussung der Mitarbeitenden. Drumm (2008) sieht die Werte und individuellen Bedürfnisse als Teil einer Führungssituation und eine situative Differenzierung nach Alter und Geschlecht als Bestandteil der Individualisierung von Führung. Braedel-Kühner sieht in der individualisierten interaktionellen Komponente der IAF einen hohen Anspruch an die sozialen Fähigkeiten der Vorgesetzten: Zentrale Themen sind insbesondere Kooperation, Information/Kommunikation, Arbeitsorganisation und Motivation. Im Bereich der strukturellen Führung wird beispielsweise eine für das Älterwerden der Mitarbeitenden sensibilisierte Unternehmenskultur der alternsgerechten Führung angeführt.

In Abgrenzung zur Individualisierung von Führung (spezifisch für jeden Mitarbeiter) unterscheidet Braedel-Kühner in Anlehnung an Fritsch (1994) die Differenzierung. Mit einem differenziellen Vorgehen wird ein an homogene Mitarbeitergruppen adressiertes Vorgehen (z.B. Ältere) verstanden. Sie sieht Grenzen eines Konstrukts der alternsgerechten Führung, das sich an die differentielle Gruppe „ältere Arbeitnehmer" wendet, da *„die Gruppe der älteren Arbeitnehmer nicht vereinheitlicht werden kann"* (Aronsson et al., 1998, S. 228) und die Vielfalt an Fähigkeiten und Interessen sich hier stark unterscheidet. Das Alter bildet also nur eines von verschiedenen für die Führungssituation relevanten Merkmalen, auf die das Führungsverhalten bei der individualisierten Führung angepasst werden sollte. Braedel-Kühner verfolgt deshalb mit den Modellvorstellungen des IAF die Forderung nach der Individualisierung von Führung und möchte für das Merkmal „alternsgerechte Führung" für die differentielle Führung der älteren Mitarbeitenden Möglichkeiten aufzeigen. Dabei ist ihr bewusst, dass eine Individualisierung von Führung den ökonomischen Interessen einer Standardisierung widerspricht und sieht in der strukturellen Komponente der IAF eine Möglichkeit, dem Thema alternsgerechte Führung zu entsprechen. Den grössten Erfolg einer individualisierten alternsgerechten Führung verspricht sie sich von der gleichzeitigen Umsetzung der strukturellen und interaktionellen Komponente der IAF.

Zentrale Dimensionen der IAF sind bei Braedel-Kühner die Einstellung zur Führung älterer und älter werdender Mitarbeiter, das Führungsverhalten gegenüber älteren und älter werdenden Mitarbeitern, die Wahrnehmung des eigenen Älterwerdens und die Wahrnehmung der Arbeitsfähigkeit älterer Arbeitnehmer. Sie hat verschiedene Ausprägungen und Zusammenhänge zwischen diesen Dimensionen empirisch überprüft: Das Verhalten, die Einstellung und die Wahrnehmung von Führungskräften spielt eine entscheidende Rolle beim Erhalt der Arbeitsfähigkeit und der Integration älterer Arbeitnehmerinnen und Arbeitnehmer. Insbesondere muss das tatsächliche Führungsverhalten den Ansprüchen an eine alternsgerechte Führung genügen, wobei der Individualisierung und dem progressiven, gesunden Älterwerden der Arbeitskräfte eine entscheidende Rolle zukommt. Eine realistische Sicht des eigenen Älterwerdens wirkt sich zudem positiv auf das Fördern älterer Mitarbeitender aus (Braedel-Kühner, 2005).

3.4 Erhalt der Arbeitsfähigkeit

Die Arbeitsfähigkeit eines Menschen beruht auf einer Wechselwirkung zwischen der Arbeit und den eigenen Ressourcen, wie gesundheitliche und funktionale Fähigkeiten (körperlich, geistig, sozial), Ausbildung und Kompetenzen, Werte und Einstellungen sowie Motivation. Die Arbeit kann durch folgende Einflussfaktoren charakterisiert werden: berufliche Anforderungen (körperlich, geistig), Mitarbeiterschaft und Management sowie Arbeitsumgebung (Ilmarinen, 2004, S. 39). Die Arbeitsbedingungen und die menschlichen Fähigkeiten definieren die Arbeitsfähigkeit jedes einzelnen. Auf die Erwerbsfähigkeit, also die Chance tatsächlich angestellt zu werden, haben - neben der Arbeitsfähigkeit - auch die Politik (in den Bereichen Beschäftigung, Ausbildung und Pensionierung), das Sozial- und Gesundheitswesen sowie die Prävention von Altersdiskriminierung einen entscheidenden Einfluss.

Im Bereich der Führung von älteren Mitarbeitenden sind Arbeitsfähigkeit und Diskriminierung von älteren Mitarbeitenden die direkten Ansatzpunkte um die Beschäftigungsrate von älteren Mitarbeitenden zu beeinflussen. Von folgenden Massnahmen wurde nachgewiesen, dass sie die Arbeitsfähigkeit beim Älterwerden verbessern können: Schulung der Vorgesetzten im Bereich Altersmanagement, Einführung von Altersergonomie, sportliche Übungen am Arbeitsplatz sowie massgeschneiderte Schulung in neuen Technologien (Ilmarinen, 2004, S. 41).

Nicht nur das biologische Alter, sondern auch die Arbeitsgestaltung bestimmt die Prozesse des Alterns und somit auch der Lernbefähigung mit. Eine gesundheitsförderliche Arbeitsgestaltung gewinnt an Wichtigkeit und eine Qualifizierung älterer Arbeitnehmerinnen und Arbeitnehmer setzt gesundheitliche Belastbarkeit voraus. Gesunde Menschen lernen besser und können das Gelernte auch länger einsetzen (Hacker, 2004, S. 165). Im Mittel verändert sich die Lern- und Leistungsfähigkeit von gesunden älteren Menschen in der zweiten Hälfte der Arbeitslebensspanne nicht in relevantem Ausmass. Dabei ist zu beachten, dass sich die Streubreite dieser Leistungsfähigkeit vergrössert (Hacker, 2004, S. 163). Das Nachlassen der Sinnesleistungen muss von Älteren kompensiert werden, wollen sie ihre Lern- und Leistungsfähigkeit aufrecht erhalten. Die „fluiden" tempobezogenen Elementarprozesse sind stärker betroffen, als „kristalline", wissensbezogene Intelligenzkomponenten. Umso wichtiger sind „learning by doing" sowie eine lernförderliche Arbeitsgestaltung in der zweiten Hälfte des Berufslebens.

Mit der zunehmenden Wichtigkeit von Wissen - vornehmlich des Wissens, das für Entwicklung von Innovationen vonnöten ist - ist das Erfahrungswissen der älteren Mitarbeitenden von entscheidender Bedeutung. Allerdings nur unter der Voraussetzung, dass es mit den neuesten Kenntnissen verknüpft wird. Dies unterstreicht die Notwendigkeit des Weiterlernens „on the job" (Hacker, 2004, S. 166). Arbeitsprozesse sollten also Lernmöglichkeiten bieten, damit die generationsbedingten Ausbildungsinhalte erweitert werden können.

Die berufliche Leistungsfähigkeit bleibt im Durchschnitt gleich. Dies liegt daran, dass körperliche Arbeitsanforderungen abgenommen haben und dass sich Verschlechterungen, wie Gesundheitszustand, Sinnesschärfe (insbesondere Seh- und Hörleistungen verschlechtern sich mit dem Lebensalter) und generationsbedingte Ausbildung oftmals kompensieren lassen.

Verhängnisvoll für den Verbleib von älteren Mitarbeitenden im Erwerbsleben ist der öffentliche Diskurs mit dem Schlagwort der „Überalterung". Die in der öffentlichen Meinung vorherrschenden Defizitkonzepte des Alters provozieren als selbsterfüllende Prophezeiung bei den Jüngeren entsprechende Ausgliederungs- und Rückweisungsverhalten und bei den Älteren Verzichts- und Rückzugsverhalten, womit das beschworene Defizit tatsächlich produziert wird (Sieber, 1975, S. 165).

In der Schweiz haben Egger et al. (2007) die Hauptursachen der geringen Arbeitsmarktbeteiligung älterer Arbeitskräfte sowie die negativen Einflüsse des Verhaltens der Arbeitnehmenden auf die Arbeitsfähigkeit im Alter als auch den negativen Einfluss des Verhaltens der Arbeitgeber auf die Arbeitsfähigkeit der Mitarbeitenden im Alter untersucht. Aufgrund der Ergebnisse wurden Handlungsfelder aufgezeigt, welche das Potenzial haben die Arbeitsfähigkeit und die Integration älterer Arbeitskräfte zu verbessern:

- Gesundheitsförderung seitens der Arbeitnehmenden (gesunde Ernährung, ausreichend Bewegung, Selbstmanagementfähigkeiten)
- Fachliche Qualifikation (Selbstinitiative und lebenslanges Lernen, Vermeiden von Routine)
- Unterstützung bei der Stellensuche und Vermeiden des Verlusts der aktuellen Stelle
- Einsetzen der speziellen Fähigkeiten von älteren Mitarbeitenden für das Erreichen der Unternehmensziele, d.h.
    - Anpassung der Arbeitsorganisation an das Alter, an individuelle Bedürfnisse, Leistungsfähigkeit und Gesundheit
    - Altersgerechte Gestaltung von Arbeitsbedingungen und -umfeld (technische Hilfsmittel)
    - Systematisches Altersmanagement (Wissenstransfer, Weiterbildung)
- Fehlmeinungen der Arbeitgeber bezüglich Gesundheit, Arbeitsleistung und -motivation älterer Arbeitnehmender korrigieren
- Altersgerechte Weiterbildung
- Gesundheitsförderung seitens der Arbeitgeber (ergonomische Arbeitsplatz- und Arbeitsumfeldgestaltung, Prävention von (psychischen und mentalen) Belastungen, Beanspruchungen und Stress

Diese hier aufgelisteten Handlungsfelder wurden operationalisiert und im Themenbereich Erhalt der Arbeitsfähigkeit in die konzeptionelle Weiterentwicklung der IAF mit einbezogen (vgl. Abschnitt 1.2).

3.5 Führungs- und sozialpsychologische Modellvorstellungen als Basis der Weiterentwicklung der IAF

3.5.1 Differenzierung und Individualisierung von Führung

Für die Weiterentwicklung der IAF wurden verschiedene wissenschaftliche Erklärungsmodelle herangezogen. Zunächst bezieht sich das Konzept und Instrumentarium IAF nach Braedel-Kühner (2005) auf die Individualisierung von Führung. Die Individualisierung von Führung ist Bestandteil nahezu aller interaktioneller Führungsmodelle und -theorien der transaktionalen und transformationalen Führung. Insbesondere situative Führungsmodelle (z.B. Hersey & Blanchard, 1969; Hersey et al., 2007; oder Evans, 1970; House, 1971) aber auch die Modellvorstellungen der transformationalen Führung (z.B. Bass & Avolio, 1989; Felfe, 2006; Judge et al., 2006; Bommer et al., 2004) setzen unter anderem auf die individualisierte Stimulation der geführten Person (vgl. auch Pervin, 1989, zur Person / Situation Debatte).

Die Individualisierung von Führung orientiert sich an der Persönlichkeit und Situation des oder der einzelnen Mitarbeitenden und erfordert - je nach Modellvorstellung - von der Führungsperson ein genaues Einschätzen dieser individuellen Situation und ein entsprechend angepasstes oder modifiziertes Führungsverhalten. Mit dem Postulat der individualisierten Führung wird gezielt eine Gegenposition zur vereinheitlichten Personalführung bezogen (Drumm, 1993, 2008). Drumm sieht als Ziele der individuellen Beeinflussung *„ein erwünschtes Verhalten, die Förderung von Leistungen und die Bindung des Mitarbeiters an die Unternehmung durch Berücksichtigung seiner individuellen Werte, Bedürfnisse, Kenntnisse, Fähigkeiten und Situation"* (2008, S. 467). Er betrachtet die situative Differenzierung der Führung nach Alter und Geschlecht als Teil der individualisierten Führung. Dabei kommt es bei ihm darauf an, die altersbedingten Fähigkeits- und Werthaltungsänderungen im Einzelfall zu berücksichtigen.

Drumm zeigt verschiedene Möglichkeiten zur altersspezifischen Differenzierung der Führung auf. Ausgehend von den altersbedingten, individuellen Veränderungen der Fähigkeiten, die individuell stark variieren, sieht er ein differenziertes Vorgehen: *„Lassen physische Fähigkeiten oder Konzentrationsfähigkeit als Kombination geistig-seelischer Fähigkeiten nach, so kann Führung mit der Anpassung der Stellenaufgaben und deren Anforderungen an die Fähigkeiten des alternden Menschen beginnen. Sind gleichzeitig Motivation und Verantwortungsbewusstsein gestiegen und geistige Fähigkeiten noch nicht abgesunken, so kann Führung durch Zuweisung anspruchsvollerer Aufgaben fortgesetzt werden"* (Drumm, 2008, S. 479).

Braedel-Kühner (2005) differenziert den Begriff der Individualisierung in Anlehnung an Fritsch (1994) weiter: Differenzierung orientiert sich an homogenen Mitarbeitergruppen (z.B. ältere Mitarbeitende) und Individualisierung an jedem Mitarbeitenden persönlich. Mit der strukturellen Komponente der Individualisierung von Führung integriert sie schlussendlich die differentielle Betrachtung der gesamten Mitarbeitergruppe „älter werdende und ältere Mitarbeitende" weitgehend in die Modellvorstellungen der IAF.

Fritsch (1994) ordnet diese Unterscheidung in ein Kontinuum ein und zeigt auf, wie spezi-fisch Personalmanagement und Führung ansetzt (Abbildung 7). Dabei bleibt zu beachten, dass eine Gleichbehandlung der Mitarbeitenden nicht mit einer identischen Behandlung von Mitarbeitenden gleichzusetzen ist (Braedel-Kühner, 2005, S. 39).

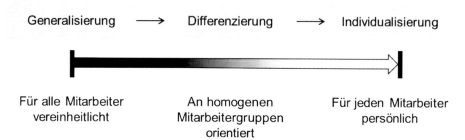

Abbildung 7. Kontinuum und Entwicklung von der Generalisierung zur Individualisierung (nachFritsch, 1994, S. 4)

Die von Braedel-Kühner (2005) postulierte Unterscheidung von Individualisierung und Differenzierung (der Individualisierung mit Blick auf die gesamte Personengruppe „Ältere") ist - wenn auch nicht explizit so genannt - auch in den weitergehenden Lösungsvorschlä-gen von Drumm (2008) enthalten. Beispielsweise sieht er erfahrungs- und erziehungsbe-dingte erhebliche Unterschiede in den Werthaltungen der älteren Mitarbeitenden im Vergleich zu denen der jüngeren. Als Möglichkeiten der Individualisierung von Führung im Sinne eines differentiellen Vorgehens sieht er die Nutzung von Spezialkenntnissen des älteren Menschen in Projekten oder bei einem Abbau sozialer Fähigkeiten die Erhöhung der Toleranz bei den jüngeren Kollegen und bei einem Ende der Führungsfähigkeit oder Führbarkeit die Flexibilisierung der Lebensarbeitszeit.

Drumm (2008) zeigt mit Verweis auf verschiedene Studien (z.B. Oshagbemi, 2004; oder Ivenz, 1984) weitergehende Ansätze zur Individualisierung von Führung auf, z.B. durch Berücksichtigung von Kultur oder Geschlecht.

3.5.2   *Wahrnehmung, Einstellung und Verhalten gegenüber älteren und älter werdenden Mitarbeitenden*

Neben der Führungspsychologie stellt die Sozialpsychologie weitere zentrale Erklärungs-modelle für die Erhebung der IAF zur Verfügung. Im IAF werden Einstellungen, mit ihrer kognitiven und affektiven Komponente erhoben (Fishbein & Ajzen, 1975; Fischer & Wiswede, 2002; Stahlberg & Frey, 1996). Wahrnehmung und Stereotypenbildung wird als zentrale Erklärungsvariable für die altersgerechte Führung bereits bei Ilmarinen postuliert und bildet beispielsweise auch eine zentrale Einflussgrösse für die Akzeptanz und Ein-flussoffenheit bei Geführten gegenüber Führungspersonen (Brown & Lord, 2001; Eckloff & van Quaquebeke, 2008; Emrich, 1999; Gawronski et al., 2003; Schyns, 2008; Schyns & Sanders, 2007).

Mücke (2008) berichtet bei der Wahrnehmung von älteren Mitarbeitenden von oftmals klischeehaften Beschreibungen, wie „Ladenhüter" oder „auf dem absteigenden Ast" und postulierte, dass dieses Vokabular der Vorgesetzten die negativen Stereotypen widerspiegelt (vgl. auch Rosen & Jerdee, 1988). Altersbezogene Stereotypen beinhalten Glaubenssätze oder Erwartungen, wie Mitglieder einer bestimmten Altersgruppe (im Allgemeinen einer bestimmten sozialen Gruppe) sich verhalten werden (Cuddy & Fiske, 2002, S. 4). Diese Zuschreibungen können positiv sein („erfahren") oder negativ („veraltetes Wissen"). Altersstereotypen schreiben Personen ab einem bestimmten Alter Eigenschaften und Verhaltensweisen zu. Mücke nennt als Beispiele für negative Altersstereotypen *„ein mit zunehmendem Alter erhöhtes Krankheitsrisiko, geringe Lernbereitschaft und Anpassungsfähigkeit, geringe Leistungsfähigkeit und Attraktivität"* und für positive Altersstereotypen nennt sie *„mehr Loyalität, Erfahrungswissen, Geübtheit, Verantwortungsbewusstsein und menschliche Reife"*. (Mücke, 2008, S. 7; vgl. auch Roth, Wegge & Schmidt, 2007). Wenn zusätzlich zur kognitiven Strukturierung (Stereotypenbildung) affektbasiert (z.B. sehr ablehnend) Merkmale der sozialen Gruppe „ältere Mitarbeitende" wahrgenommen werden, liegen Altersvorurteile vor, wenn ein entsprechendes (negatives) Verhalten gegenüber der sozialen Gruppe „ältere Mitarbeitende" gezeigt wird, handelt es sich um Altersdiskriminierung (vgl. hierzu Cuddy & Fiske, 2002).

Wenn bei der sozialen Wahrnehmung der „Alters-Bias" betrachtet wird, bedeutet das, dass Personen mit häufigem und direktem Kontakt zu älteren Mitarbeitern deren Leistungsfähigkeit positiver einschätzen als die Personengruppe mit wenig Kontakt (Lehr & Niederfranke, 1995; Menges, 2000). Die Theorie der sozialen Identität gibt Erklärungen zum Zusammenhang des eigenen Alters und der Beurteilung des eigenen Älterwerdens mit der Wahrnehmung der Fähigkeiten älterer Mitarbeiter oder den Einstellungen und Verhaltensweisen gegenüber älter werdenden und älteren Mitarbeitenden (Ashforth & Mael, 1989; Fischer & Wiswede, 2002; Hogg, 2001, 2003).

Wird das Führungsverhalten von Vorgesetzten durch Mitarbeitende eingeschätzt, ist zu berücksichtigen, dass die Wahrnehmung des Führungsverhaltens, neben dem tatsächlichen Führungsverhalten, durch die Persönlichkeit von Geführten, ihren impliziten Führungstheorien und ihrer Stimmung in hohem Masse beeinflusst wird (Schyns, 2008).

3.5.3 Entwicklung von Fähigkeiten im Altersverlauf

Altersstereotype implizieren den Abbau von Fähigkeiten mit zunehmendem Alter. Untersuchungen zur Entwicklung der Intelligenz zeigen auf, dass bestimmte Fähigkeiten sich im Altersverlauf stark verändern und z.B. die Lerngeschwindigkeit, die Merkfähigkeit oder das Arbeitstempo deutlich abnehmen. Erfahrungsbasierte Fähigkeiten nehmen im Altersverlauf eher zu. In der Literatur wird dieser Ausgleich zwischen den Leistungsbereichen Kompensationsthese genannt, altersbedingt nachlassende Leistungsbereiche (z.B. Arbeitsgeschwindigkeit) können mit Fähigkeiten, die im Alter zunehmen (z.B. Routine/Erfahrung) kompensiert werden. Insgesamt lässt sich beobachten, dass die Unterschiede interindividuell stärker variieren als die Unterschiede im Altersvergleich. Es lässt sich kein allgemeiner Leistungsabbau im Alter erkennen. Die gegenwärtig 60-Jährigen sind nach Angaben von Epidemiologen und Demographen biologisch etwa fünf Jahre jünger als die 60-Jährigen der vorherigen Generation (Staudinger & Baumert, 2007, S. 240ff). Bruggmann (2000, S. 25) fasst aufgrund von empirischen Studien die Situation folgendermassen zusammen: *„Wenn auch mit dem Alter einhergehende Verschiebungen in den Leistungsvoraussetzungen zu beobachten sind, so äussern sich diese nach heutigem Forschungsstand nicht in einem generellen Zusammenhang zwischen Alter und Arbeitsleistung".*

Die Entwicklung der Fähigkeiten wird in verschiedenen Arbeiten umfassend dokumentiert (Adenauer, 2002b; Fercher et al., 2009; Winkler, 2008) und auch empirisch überprüft (Bruggmann, 2000). Verschiedene, arbeitsplatzrelevante Fähigkeiten nehmen im Altersverlauf entweder zu, bleiben gleich oder nehmen ab. Tabelle 1 gibt eine Übersicht über die Entwicklung verschiedener Fähigkeiten mit dem Älterwerden.

Die Veränderung von intellektuellen Fähigkeiten und kognitiven Prozessen mit dem Alter ist durch ein komplexes Zusammenspiel biologisch bedingter Einbussen und kulturell vermittelter Zugewinne charakterisiert. Das Zwei-Komponenten-Modell der Intelligenz trägt dem Doppelcharakter des kognitiven Alterns Rechnung, indem es die biologisch bestimmte „Mechanik" der kulturell geprägten „Pragmatik" gegenüberstellt. Grundsätzlich ist bei der „Mechanik" ein Abbau oder Verlust mit fortschreitendem Alter zu beobachten. Dies betrifft elementare Eigenschaften der kognitiven Funktionen, wie Geschwindigkeit und Präzision der Basisprozesse der Informationsverarbeitung oder basale Wahrnehmungsfunktionen. Nach neueren Erkenntnissen ist auch die „Mechanik" beeinflussbar und beispielsweise von den kognitiven Aufgaben abhängig, welche uns im Alltag gestellt werden (Li, 2003). Die „Pragmatik" ist vergleichsweise stabil und kann unter gewissen Bedingungen auch zunehmen. Insgesamt ist zu beobachten, dass die Abbauerscheinungen in der kognitiven Mechanik durch zunehmende Erfahrung ausgeglichen oder kompensiert werden können. Bei neuen kognitiven Anforderungen, wo keine vorhergehende Erfahrung genutzt werden kann, ist ab dem mittleren Lebensalter ein Leistungsabbau zu verzeichnen. Der Prozess des Lernens verändert sich mit dem Alter, die Lernfähigkeit steht bis ins höhere Alter ausser Zweifel. Den Abbauerscheinungen lässt sich mit Arbeitskontexten, welche die kognitive Leistungsfähigkeit kontinuierlich herausfordern, entgegenwirken (Staudinger & Baumert, 2007, S. 240 - 249).

Tabelle 1. Entwicklung arbeitsplatzrelevanter Fähigkeiten im Altersverlauf (in Anlehnung an Adenauer (2002a, S. 29 - 30) und Bruggmann (2000, S. 25)).

zunehmend	gleichbleibend	abnehmend
• Erfahrung, d.h. Lebenserfahrung und Berufserfahrung, • betriebsspezifisches Wissen, • berufliche Routine und Geübtheit, • Verantwortungsbewusstsein, • Pflichtbewusstsein, • Genauigkeit, • Qualitätsbewusstsein, • Zuverlässigkeit, • Gelassenheit, • Fähigkeit zum Perspektivenwechsel, • Fähigkeit, eigene Grenzen realistisch einzuschätzen, • Beurteilungsvermögen.	• Fähigkeit zur Informationsverarbeitung überhaupt, • Sprachkompetenz, • kurze Aufmerksamkeitsspannen, • einfache Reaktionsanforderungen, • Merkfähigkeit im Langzeitgedächtnis, • Reaktionsgeschwindigkeit hinsichtlich verbaler Äusserungen auf einen Reiz (z.B. Antworten geben), • Bearbeitung sprach- und wissensgebundener Aufgaben.	• Muskelstärke und Muskelkraft, • Schnelligkeit der Bewegungen, • Sehvermögen und Hörvermögen, • Geschwindigkeit der Informationsverarbeitung, des Denkens und Lernens, • Daueraufmerksamkeit und Langzeitgedächtnis, • Reaktionsgeschwindigkeit, • Merkfähigkeit im Kurzzeitgedächtnis, • Dauerbelastbarkeit.

Für die Produktivität sind nicht nur kognitive Faktoren zu berücksichtigen. Emotionale und motivationale Aspekte, sowie die Persönlichkeit sind von ebenso grosser Bedeutung. Im Durchschnitt nimmt die Ausprägung der Persönlichkeitsmerkmale wie Zuverlässigkeit und Umgänglichkeit zu und Neurotizismus ab, was als zunehmende soziale Anpassungsfähigkeit oder auch soziale Reife interpretiert wird. Gleichzeitig nimmt die Offenheit für neue Erfahrungen ab. Noch ist unklar, ob sich der letztere Prozess beeinflussen lässt (Staudinger & Baumert, 2007, S. 249 - 250).

Die Unterschiede in Wahrnehmungs-, Denk- und Gedächtnisleistungen nehmen im Laufe des Erwachsenenalters kontinuierlich zu. Das Altern kann sowohl mit Erhalt als auch Verlust der geistigen Leistungsfähigkeit einhergehen (Lindenberger, 2007, S. 220).

Erfolgreiches Altern wurde von Paul und Margret Baltes als das geglückte Zusammenspiel von Selektion, Optimierung und Kompensation definiert (1990). Selektion bedeutet Handlungsoptionen auszuwählen. Optimierung beschreibt die Investition von Ressourcen um Gewinne zu erzielen und Kompensation bezeichnet Versuche das Funktionsniveau bei abnehmenden Ressourcen aufrecht zu erhalten. Im besten Fall wird so älteren Menschen ermöglicht, ein ausreichend hohes Leistungsniveau zu erhalten. Dies lässt sich mit technischen Hilfsmitteln unterstützen.

Götz und Hilse (1999) fokussieren die Entwicklung der Fähigkeiten bei den Führungspersonen selbst. In ihrer kleinen qualitativen Studie fanden sie heraus, dass die Stärken der älteren Führungspersonen z.B. im Umgang mit Menschen, im Überliefern der Organisationsgeschichte und -kultur, in der Vermittlung von Sicherheit und Kontinuität, der Delegation von Aufgaben und im Abschätzen von Risiken liegen, während jüngere Führungspersonen vor allem auf aktuelles fachliches und technisches Wissen zurückgreifen können, flexibel und veränderungsbereit sind und mit spielerischer Begeisterung ihre Führungsaufgabe wahrnehmen. Alter spielt in der Studie von Götz und Hilse (1999) auf der kognitiven Ebene eine Rolle, wird aber nicht als verhaltensrelevant eingestuft.

3.5.4 Führungs- und sozialpsychologische Forschungsfragen und Hypothesen zur Überprüfung der individualisierten alternsgerechten Führung

Die psychologischen Phänomene und die Studienergebnisse, wie sie in Kapitel 3 dargestellt sind, lassen - ergänzend zur deskriptiven Beschreibung der individualisierten alternsgerechten Führung - die Formulierung weitergehender Forschungsfragen und Hypothesen zu. Im diesem Kapitel werden die Ausführungen zu den konzeptionellen Grundlagen der Studie in Forschungsfragen und -hypothesen zusammengefasst, welche im Folgenden entsprechend aufbereitet respektive überprüft werden.

3.5.4.1 Deskription von Führungsverhalten, Einstellungen und Wahrnehmungen

Individualisierte alternsgerechte Führung beinhaltet verschiedene inhaltliche Konstrukte. Die Einstellung zur Führung und das Führungsverhalten gegenüber älteren und älter werdenden Mitarbeitenden sowie die Wahrnehmung der Entwicklung der eigenen Fähigkeiten im Altersverlauf und die Fähigkeiten von älteren Mitarbeitenden bzw. von Altersstereotypen bilden die Grundlage der IAF. Das Phänomen der individualisierten alternsgerechten Führung wird durch die Auswertung einzelner Items und übergeordneter Skalen detailliert beschrieben und transparent gemacht (Kapitel 5.2).

3.5.4.2 Bivariate Unterschiede und Zusammenhänge von Einstellung, Verhalten und Wahrnehmung

Einstellungen sind handlungsleitend, erklären aber nicht alleinig das Verhalten einer Person (vgl. Kapitel 3.3 und 3.4). In einem ersten Schritt geht es darum zu überprüfen, ob die jeweilige Einstellung und das entsprechende Verhalten in Bereichen der IAF sich unterscheiden. Einzelne Teilaspekte eines Konstrukts (z.B. Unterstützung der kontinuierlichen Weiterbildung oder Neueinstellung von älteren Mitarbeitenden) geben einen detaillierten Einblick, der Vergleich von Skalen bietet eine übergeordnete Perspektive.

Die soziokulturelle Betrachtung der demographischen Entwicklung lässt erwarten, dass in bestimmten Branchen (z.B. öffentliche Verwaltung) der demographische Wandel weiter fortgeschritten ist. Dies sowie Personenmerkmale (z.B. eigenes Alter oder Geschlecht) und weitere Merkmale des Unternehmens, respektive der Person im Unternehmen (z.B.

Führungsstufe), können möglicherweise Unterschiede in der IAF erklären. Eine differenzierte Betrachtung der Unterschiede in der IAF nach Arbeitsland, Branche, Unternehmensgrösse, Führungsstufe, Betriebszugehörigkeit, Geschlecht und Altersgruppe fokussiert jeweils einen dieser Aspekte (Kapitel 5.3).

3.5.4.3 Überprüfung ausgewählter führungs- und sozialpsychologischer Hypothesen

Aufgrund der in Kapitel 3 aufgeführten Modellvorstellungen und empirischen Befunde wurden die folgenden vertieften Hypothesen formuliert und in Kapitel 5.4 überprüft.

Hypothesen zum Zusammenhang von Einstellung, Verhalten und Wahrnehmung

H1: Zusammenhang von Einstellung und Verhalten: Je alternsgerechter die Einstellung zur Führung von älteren und älter werdenden Mitarbeitenden desto alternsgerechter das Verhalten der Führungspersonen.

H2: Je positiver die Wahrnehmung von älteren Mitarbeitenden und deren Fähigkeiten desto positiver die Ausprägung der individualisierten alternsgerechten Führung.

Hypothese zum Alters Bias (vgl. 3.5.2)

H3: Führungspersonen mit häufigem und direktem Kontakt zu älteren Mitarbeitenden schätzen deren Leistungsfähigkeit positiver ein als Führungspersonen mit weniger Kontakt.

Hypothesen zu Zusammenhängen mit dem eigenen Alter

H4: Führungspersonen nehmen Mitarbeitende in Abhängigkeit vom eigenen Alter als älter wahr, d.h. je älter sie selber sind, desto später gelten Mitarbeitende als ältere Mitarbeitende.

H5a: Führungspersonen bewerten ihr Verhalten in Bezug auf die Führung von älteren und älter werdenden Mitarbeitenden in Abhängigkeit vom eigenen Alter.

H5b: Führungspersonen bewerten ihre Einstellung in Bezug auf die Führung von älteren und älter werdenden Mitarbeitenden in Abhängigkeit vom eigenen Alter.

Hypothesen zur sozialen Identität (vgl. 3.5.2)

H6: Je positiver Führungspersonen ihr eigenes Älterwerden wahrnehmen, desto positiver werden die Fähigkeiten älterer Mitarbeitender wahrgenommen.

H7a: Je positiver das eigene Älterwerden wahrgenommen wird, desto positiver ist das Führungsverhalten gegenüber älter werdenden und älteren Mitarbeitenden.

H7b: Je positiver das eigene Älterwerden wahrgenommen wird, desto positiver ist die Einstellung zur Führung von älter werdenden und älteren Mitarbeitenden.

Hypothesen zur differentiellen Fähigkeitsentwicklung

H8: Die Entwicklung der Fähigkeiten im Bereich der Pragmatik wird von Führungspersonen positiver eingeschätzt als die Entwicklung der Fähigkeiten im Bereich der Mechanik. Dies gilt für die eigene Fähigkeitsentwicklung (H8a), wie auch für die Einschätzung der Fähigkeiten von älteren Mitarbeitenden (H8b).

3.5.4.4 Multiple Zusammenhänge zur Erklärung von Einstellung und Verhalten

Ergänzend zur isolierten und differenzierten Betrachtung singulärer Zusammenhänge zeigt die bisherige Forschung, dass Person- (eigenes Alter, Gesundheitszustand etc. vgl. Kapitel 3.3 und 3.4) und Unternehmensfaktoren (Branche, Arbeitsgestaltung, Führungsstufe etc. vgl. Kapitel 2) sowie die soziale Wahrnehmung (Kapitel 3.5.2) nicht isoliert, sondern gemeinsam die Einstellung gegenüber älteren und älter werdenden Mitarbeitenden vorhersagen. Diese Person- und Unternehmensfaktoren, die soziale Wahrnehmung sowie die Einstellung erklären wiederum gemeinsam das Verhalten in der IAF. Eine weitergehende Analyse soll diese multiplen Zusammenhänge und die relative Wichtigkeit ihrer Beiträge näher beleuchten und die vorhergegangenen Auswertungen vertiefen (Kapitel 5.5).

Hypothesen zu multiplen Zusammenhängen zur Erklärung von Einstellung und Verhalten

H9: Person- und Unternehmensfaktoren, die Wahrnehmung des eigenen Älterwerdens und die Wahrnehmung älterer Mitarbeitender sowie die Einstellung erklären das Verhalten gegenüber älteren und älter werdenden Mitarbeitenden.

H10: Person- und Unternehmensfaktoren sowie die Wahrnehmung des eigenen Älterwerdens und die Wahrnehmung älterer Mitarbeitender erklären die Einstellung gegenüber älteren und älter werdenden Mitarbeitenden.

Die in Kapitel 3 beschriebenen Modellvorstellungen der IAF nach Braedel-Kühner (2005) - unter Integration und Beachtung der erweiterten Überlegungen zur Arbeitsfähigkeit und Fähigkeitsentwicklung sowie weiterer psychologischer Aspekte - bilden die Grundlage der Weiterentwicklung des Erhebungsinstrumentariums IAF und der Erhebung der IAF bei Führungspersonen. In diesem Kapitel wurden führungs- und sozialpsychologische Hypothesen im Themengebiet der individualisierten altersgerechten Führung formuliert, welche in Kapitel 5.3 bis 5.5 empirisch überprüft werden.

4 Modifikation Erhebungsinstrument IAF

Ausgehend vom Erhebungsinstrument der IAF wurde unter Berücksichtigung des Themenbereichs Erhalt der Arbeitsfähigkeit und mit dem Fokus auf der alterns- und altersspezifischen Individualisierung von Führung ein revidiertes Erhebungsinstrument entwickelt. Dieses bildet die Grundlage für die Beantwortung der in den vorherigen Abschnitten formulierten Forschungsfragen und Hypothesen. Das überarbeitete Instrument wurde einem Pretest unterzogen. Die Rückmeldungen von drei Führungspersonen und drei Experten wurden in die konzeptionelle Weiterentwicklung mit einbezogen. Das weiterentwickelte Instrument zur Erhebung der IAF wurde anschliessend anhand einer Stichprobe von 395 Führungskräften empirisch überprüft. Mittels Hauptkomponentenanalyse wurden die Daten reduziert und die Items in Komponenten (Skalen) zusammengefasst.

4.1 Ausgangsinstrument, Kurzbeschreibung in den zentralen Aspekten

Als Grundlage für die Entwicklung des Befragungsinstruments wurde der Fragebogen zur individualisierten alternsgerechten Führung von Braedel-Kühner (2005) verwendet. Dieser Fragebogen zum Thema Führung älterer und älter werdender Mitarbeitender war auf bestehenden Instrumenten aufgebaut und theoriegeleitet um neu formulierte Items erweitert worden (Domres, 2003). Dabei waren vielfältige theoretische Vorüberlegungen eingeflossen. Individualisiertes Führungsverhalten und die Einstellung/Haltung der Führungspersonen gegenüber älteren Mitarbeitenden und dem eigenen Älterwerden sind neben den Konstrukten Kooperation, Arbeitsorganisation, Information/Kommunikation und Motivation im Konzept IAF enthalten (Braedel-Kühner, 2005, S. 50). Ausserdem wurden ausgewählte, führungstheoretische Ansätze auf ihre Bedeutung für das Konzept IAF untersucht und bei dessen Ausarbeitung berücksichtigt (Braedel-Kühner, 2005, S. 53 - 103). Die Konstrukte der individualisierten, alternsgerechten Führung (IAF) sind in Tabelle 2 dargestellt.

Der Fragebogen zur IAF erfasst die Einstellung und das Verhalten zum Thema „Führung älterer und älter werdender Mitarbeiter" und beinhaltet folgende Gesamtskalen:

- Einstellung von Führungskräften gegenüber der Führung älterer und älter werdender Mitarbeiter
- Führungsverhalten von Führungskräften gegenüber älter werdenden und älteren Mitarbeitern
- Wahrnehmung des eigenen Älterwerdens
- Wahrnehmung der Arbeitsfähigkeit der älteren Mitarbeiter

Der Fragebogen von Braedel-Kühner besitzt eine hohe Inhaltsvalidität, da bei der Operationalisierung alle Aspekte der theoretischen Fundierung mit einbezogen wurden. Dass die Befragten den Fragebogen als vollständig empfanden und richtig einordnen konnten (Aspekte der Führung mit einem Fokus auf ältere Mitarbeiter) spricht zudem für eine hohe Augenscheinvalidität. Bei der Konstruktion waren zudem nach Möglichkeit Items aus bereits bestehenden Instrumenten verwendet worden. Die Reliabilität der Gesamtskalen wurde von Braedel-Kühner auf Grund der internen Konsistenz (Cronbachs Alpha) abgeschätzt (Tabelle 3). Dabei wurden vorgängig mehrere Items infolge zu geringer Faktorenladung nach einer Hauptkomponentenanalyse (Varimax) oder schrittweise aufgrund zu geringer Trennschärfe (Item-to-Total Korrrelation) ausgeschlossen. Die erhaltenen Werte begründen die Empfehlung bei einer erneuten Nutzung des Fragebogens die Reliabilität der Skalen „Führungsverhalten gegenüber älter werdenden und älteren Mitarbeitern" und „Wahrnehmung des eigenen Älterwerdens" zu erhöhen (Braedel-Kühner, 2005, S. 134 - 136).

Tabelle 2. Konstrukte und Subkonstrukte individualisierter, alternsgerechter Führung (IAF) von Braedel-Kühner (2005, S. 130)

Hauptkonstrukte	
Einstellung	**Verhalten**
Subkonstrukte	
Einstellung/Haltung • Allgemein • Wahrnehmung der Arbeitsfähigkeit älterer Mitarbeiter • Wahrnehmung des eigenen Älterwerdens	
Kooperation	Kooperation
Arbeitsorganisation	Arbeitsorganisation
Information/Kommunikation	Information/Kommunikation
Motivation	Motivation
Individualisierung	Individualisierung

Tabelle 3. Schätzung der internen Konsistenz der Gesamtskalen von Braedel-Kühner anhand von Reliabilitätsschätzungen (Cronbachs Alpha) (2005, S. 163).

	Cronbachs Alpha	Anzahl Items
Einstellung von Führungskräften gegenüber der Führung älterer und älter werdender Mitarbeiter	0.759	18
Führungsverhalten gegenüber älter werdenden und älteren Mitarbeitern	0.674	10
Wahrnehmung des eigenen Älterwerdens	0.655	11
Wahrnehmung der Arbeitsfähigkeit älterer Mitarbeiter	0.805	11

Die Antwortskalen des Fragebogens von Braedel-Kühner (2005) bestehen aus fünfstufigen Ratingskalen - mit Ausnahme der nur dreistufigen Ratingskala für das Konstrukt „Wahrnehmung des eigenen Älterwerdens". Für die Datenanalyse war entsprechend der gängigen Forschungspraxis von einem annähernd intervallskalierten Datenniveau ausgegangen worden.

4.2 Konzeptionelle Weiterentwicklung des Fragebogens

4.2.1 Inhaltliche Überarbeitung

Für die vorliegende Studie wurde das Erhebungsinstrumentarium IAF modifiziert. Es wurde ein noch stärkerer Fokus auf das Alter gelegt und lediglich Items mit einem expliziten

Bezug zum Alter oder zur individualisierten altersspezifischen Sichtweise beibehalten. Die beiden Aspekte individualisierte altersspezifische Führung und differentielle Führung von älteren Mitarbeitenden wurden entflochten und getrennt untersucht. Dabei wurden sämtliche Fragen zur individualisierten Führung ohne expliziten Bezug zum Alter ebenfalls weggelassen. Alle Items zum Verhalten wurden mit entsprechenden Items in Bezug auf die Einstellung gespiegelt.

Da die Arbeitsfähigkeit für eine Beschäftigung bis zum Erreichen des Rentenalters von zentraler Bedeutung ist, wurde dieser Themenbereich in Bezug auf die Einstellung der Führungskräfte als auch in Bezug auf ihr Führungsverhalten operationalisiert. Dabei wurden die Aspekte Förderung von Gesundheit und Leistungsfähigkeit sowie Erhalt der beruflichen Qualifikationen der Mitarbeitenden berücksichtigt (Egger, et al., 2007, S. 93). Auch hier wurden sowohl Items zum Verhalten als auch zur Einstellung formuliert.

Es wurde darauf geachtet, dass sämtliche Items des Führungsverhaltens mit entsprechenden Items in Bezug auf die Einstellung zum Führungsverhalten gespiegelt werden und alle Formulierungen geschlechtsneutral gestaltet sind.

Die Erhebung der Wahrnehmung von Fähigkeiten älterer Mitarbeitender und der Wahrnehmung des eigenen Älterwerdens, welches die eigene Fähigkeitsentwicklung beschreibt, wurde erweitert und inhaltlich gespiegelt. Diese beiden Konstrukte beinhalten im Wesentlichen die Einschätzung der Fähigkeiten und Fertigkeiten von älteren Mitarbeitenden respektive eine Einschätzung der Veränderung derselben Fähigkeiten und Fertigkeiten der teilnehmenden Führungspersonen mit dem Älterwerden (Wahrnehmung des eigenen Älterwerdens). Die Fragen zur Wahrnehmung von älteren Mitarbeitenden (Altersstereotypen) wurden ebenfalls leicht erweitert. Die Items des Konstrukts Wahrnehmung von älteren Mitarbeitenden waren bei Braedel-Kühner (2005) Teil des Konstrukts Einstellung zur Führung älterer und älter werdender Mitarbeiter. Die Überarbeitung resultierte in den folgenden Konstrukten (Tabelle 4).

Tabelle 4. Konstrukte der konzeptionellen Weiterentwicklung der IAF

Dimension	Konstrukte
Verhalten	• Führungsverhalten gegenüber älteren Mitarbeitenden • Individualisiertes altersspezifisches Führungsverhalten • Führungsverhalten Erhalt der Arbeitsfähigkeit
Einstellung	• Einstellung zur Führung von älteren Mitarbeitenden • Einstellung zur individualisierten altersspezifischen Führung • Einstellung zum Erhalt der Arbeitsfähigkeit
Wahrnehmung	• Wahrnehmung der Fähigkeiten älterer Mitarbeitender • Wahrnehmung von älteren Mitarbeitenden (Altersstereotypen) • Wahrnehmung des eigenen Älterwerdens (Fähigkeitsentwicklung)

Grundlage für die zusätzlichen Konstrukte und die Veränderungen waren die Ergebnisse und Hypothesen der Studie „Arbeitsfähigkeit und Integration der älteren Arbeitskräfte in der Schweiz - Studie I" (Egger, et al., 2007) sowie die Publikationen von Fost (2008) und Bruggmann (2000) zu älteren Mitarbeitern.

Ein Pretest mit einer ersten Version des konzeptionell weiterentwickelten Erhebungsinstruments wurde bei N = 3 Führungskräften durchgeführt. Ihre Rückmeldungen wurden in die konzeptionelle Überarbeitung mit einbezogen. Zudem wurde das Feedback von zwei Experten, die sich spezifisch mit dem Thema Demographie und ältere Mitarbeitende befassen, sowie von Frau Braedel-Kühner eingeholt und bei der Überarbeitung berücksichtigt.

4.2.2 Weitere Aspekte der Überarbeitung

Unmittelbar zu Beginn des Fragebogens wurden die Teilnehmenden dazu aufgefordert zu definieren, ab welchem Alter für sie Mitarbeitende zu den älteren Mitarbeitenden zählen. Diese Angabe wurde der weiteren Bearbeitung des Fragebogens zugrunde gelegt. Die Angaben zur Person und zum beruflichen Umfeld wurden meist beibehalten und ansonsten leicht modifiziert. Zusätzlich wurde das Geschlecht erhoben und darauf geachtet, dass sämtliche Items geschlechtsneutral formuliert sind.

4.2.3 Ratingskalen des Fragebogens

Für die Beantwortung des Fragebogens durch die Führungskräfte wurden fünfstufige bipolare Ratingskalen verwendet (vgl. auch Bühner, 2006, S. 54). Einzig die Wahrnehmung des eigenen Älterwerdens (eigene Fähigkeitsentwicklung) wurde, aus Gründen der Vergleichbarkeit mit den verwendeten Skalen von Braedel-Kühner, mittels einer dreistufigen bipolaren Ratingskala eingeschätzt. Die Skalen entsprechen somit im Wesentlichen den Ratingskalen, die schon Braedel-Kühner (2005, S. 134) zur Beurteilung der IAF eingesetzt hatte. Es wird davon ausgegangen, dass die verwendeten Ratingskalen Intervallskalenniveau erreichen (Rohrmann, 1978, zit. nach Bühner, 2006).

Tabelle 5. Auflistung der im Fragebogen verwendeten Ratingskalen

Konstrukte	Ratingskalen				
• Führungsverhalten gegenüber älteren Mitarbeitenden • Individualisiertes Führungsverhalten • Führungsverhalten Erhalt der Arbeitsfähigkeit	Trifft gar nicht zu	Trifft wenig zu	Trifft teils teils zu	Trifft ziemlich zu	Trifft völlig zu
• Einstellung zur Führung von älteren Mitarbeitenden • Einstellung zur individualisierten Führung • Einstellung zum Erhalt der Arbeitsfähigkeit • Wahrnehmung von älteren Arbeitnehmenden	Stimme gar nicht zu	Stimme wenig zu	Stimme teils teils zu	Stimme ziemlich zu	Stimme völlig zu
• Wahrnehmung des eigenen Älterwerdens (eigene Fähigkeitsentwicklung)	Eher zunehmend		Gleichbleibend		Eher abnehmend
• Wahrnehmung der Fähigkeiten älterer Mitarbeitender	Unterdurchschnittlich	Eher unterdurchschnittlich	Durchschnittlich	Eher überdurchschnittlich	Überdurchschnittlich

4.2.4   Konzeptionell weiterentwickelter Fragebogen

Die konzeptionelle Weiterentwicklung resultierte in einem Fragebogen mit teilweise neuen Konstrukten. Der Fragebogen enthält 26 Items in Bezug auf das Verhalten von Führungskräften in den drei Bereichen Führungsverhalten gegenüber älteren Mitarbeitenden, individualisiertes altersspezifisches Führungsverhalten und Führungsverhalten hinsichtlich des Erhalts der Arbeitsfähigkeit. Weitere 26 Items betreffen die Einstellung zu denselben drei Bereichen: Einstellung zur Führung von älteren Mitarbeitenden, Einstellung zur individualisierten altersspezifischen Führung und Einstellung zum Erhalt der Arbeitsfähigkeit. Die Wahrnehmung der Fähigkeiten älterer Mitarbeitender und auch die Wahrnehmung des eigenen Älterwerdens, d.h. der eigenen Fähigkeitsentwicklung, beinhalten jeweils 21 Items. Die Wahrnehmung von älteren Mitarbeitenden (Altersstereotypen) wird mit 9 Items abgefragt.

Der weiterentwickelte Fragebogen mit einer detaillierten Dokumentation der Veränderungen in Bezug auf das Originalinstrument ist in Anhang I zu finden. Im Fragebogen wurde der Themenbereich Erhalt der Arbeitsfähigkeit mit dem neutralen Namen Arbeitsgestaltung umschrieben, um zu vermeiden, dass die Items aus Gründen der sozialen Erwünschtheit überaus positiv beantwortet werden.

4.2.5 Durchführung der Befragung

Der weiterentwickelte Fragebogen wurde im Internet verfügbar gemacht. Führungspersonen, welche Aus- und Weiterbildungen an der Zürcher Hochschule für Angewandte Wissenschaften besucht hatten oder dort Dienstleistungen bezogen haben sowie Führungspersonen, welche in Zusammenarbeit mit der Karlshochschule in Karlsruhe rekrutiert worden waren, wurden per Mail gebeten, sich an der Befragung zu beteiligen. Von Mai bis Juli 2009 konnten 395 vollständige Datensätze gewonnen werden. Die teilnehmenden Führungspersonen stammen zu zwei Dritteln aus der Schweiz und zu einem Drittel aus Deutschland. Sie sind im Mittel knapp 45 Jahre alt und zur Hälfte auf mittlerer Führungsstufe tätig. Jeweils 20% sind Führungskräfte aus der oberen beziehungsweise unteren Führungsstufe (Kapitel 5.1).

4.3 Skalenbildung und -überprüfung

Die Dimensionen des Fragebogens wurden mittels Hauptkomponentenanalyse untersucht. Dabei wurden die Items der Konstrukte zu Einstellung, Verhalten und Wahrnehmung jeweils zusammen analysiert. Ausnahme ist das Konstrukt Wahrnehmung des eigenen Älterwerdens (eigene Fähigkeitsentwicklung), da dort anstelle einer fünfstufigen eine dreistufige Ratingskala verwendet worden war. Die Itemantworten wurden als annähernd intervallskaliert betrachtet. Sie sind gleichartig verteilt, nach den Ergebnissen des Kolmogorov-Smirnov-Tests allerdings nicht normalverteilt. Für die Hauptkomponentenanalyse wurden verschiedene Items umgepolt (in der Mustermatrix jeweils mit einem Stern markiert).

Die Stichprobeneignung wurde nach Kaiser-Meyer-Olkin beurteilt (Tabelle 6). Sämtliche Werte für die Konstrukte liegen über 0.8, was für eine gute Eignung spricht (Bühner, 2006, S. 207). Die Analyse der MSA-Koeffizienten der einzelnen Items zeigte, dass zwei Items als nicht geeignet für die Hauptkomponentenanalyse betrachtet werden müssen (MSA-Koeffizient < 0.5). Es handelt sich dabei um die beiden umgepolten Items „Ich entlasse eher ältere Mitarbeitende, da diese ein vergleichsweise schlechteres Lohn-/ Arbeitswertverhältnis aufweisen" und „Ich nutze Frühpensionierungen als eine sozialverträgliche Form von Restrukturierung". Dass sie umgepolt worden waren, erklärt die geringe Korrelation (die gleichartige Verteilung wird hinfällig). Da die beiden Items zwei verschiedene Gründe für das verfrühte Ausscheiden von älteren Mitarbeitenden aus dem Erwerbsleben beschreiben, wurden sie trotzdem in die Analyse mit eingeschlossen, um diese Facette des demographischen Wandels in der Arbeitswelt im Erhebungsinstrument beizubehalten. Der Bartlett's-Test auf Sphärizität ist in allen Fällen signifikant, was dahingehend interpretiert wird, dass die Items für die Durchführung einer Hauptkomponentenanalyse geeignet sind.

Tabelle 6. Stichprobeneignung für die Hauptkomponentenanalyse

	Einstellung	Verhalten	Wahr-nehmung	Wahrnehmung des eigenen Älterwerdens
N	395	395	395	395
Anzahl Items	26	26	30 (9 + 21)	21
KMO-Koeffizient*	0.810	0.838	0.838	0.836
Anzahl der Items mit einem MSA - Koeffizienten > 0.5**	0	2	0	0

* Mass der Stichprobeneignung nach Kaiser-Meyer-Olkin (ist auch der MSA-Wert der Korrelationsmatrix).
** MSA (Measure of Sample Adequacy) - Koeffizient der Korrelationsmatrix.

Zur Extraktion der Komponenten wurden verschiedene theoretische Kriterien betrachtet: Eigenwertverlauf (Scree-Test nach Cattell), Kaiser-Kriterium (Eigenwert > 1) sowie Parallelanalyse nach Horn (mittels SPSS nach O'Connor (2000)). Dabei kann davon ausgegangen werden, dass das Kaiser-Kriterium die Anzahl Komponenten eher überschätzt (Zwick & Velicer, 1986, S. 439). Das Ziel der Hauptkomponentenanalyse besteht darin, die Daten zu reduzieren und die einzelnen Items in Komponenten zusammenzufassen. Es wurden möglichst wenige Komponenten extrahiert, wobei der inhaltlichen Plausibilität der Komponenten eine entscheidende Rolle eingeräumt wurde.

Tabelle 7. Vorgehensweisen zur Bestimmung der Anzahl Komponenten (K) und ihre Ergebnisse

	Einstellung	Verhalten	Wahr-nehmung	Wahrnehmung des eigenen Älterwerdens
Anzahl Datensets N	395	395	395	395
Anzahl Items	26	26	30	21
Kaiser-Kriterium	6 K	7 K	7 K	5 K
Scree-Test	2 oder 3 K	3, 4, 5 oder 6 K	3 oder 5 K	3 K
Parallelanalyse*	4 K	4 K	4 K	3 K
Anzahl Komponenten	4	4	3	3

* Spezifikationen für die Parallelanalyse: Anzahl Fälle: N; Anzahl Variablen = Anzahl Items, Perzentil: 95 und Datensets: 1000.

4.3.1 Hauptkomponentenanalyse betreffend Einstellung und Verhalten

Sämtliche Items zur Einstellung und zum Verhalten von Führungskräften wurden einer Hauptkomponentenanalyse unterzogen. Da nicht davon ausgegangen werden kann, dass die oben genannten je drei Konstrukte von Einstellung respektive Verhalten (vgl. Tabelle 4)

völlig voneinander unabhängig sind, wurde eine Hauptkomponentenanalyse mit obliquer Rotation (Oblimin) gewählt. Die Hauptkomponentenanalyse mit drei vorgegebenen Faktoren zeigt auf, dass sich das Konstrukt Führung von älteren Mitarbeitenden sowohl bei den Verhaltens- als auch den Einstellungsitems auf zwei Komponenten verteilt. Darum und auch aus inhaltlichen Gründen wurde eine Hauptkomponentenanalyse mit vier vorgegebenen Faktoren durchgeführt. Zusätzlich ergibt die Parallelanalyse, dass der beobachtete Eigenwertverlauf bei der Komponentenextraktion in beiden Fällen nur bis zur Extraktion von vier Komponenten über dem „zufälligen" Eigenwertverlauf liegt.

Die extrahierten Skalen entsprechen im Wesentlichen den Konstrukten, wobei die Skala *Frühzeitiger Austritt aus dem Erwerbsleben* aus dem Themenbereich Führung von älteren Mitarbeitenden herausgelöst wurde.

4.3.1.1 Hauptkomponentenanalyse betreffend Verhalten

Die Items der drei Konstrukte Führungsverhalten gegenüber älteren Mitarbeitenden, individualisiertes altersspezifisches Führungsverhalten und Führungsverhalten Erhalt der Arbeitsfähigkeit wurden mit einer Oblimin Hauptkomponentenanalyse mit vier vorgegebenen Faktoren untersucht.

Die Items des Konstrukts Führungsverhalten Erhalt der Arbeitsfähigkeit laden alle auf die erste Komponente und bilden somit die Skala *Erhalt der Arbeitsfähigkeit - Verhalten*. Zusätzlich laden auch zwei Items des Konstrukts Führungsverhalten gegenüber älteren Mitarbeitenden auf die erste Komponente. Die inhaltliche Analyse ergibt, dass sich diese zwei Items stark auf den Erhalt der Arbeitsfähigkeit beziehen. Da der Inhalt dieser zwei Items in ähnlicher Form bereits in der Skala *Erhalt der Arbeitsfähigkeit - Verhalten* enthalten ist, wurden sie aus Gründen der Redundanz nicht als zusätzliche Items der Skala *Erhalt der Arbeitsfähigkeit - Verhalten* zugeschlagen, sondern von der weiteren Analyse ausgeschlossen.

Die Items des Konstrukts individualisiertes altersspezifisches Führungsverhalten laden vorwiegend auf die zweite Komponente. Das Item „Ich setze die altersspezifischen Fähigkeiten meiner Mitarbeitenden gezielt für die Erreichung der Unternehmensziele ein" lädt nur schwach auf die zweite Komponente, dafür stark auf die dritte Komponente, die ein inhaltlich sehr ähnliches Item mit Bezug auf ältere Mitarbeitende enthält. Es wurde ebenfalls von den weiteren Analysen ausgeschlossen. Das Item „Ich fördere die Arbeit und den Know how-Transfer in altersgemischten Teams" lädt ebenfalls nur schwach auf die zweite Komponente und bedeutend stärker auf die dritte Komponente. Aus inhaltlichen Überlegungen wurde es der dritten Skala zugeordnet. Die zweite Skala *Individualisierte altersspezifische Führung - Verhalten* wird folglich durch sieben Items des Konstrukts individualisiertes altersspezifisches Führungsverhalten gebildet.

Tabelle 8. Mustermatrix mit Komponentenladungen der Items zum Führungsverhalten nach Oblimin Hauptkomponentenanalyse mit 4 vorgegebenen Faktoren

Erhalt der Arbeitsfähigkeit	Individualisierte, altersspezifische Führung	Führung älterer Mitarbeitender	Frühzeitiger Austritt aus dem Erwerbsleben	Komponente			
				1	2	3	4
Ich unterstütze aktiv eine gesunde Lebensweise (gesunde Ernährung / ausreichend Bewegung) meiner Mitarbeitenden.				.661	.046	-.209	-.165
Ich engagiere mich aktiv dafür, dass meine Mitarbeitenden arbeitsmarktfähig bleiben.				.638	-.076	.193	.008
Ich stelle sicher, dass meine Mitarbeitenden nicht wiederholt oder dauerhaft übermässige Arbeitspensen leisten.				.619	.057	-.058	.076
Ich unterstütze meine Mitarbeitenden bei der kontinuierlichen Weiterbildung durch interne und externe Schulungen.				.610	.001	.130	.133
Ich stelle eine ergonomische Arbeitsplatz- und Arbeitsumfeldgestaltung sicher.				.610	.069	-.126	-.127
Ich stelle sicher, dass meine Mitarbeitenden nicht übermässigem psychischem Druck / übermässiger nervlicher Belastung ausgesetzt sind.				.585	.078	-.103	.079
Ich unterstütze aktiv die kontinuierliche Weiterbildung meiner Mitarbeitenden durch learning-on-the-job (Job-Rotation, Job-enlargement etc.).				.538	-.039	.230	-.119
[a] Ich unterstütze meine älteren Mitarbeitenden aktiv, sich an neue Situationen und Technologien anzupassen.				.468	-.057	.292	.035
[a] Ich motiviere meine älteren Mitarbeitenden gezielt, bestehende Weiterbildungsangebote wahrzunehmen.				.463	.000	.349	.050
Ich vermeide, dass am Arbeitsplatz meiner Mitarbeitenden langjährige Routine eintritt.				.417	-.020	.310	.055
Ich berücksichtige bei der Verteilung von Arbeitsaufgaben das Alter meiner Mitarbeitenden.				.003	.791	.009	-.002
Ich beziehe bei der Leistungsbeurteilung das Alter meiner Mitarbeitenden mit ein.				.005	.730	-.099	-.002
Bei Schwierigkeiten im Arbeitsprozess richte ich die Unterstützung auf das Alter meiner Mitarbeitenden aus.				.174	.703	-.141	-.018
Bei Interesse an Weiterbildungsangeboten richte ich meine Unterstützung auf das Alter meiner Mitarbeitenden aus.				.005	.662	.011	-.097
Ich passe mein Führungsverhalten dem Alter meiner Mitarbeitenden an.				-.003	.661	.036	.053
Ich passe mein Informationsverhalten dem Alter meiner Mitarbeitenden an.				-.045	.591	.156	.088
Ich erreiche durch eine dem Alter der Mitarbeitenden angepasste Führung Produktivitätsvorteile.				-.051	.520	.433	-.071
Ich setze die speziellen Fähigkeiten meiner älteren Mitarbeitenden gezielt für die Erreichung der Unternehmensziele ein.				.003	-.020	.822	-.145

[a] Ich setze die altersspezifischen Fähigkeiten meiner Mitarbeitenden gezielt für die Erreichung der Unternehmensziele ein.	-.037	.174	.724	-.116
Ich beziehe die Erfahrungen meiner älteren Mitarbeitenden in meine Entscheidungen mit ein.	-.029	.016	.608	.067
Ich fördere die Arbeit und den Know how-Transfer in altersgemischten Teams.	.231	.138	.476	.105
Ich motiviere meine älteren Mitarbeitenden, bis zu ihrem offiziellen Rentenalter im Erwerbsleben zu verbleiben.	.043	.069	.345	.312
Ich stelle ältere Arbeitnehmende neu ein.	.167	-.060	.237	-.023
[*, b] Ich nutze Frühpensionierungen als eine sozialverträgliche Form von Restrukturierung.	-.021	.034	-.013	.821
[*]Ich unterstütze aktiv das Ausscheiden älterer Mitarbeitender in den vorzeitigen Ruhestand.	-.142	.067	.015	.760
[*, b] Ich entlasse eher ältere Mitarbeitende, da diese ein vergleichsweise schlechteres Lohn-/ Arbeitswertverhältnis aufweisen.	.056	-.068	-.089	.326

Extraktionsmethode: Hauptkomponentenanalyse. Vorgabe: 4 Faktoren Rotationsmethode: Oblimin mit Kaiser-Normalisierung. Die Rotation ist in 13 Iterationen konvergiert.
[*] umgepolte Items   [a] Items von weiteren Analysen ausgeschlossen   [b] MSA-Koeffizient < 0.5

Das Konstrukt Führungsverhalten gegenüber älteren Mitarbeitenden verteilt sich auf zwei Komponenten. Items, welche den frühzeitigen Austritt aus dem Erwerbsleben betreffen, laden auf die vierte Komponente und werden in der Skala *Frühzeitiger Austritt aus dem Erwerbsleben - Verhalten* zusammengefasst. Die tiefe Faktorladung des Items „Ich motiviere meine älteren Mitarbeitenden, bis zu ihrem offiziellen Rentenalter im Erwerbsleben zu verbleiben" lässt sich durch die Tatsache erklären, dass dieses Item im Gegensatz zu den anderen Items dieser Skala nicht umgepolt worden war und darum auch nicht maximal mit den andern Items korrelieren kann. Die restlichen Items laden auf die dritte Komponente und bilden zusammen mit dem Item „Ich fördere die Arbeit und den Know how-Transfer in altersgemischten Teams" die Skala *Führung älterer Mitarbeitender - Verhalten*.

Die Items in Bezug auf das Führungsverhalten lassen sich in vier Skalen zusammenfassen. Diese entsprechen im Wesentlichen den Konstrukten, mit Ausnahme der zwei Skalen *Führung älterer Mitarbeitender - Verhalten* sowie *Frühzeitiger Austritt aus dem Erwerbsleben - Verhalten* welche zusammen das Konstrukt Führung von älteren Mitarbeitenden bilden. Von den ursprünglichen Items wurden drei aus Gründen der Redundanz fallengelassen. Die Skala *Erhalt der Arbeitsfähigkeit - Verhalten* enthält acht, die Skala *individualisierte, altersspezifische Führung - Verhalten* sieben und die Skalen *Führung älterer Mitarbeitender - Verhalten* sowie *Frühzeitiger Austritt aus dem Erwerbsleben - Verhalten* je vier Items (Tabelle 10).

4.3.1.2 Hauptkomponentenanalyse betreffend Einstellung

Die Komponentenstruktur der mit vier vorgegebenen Faktoren durchgeführten Hauptkomponentenanalyse (Oblimin) der Items zur Einstellung zu Führung ist der Komponentenstruktur der Führungsverhaltens-Items sehr ähnlich.

Die Items des Konstrukts Einstellung zur individualisierten altersspezifischen Führung laden vorwiegend auf die zweite Komponente. Diese sieben Items werden der Skala *Individualisierte altersspezifische Führung - Einstellung* zugeordnet. Das Item „Eine Führungskraft sollte die altersspezifischen Fähigkeiten ihrer Mitarbeitenden gezielt für die Erreichung der Unternehmensziele einsetzen" lädt nur schwach auf die zweite Komponente, dafür stark auf die erste Komponente, die ein inhaltlich sehr ähnliches Item mit Bezug auf ältere Mitarbeitende enthält. Es wurde deshalb von den weiteren Analysen ausgeschlossen. Das Item „Eine Führungskraft sollte die Arbeit und den Know how-Transfer in altersgemischten Teams fördern" lädt ebenfalls nur schwach auf die zweite Komponente und bedeutend stärker auf die erste Komponente. Aus inhaltlichen Überlegungen wurde es der Skala *Führung älterer Mitarbeitender - Einstellung* zugeordnet.

Das Konstrukt Einstellung zur Führung von älteren Mitarbeitenden verteilt sich analog zum Konstrukt Führungsverhalten gegenüber älteren Mitarbeitenden auf zwei Komponenten. Vier Items, welche den frühzeitigen Austritt aus dem Erwerbsleben betreffen, laden auf die dritte Komponente und werden in der Skala *Frühzeitiger Austritt aus dem Erwerbsleben - Einstellung* zusammengefasst. Die restlichen Items laden auf die erste Komponente und bilden zusammen mit dem Item „Eine Führungskraft sollte die Arbeit und den Know how-Transfer in altersgemischten Teams fördern" die Skala *Führung älterer Mitarbeitender - Einstellung*. Diese Items laden auf dieselbe Komponente wie die fünf Items des Konstrukts Einstellung zum Erhalt der Arbeitsfähigkeit. Drei Items des Konstrukts Einstellung zum Erhalt der Arbeitsfähigkeit laden zudem auf die vierte Komponente. Dies steht im Gegensatz zu den Items des Konstrukts Führungsverhalten hinsichtlich des Erhalts der Arbeitsfähigkeit, welche allesamt auf eine Komponente laden. Aus inhaltlichen Gründen wurden trotzdem sämtliche acht Items des Konstrukts Einstellung zum Erhalt der Arbeitsfähigkeit zur Skala *Erhalt der Arbeitsfähigkeit - Einstellung* zusammengefasst. Zwei Items des Konstrukts Einstellung zur Führung von älteren Mitarbeitenden laden auf die erste Komponente. Da auch hier, analog zu den Komponentenladungen der Verhaltens-Items, inhaltlich ähnliche Items der Skala *Erhalt der Arbeitsfähigkeit - Einstellung* auf dieselbe Komponente laden, wurden sie aus Gründen der Redundanz von der weiteren Analyse ausgeschlossen.

Tabelle 9. Mustermatrix mit Komponentenladungen der Items zur Einstellung in Bezug auf Führung nach Oblimin Hauptkomponentenanalyse mit 4 vorgegebenen Faktoren

Erhalt der Arbeitsfähigkeit	Individualisierte, altersspezifische Führung	Führung älterer Mitarbeitender	Frühzeitiger Austritt aus dem Erwerbsleben	Komponente			
Eine Führungskraft sollte...				1	2	3	4
... aktiv die kontinuierliche Weiterbildung ihrer Mitarbeitenden durch learning-on-the-job (Job-Rotation, Job-enlargement etc.) unterstützen.				.762	-.046	-.223	-.012
... ihre Mitarbeitenden bei der kontinuierlichen Weiterbildung durch interne und externe Schulungen unterstützen.				.725	-.087	.004	.086
[a] ... ihre älteren Mitarbeitenden gezielt motivieren, bestehende Weiterbildungsangebote wahrzunehmen.				.680	.049	.157	-.026
[a] ... ihre älteren Mitarbeitenden aktiv unterstützen, sich an neue Situationen und Technologien anzupassen.				.637	-.030	.069	.023
... sich aktiv dafür engagieren, dass ihre Mitarbeitenden arbeitsmarktfähig bleiben.				.633	.004	-.168	.128
... vermeiden, dass am Arbeitsplatz ihrer Mitarbeitenden langjährige Routine eintritt.				.585	-.030	-.105	.010
... die speziellen Fähigkeiten ihrer älteren Mitarbeitenden gezielt für die Erreichung der Unternehmensziele einsetzen.				.533	.124	.166	.082
... die Erfahrungen ihrer älteren Mitarbeitenden in ihre Entscheidungen mit einbeziehen.				.529	.102	.176	-.069
[a] ... die altersspezifischen Fähigkeiten ihrer Mitarbeitenden gezielt für die Erreichung der Unternehmensziele einsetzen.				.451	.182	.230	.133
... die Arbeit und den Know how-Transfer in altersgemischten Teams fördern.				.431	.104	.212	.241
... aktiv eine gesunde Lebensweise (gesunde Ernährung / ausreichend Bewegung) ihrer Mitarbeitenden unterstützen.				.414	.087	-.324	.220
... ihr Führungsverhalten dem Alter ihrer Mitarbeitenden anpassen				-.046	.805	-.003	.029
... bei der Leistungsbeurteilung das Alter ihrer Mitarbeitenden mit einbeziehen.				-.217	.773	.003	.167
... bei der Verteilung von Arbeitsaufgaben das Alter ihrer Mitarbeitenden berücksichtigen.				-.088	.772	-.021	.024
... ihr Informationsverhalten dem Alter ihrer Mitarbeitenden anpassen.				-.002	.702	.007	-.025
... bei Schwierigkeiten im Arbeitsprozess ihre Unterstützung auf das Alter ihrer Mitarbeitenden ausrichten.				.034	.697	.021	.030
... durch eine dem Alter der Mitarbeitenden angepasste Führung Produktivitätsvorteile erreichen.				.312	.586	-.059	-.092
... bei Interesse an Weiterbildungsangeboten ihre Unterstützung auf das Alter ihrer Mitarbeitenden ausrichten.				.148	.570	-.126	-.163
*... das Ausscheiden älterer Mitarbeiter in den vorzeitigen Ruhestand aktiv unterstützen.				-.034	-.042	.804	.006

*... Frühpensionierungen als eine sozialverträgliche Form von Restrukturierung nutzen.	-.092	-.054	.792	.056
... gezielt ihre älteren Mitarbeitenden motivieren, bis zu ihrem offiziellen Rentenalter im Erwerbsleben zu verbleiben.	.375	.134	.385	-.292
*... eher ältere Mitarbeitende entlassen, da diese ein vergleichsweise schlechteres Lohn-/ Arbeitswertverhältnis aufweisen.	.157	-.109	.305	.247
... sicherstellen, dass ihre Mitarbeitenden nicht wiederholt oder dauerhaft übermässige Arbeitspensen leisten.	-.022	.023	.056	.866
... sicherstellen, dass ihre Mitarbeitenden nicht dauerhaft übermässigem psychischem Druck / übermässiger nervlicher Belastung ausgesetzt sind.	.061	.066	-.005	.850
... eine ergonomische Arbeitsplatz- und Arbeitsumfeldgestaltung sicherstellen.	.314	-.008	-.094	.432
... ältere Arbeitnehmende neu einstellen.	.141	.203	.153	.259

Extraktionsmethode: Hauptkomponentenanalyse. Vorgabe: 4 Faktoren Rotationsmethode: Oblimin mit Kaiser-Normalisierung. Die Rotation ist in 7 Iterationen konvergiert.
* umgepolte Items   [a] Items von weiteren Analysen ausgeschlossen

Die Items in Bezug auf die Einstellung der Führungskräfte lassen sich also in vier zum Verhalten der Führungskräfte analogen Skalen beschreiben. Die Resultate der Hauptkomponentenanalyse dieser zwei auf Itemebene gespiegelten Dimensionen waren sich sehr ähnlich. Daher war es möglich, bei der Skalenbildung bei beiden Dimensionen identische Strukturen mit den jeweils gespiegelten Items herzuleiten. Jeweils drei Items wurden aus Gründen der Redundanz nicht in die Skalen aufgenommen, während ein Item aus inhaltlichen Überlegungen einer Skala zugeordnet wurde, welche nicht dem ursprünglichen Konstrukt entsprach.

4.3.1.3   Skalenstatistiken zu den Einstellungs- und Verhaltensskalen

In einem nächsten Schritt wurden die mittels Hauptkomponentenanalyse ermittelten Skalen bezüglich ihrer Reliabilität überprüft. Die statistischen Kennwerte für sämtliche Items aller Skalen sind in Anhang II aufgeführt. Tabelle 10 beinhaltet eine Zusammenfassung der wichtigsten Resultate der Reliabilitätsanalyse.

Insbesondere bei den Skalen des *frühzeitigen Austritts aus dem Erwerbsleben* sowie der Skala *Führung älterer Mitarbeitender - Verhalten* sind die Trennschärfen einzelner Items niedrig (r_{itc} < 0.3). Die Trennschärfen beziffern, wie gut ein Item die Skala repräsentiert, welche durch die restlichen Items der Skala gebildet wird. Eine Trennschärfe unter 0.3 gilt als niedrig, zwischen 0.3 bis 0.5 als mittel und über 0.5 als hoch (Bühner, 2006, S. 140). Die sehr tiefen Werte der beiden Skalen zum *frühzeitigen Austritt aus dem Erwerbsleben* sind durch die deutlich unterschiedliche Schiefe der Items (drei von vier Items wurden umgepolt) erklärbar, da dadurch eine optimale Korrelation verunmöglicht wird. Erstaunlicherweise hat nicht das einzige nicht umgepolte Item, sondern das Item „Ich entlasse eher ältere Mitarbeitende, da diese ein vergleichsweise schlechteres Lohn-/ Arbeitswertverhältnis aufweisen", respektive das entsprechende Item zur Einstellung, die niedrigste Trenn-schärfe. Möglicherweise ist dies durch ein unterschiedliches Antwortverhalten begründet, was durch eine kleine Anzahl von Teilnehmenden, welche das Item deutlich anders be-antworten (Ausreisser) verursacht wird. Die eher tiefen Werte der Skalen zur *Führung älterer Mitarbeitender* werden durch das Item „Ich stelle ältere Arbeitnehmende neu ein" resp. das Item „Eine Führungskraft sollte ältere Arbeitnehmende neu einstellen" verur-sacht. Diese beiden Items wurden jedoch aus inhaltlichen Gründen nicht weggelassen. Generell kann gesagt werden, dass es nicht sinnvoll ist, einzelne Items alleine aufgrund ihrer Trennschärfe aus dem Fragebogen zu entfernen. Auch hier wurde in erster Linie der Iteminhalt beachtet, da die Inhaltsvalidität der Skalen als wichtiger eingeschätzt wurde als möglichst hohe Trennschärfen.

Tabelle 10. Zusammenfassung der Reliabilitätsanalyse der Einstellungs- und Verhaltens-skalen

Skala	Anzahl Items	Reliabilität Cronbachs α	Trenn-schärfe r_{itc}	Item-schwierigkeit p	Streuung
Erhalt der Arbeitsfähigkeit - Verhalten	8	.764	.44 - .57	3.02 - 4.12	.82 - 1.26
Erhalt der Arbeitsfähigkeit - Einstellung	8	.791	.43 - .58	3.74 - 4.32	.68 - 1.06
Individualisierte altersspezifische Führung - Verhalten	7	.810	.50 - .66	2.28 - 3.18	1.06 - 1.15
Individualisierte altersspezifische Führung - Einstellung	7	.836	.49 - .69	3.02 - 3.70	.91 - 1.08
Frühzeitiger Austritt aus dem Erwerbsleben - Verhalten	4	.446	.09 - .41	3.35 - 4.48	.82 - 1.14
Frühzeitiger Austritt aus dem Erwerbsleben - Einstellung	4	.564	.17 - .53	3.14 - 4.30	.80 - 1.14
Führung älterer Mitarbeitender - Verhalten	4	.558	.22 - .43	3.01 - 4.21	.74 - 1.05
Führung älterer Mitarbeitender - Einstellung	4	.644	.32 - .50	3.40 - 4.27	.74 - .86

Die Ratingskalen reichen von 1 bis 5.

Die Reliabilität der Skalen wurde anhand der inneren Konsistenz (Cronbachs α) abge-schätzt. Die Reliabilität gilt als Mass dafür, wie genau eine Skala ein bestimmtes Merkmal misst. Die innere Konsistenz stellt dabei die Messgenauigkeit des mittleren Zusammen-hangs jedes Items mit der Skala dar. Cronbachs α der beiden Skalen zur *individualisierten altersspezifischen Führung* liegt im mittleren Bereich ($0.8 < \alpha < 0.9$), alle anderen Reliabili-täten im niedrigen Bereich ($\alpha < 0.8$), wobei Cronbachs α der Skalen zum *Erhalt der Arbeitsfähigkeit* nur wenig unter dem mittleren Bereich liegt. Die restlichen Reliabilitäten liegen deutlich darunter und müssen als gering bewertet werden. Diese Skalen beinhalten weniger Items (je vier), welche zudem weniger homogen sind, was die tiefen Reliabilitäten begünstigt. Die Eindimensionalität dieser Skalen muss daher in Frage gestellt werden. Da die Items sowohl unterschiedlich hohe Itemtrennschärfen als auch Faktorenladungen aufweisen, stellt Cronbach α eine Mindestschätzung der Reliabilität dar. Die Reliabilität der Skalen der Einstellung in Bezug auf Führung liegt durchwegs höher als diejenige der Skalen zum Führungsverhalten.

Für die Itemschwierigkeit p wurde der Mittelwert als Schwierigkeitsmass herangezogen, da den verwendeten Ratingskalen Intervalldatenniveau zugeschrieben wurde. Die Item-schwierigkeit liegt meist im mittleren Bereich der Ratingskalen, was darauf hinweist, dass in diesen Fällen kaum Boden- und Deckeneffekte auftreten und folglich die Items die Merkmalsausprägungen der Teilnehmenden gut differenzieren können. Dies ist insbesondere bei den Skalen zur *Individualisierten altersspezifischen Führung - Verhalten und Einstellung* der Fall. Bei den Skalen mit Mittelwerten nahe dem Skalenmaximum von 5 ist dies nicht mehr im selben Ausmass zu erwarten, was auch zu tieferen Reliabilität führen kann, wie beispielsweise bei der Skala *Frühzeitiger Austritt aus dem Erwerbsleben - Verhalten*. Die dazugehörige Streuung (Standardabweichung des Mittelwerts) zeigt an, wie sich die Probanden im Durchschnitt bei der Beantwortung der Items unterscheiden. Hohe Streuungen begünstigen hohe Trennschärfen.

4.3.2 *Hauptkomponentenanalysen betreffend Wahrnehmung*

Bei der Frage in wie viele Komponenten alle Items der Konstrukte Wahrnehmung der Fähigkeiten von älteren Mitarbeitenden und Wahrnehmung der älteren Mitarbeitenden mittels Hauptkomponentenanalyse aufgeteilt werden sollten, wurden verschiedene Kriterien berücksichtigt: Nach dem Kaiser-Kriterium lassen sich sieben Komponenten extrahieren. Der Eigenwertverlauf (Scree-Test) lässt vermuten, dass drei oder (in minderem Ausmass) fünf Komponenten angebracht sind (vgl. Tabelle 7). Mit der Parallelanalyse resultierten vier Komponenten. Eine Hauptkomponentenanalyse (Oblimin) aller Items der beiden Konstrukte Wahrnehmung der Fähigkeiten von älteren Mitarbeitenden und Wahrnehmung der älteren Mitarbeitenden mit vier vorgegebenen Komponenten ergab inhaltlich eher heterogene Skalen; daher wurde eine weitere Hauptkomponentenanalyse (Oblimin) mit drei vorgegebenen Faktoren durchgeführt. Es zeigte sich, dass diese Skalen inhaltlich homogener waren und zudem die Komponentenstruktur einer Hauptkomponentenanalyse des Konstrukts Wahrnehmung der Fähigkeiten von älteren Mitarbeitenden (Oblimin mit drei vorgegebenen Komponenten) replizierten. Für die Hauptkomponentenanalyse (Oblimin) der Items des Konstrukts Wahrnehmung des eigenen Älterwerdens (eigene Fähigkeitsentwicklung) wurden drei Komponenten vorgegeben, wie sie nach Scree-Test und Parallelanalyse zu erwarten sind.

4.3.2.1 Wahrnehmung von älteren Mitarbeitenden und ihren Fähigkeiten (WA)

Die drei Komponenten der beiden Konstrukte zur Wahrnehmung von älteren Mitarbeitenden und ihren Fähigkeiten beschreiben inhaltlich die drei Skalen *Führungsfähigkeit & soziale Kompetenzen* (WA1), *Loyalität & Zurückhaltung gegenüber Veränderung* (WA2) sowie *körperliche Leistungsfähigkeit, Anpassungs- & Lernfähigkeit* (WA3) (Tabelle 11). Die erste Komponente besteht ausschliesslich aus Items des Konstrukts Wahrnehmung der Fähigkeiten von älteren Mitarbeitenden, während die beiden anderen Komponenten jeweils Items aus beiden Konstrukten zur Wahrnehmung von älteren Mitarbeitenden und ihren Fähigkeiten beinhalten.

Das Item „Risikobereitschaft" erreicht bei keiner Komponente eine Ladung > 0.3. Da damit die praktische Bedeutsamkeit der Zuordnung zur Komponente nicht mehr gegeben ist (Kline, 1994, S. 53), wurde das Item „Risikobereitschaft" keiner Skala zugeordnet.

Werden die Items des Konstrukts Wahrnehmung der Fähigkeiten älterer Mitarbeitender mittels Oblimin Hauptkomponentenanalyse in drei Komponenten aufgeteilt, ergibt sich dieselbe Faktorenstruktur (abzüglich der Items des Konstrukts Wahrnehmung von älteren Mitarbeitenden) (vgl. Anhang III). Inhaltlich lassen sich diese drei Komponenten folgendermassen beschreiben: AF1 (identisch zu WA1): *Führungsfähigkeit & soziale Kompetenzen*, AF2: *Körperliche Leistungsfähigkeit & Lernfähigkeit* sowie AF3: *Arbeitsmoral und Zuverlässigkeit*. Auch hier wurde das Item „Risikobereitschaft" ausgeschlossen, da es sich ebenfalls nicht in die Skala integrieren lässt.

Tabelle 11. Mustermatrix der Hauptkomponentenanalyse aller Items der beiden Konstrukte Wahrnehmung von älteren Arbeitnehmenden und Wahrnehmung der Fähigkeiten älterer Mitarbeitender

	Komponente		
	WA1	WA2	WA3
Führungsfähigkeit	.752	-.045	-.104
Emotionale Stabilität	.706	.025	-.094
Sozialkompetenz	.684	.189	-.015
Strategisches Denkvermögen	.677	-.203	-.049
Urteilsvermögen	.666	-.086	-.099
Kommunikationsfähigkeit	.649	-.077	.031
Problemlösefähigkeit	.640	-.148	.138
Verantwortungsbewusstsein	.527	.349	.187
Einfühlungsvermögen	.508	.183	.111
Praktisches Wissen	.502	.114	-.034
Die Loyalität älterer Mitarbeitender gegenüber dem Unternehmen ist höher.	.205	.620	.165
Ältere Mitarbeitende stehen Neuerungen zurückhaltender gegenüber.	-.073	.574	-.396
Ältere Mitarbeitende fehlen weniger oft bei der Arbeit.	-.013	.558	.360

Ältere Mitarbeitende benötigen mehr Zeit, sich auf Veränderungen einzustellen.	-.076	.555	-.384
Ältere Mitarbeitende wechseln weniger oft die Stelle als jüngere Mitarbeitende.	-.043	.517	-.077
Individuelle Unterschiede zwischen den Mitarbeitenden nehmen mit dem Alter zu.	.009	.514	-.061
Ältere Mitarbeitende äussern seltener den Wunsch nach Weiterbildung als jüngere Mitarbeitende.	.009	.433	-.264
Zuverlässigkeit	.362	.411	.246
Arbeitsmoral	.283	.369	.362
*, a Risikobereitschaft	-.136	.296	-.221
Körperliche Leistungsfähigkeit	-.223	.023	.681
Anpassungsfähigkeit	-.042	-.113	.613
Lernfähigkeit	-.039	-.042	.612
Lernbereitschaft	-.024	-.026	.608
Konzentrationsfähigkeit	.075	-.062	.577
Dauerbelastbarkeit	-.010	-.032	.543
Gedächtnis	.079	.140	.484
Geistige Leistungsfähigkeit	.225	-.097	.409
*Die Leistungsfähigkeit älterer Mitarbeitender ist insgesamt geringer als diejenige jüngerer Mitarbeitender.	.086	-.166	.394
Ältere Mitarbeitende weisen keine gesundheitsbedingt schlechtere Produktivität auf als jüngere Mitarbeitende.	-.005	.050	.310

Extraktionsmethode: Hauptkomponentenanalyse.   Rotationsmethode: Oblimin mit Kaiser-Normalisierung.   Vorgabe: 3 Faktoren.   Die Rotation ist in 15 Iterationen konvergiert.
*umgepolte Items.   a Item von weiteren Analysen ausgeschlossen

4.3.2.2 Wahrnehmung des eigenen Älterwerdens (eigene Fähigkeitsentwicklung)

Die Hauptkomponentenanalyse der Items des Konstrukts Wahrnehmung des eigenen Älterwerdens (eigene Fähigkeitsentwicklung; EF) mit Oblimin Rotation ergibt folgende Komponentenstruktur (Tabelle 12). Die Komponente EF1 lässt sich mit *Führungsfähigkeit & Problemlösefähigkeit*, die Komponente EF2 mit *geistiger Fitness & körperlicher Leistungsfähigkeit* und die Komponente EF3 mit *Zuverlässigkeit & Verantwortungsbewusstsein* beschreiben.

Tabelle 12. Mustermatrix der Hauptkomponentenanalyse aller Items des Konstrukts Wahrnehmung des eigenen Älterwerdens (eigene Fähigkeitsentwicklung)

	Komponente		
	EF1	EF2	EF3
Eigene Problemlösefähigkeit	.743	.066	-.107
Eigene Führungsfähigkeit	.683	.013	-.009
Eigenes strategisches Denkvermögen	.664	.121	-.143
Eigene Kommunikationsfähigkeit	.653	-.027	.030
Eigenes Urteilsvermögen	.599	-.047	.075
Eigene emotionale Stabilität	.516	-.051	.290
Eigenes praktisches Wissen	.473	-.096	.150
Eigene Sozialkompetenz	.453	-.040	.435
[a] Eigene Risikobereitschaft	.389	.215	-.351
Eigenes Gedächtnis	-.026	.699	.038
Eigene Konzentrationsfähigkeit	-.056	.666	.011
Eigene Lernfähigkeit	-.066	.641	.089
Eigene geistige Leistungsfähigkeit	.054	.628	-.045
Eigene körperliche Leistungsfähigkeit	-.039	.622	.070
Eigene Dauerbelastbarkeit	.037	.616	-.063
Eigene Anpassungsfähigkeit	-.009	.446	-.025
Eigene Lernbereitschaft	.146	.443	.163
Eigene Zuverlässigkeit	-.028	.147	.730
Eigenes Verantwortungsbewusstsein	.179	-.035	.682
Eigne Arbeitsmoral	-.024	.203	.675
Eigenes Einfühlungsvermögen	.345	-.032	.407

Extraktionsmethode: Hauptkomponentenanalyse. Rotationsmethode: Oblimin mit Kaiser-Normalisierung. Die Rotation ist in 9 Iterationen konvergiert. 3 Faktoren wurden vorgegeben. Es wurde kein Item umgepolt.   a Item von weiteren Analysen ausgeschlossen

Der Vergleich mit der Komponentenstruktur der Wahrnehmung der Fähigkeiten älterer Mitarbeitender (AF; vgl. Anhang III) zeigt, dass sich lediglich die drei Items „Risikobereit-schaft", „Verantwortungsbewusstsein" und „Einfühlungsvermögen" von der Komponenten-struktur der Wahrnehmung der entsprechenden eigenen Fähigkeitsentwicklung unterscheiden. Die beiden Items „Eigenes Verantwortungsbewusstsein" und „Eigenes Einfühlungsvermögen" laden auf die dritte Komponente (*Zuverlässigkeit & Verantwortungsbewusstsein: EF3*) und nicht auf die erste (*Führungsfähigkeit & soziale Kompetenzen: AF1*) wie die Items „Verantwortungsbewusstsein" und „Einfühlungsvermögen". Das Item „Eigene Risikobereitschaft" wurde, wie bereits das Item „Risikobereitschaft", ausgeschlossen, da es sich aufgrund einer negativen mittleren Kovarianz nicht befriedigend in die Skala einordnen lässt.

Interessanterweise lässt sich in der Faktorenstruktur die Unterscheidung zwischen der biologisch bestimmten Mechanik und der kulturell geprägten Pragmatik (vgl. Kapitel 3.5.3) in den Komponenten *Führungsfähigkeit & Problemlösefähigkeit* (EF1) und *Geistige Fitness & körperliche Leistungsfähigkeit* (EF2) deutlich wiedererkennen. Die nicht ganz zur Mechanik passenden Items „eigene Anpassungsfähigkeit" und „eigene Lernbereitschaft" weisen innerhalb der Komponente die tiefste Faktorenladung auf. Bei der Faktorenstruktur der beiden Konstrukte Wahrnehmung von älteren Arbeitnehmenden und Wahrnehmung der Fähigkeiten älterer Mitarbeitender ist dieselbe Tendenz ebenfalls beobachtbar, wenn auch etwas weniger deutlich (vgl. Tabelle 11 und Anhang III).

4.3.2.3   Skalenstatistiken zu den Wahrnehmungsskalen

Die Reliabilität der Skalen (ohne das Item „Risikobereitschaft" resp. „Eigene Risikobereitschaft") wurde ermittelt. Die statistischen Kennwerte für sämtliche Items aller Skalen sind in Anhang II aufgeführt. In Tabelle 13 sind die wichtigsten Resultate der Reliabilitätsanalyse zusammengefasst.

Die Reliabilität der verschiedenen Skalen, also die Genauigkeit der Erfassung des Merkmals durch die jeweilige Skala, bewegt sich meist im tiefen ($\alpha < 0.8$) und manchmal im mittleren ($0.8 < \alpha < 0.9$) Bereich. Der sehr tiefe Wert der Skala *Arbeitsmoral & Zuverlässigkeit* (AF3) kann durch die geringe Itemzahl erklärt werden. Die Trennschärfen liegen meist im mittleren Bereich ($r_{itc} = 0.3$-0.5), bei den Skalen *Loyalität & Zurückhaltung gegenüber Veränderungen* (WA2) und *Körperliche Leistungsfähigkeit, Anpassungs- & Lernfähigkeit* (WA3) auch im tiefen sowie bei den Skalen *Führungsfähigkeit & soziale Kompetenzen* (WA1), *Führungsfähigkeit & soziale Kompetenzen* (AF1), *körperliche Leistungsfähigkeit & Lernfähigkeit* (AF2), *Führungsfähigkeit & Problemlösefähigkeit* (EF1) und *geistige Fitness & körperliche Leistungsfähigkeit* (EF2) auch im hohen Bereich ($r_{itc} > 0.5$). Die Trennschärfe gibt an, wie gut ein Item die Skala repräsentiert, welche durch die restlichen Items der Skala gebildet wird. Dieses Mass liegt hier zumeist im mittleren Bereich. Die beiden Skalen mit den tieferen Werten beinhalten Items aus den zwei Konstrukten Wahrnehmung von älteren Mitarbeitenden (Altersstereotype) und Wahrnehmung der Fähigkeiten älterer Mitarbeitender, was heterogenere Skalen erwarten lässt. Zudem waren die Ratingskalen dieser zwei Konstrukte nicht identisch, wenn auch gleich gestuft (vgl. Tabelle 5). Auch hier wurde davon ausgegangen, dass die Skalen Intervallskalenniveau erreichen und die Skalenmittelwerte als Mass für die Itemschwierigkeit herangezogen. Sie liegen im mittleren bis oberen Skalenbereich. Es kann darum davon ausgegangen werden, dass die Bewertungen der Teilnehmenden zumeist ausreichend differenziert werden können. Die Streuung (Standardabweichung des Mittelwerts), als Mass für die Unterschiedlichkeit der Itembeantwortung durch die Teilnehmenden, zeigt an, dass bei der fünfstufigen Ratingskala vor allem der mittlere Bereich genutzt wurde, während bei der dreistufigen Ratingskala verstärkt der gesamte Bereich zur Bewertung genutzt wurde, was höhere Trennschärfen begünstigt. Items mit hoher Trennschärfe repräsentieren die Skala, welche durch die restlichen Items gebildet wird, besser als solche mit niedriger Trennschärfe.

Tabelle 13. Zusammenfassung der Reliabilitätsanalyse der Skalen der Dimension Wahrnehmung

Skala	Anzahl Items	Reliabilität Cronbachs α	Trennschärfe r_{itc}	Itemschwierigkeit p	Streuung
Wahrnehmung von älteren Mitarbeitenden und Wahrnehmung der Fähigkeiten von älteren Mitarbeitenden					
WA1*	10	.842	.401 - .635	3.25 - 4.36	.651 - .826
WA2	9	.685	.227 - .464	3.09 - 4.15	.662 - .994
WA3	10	.732	.232 - .484	2.60 - 3.70	.579 - .916
Wahrnehmung der Fähigkeiten von älteren Mitarbeitenden					
AF1*	10	.842	.401 - .635	3.25 - 4.36	.651 - .826
AF2	8	.748	.386 - .512	2.60 - 3.12	.579 - .801
AF3	2	.586	.418	3.90 - 4.09	.662 - .757
Wahrnehmung des eigenen Älterwerdens (eigene Fähigkeitsentwicklung)					
EF1	8	.789	.377 - .562	2.48 - 2.84	.404 - .534
EF2	8	.746	.317 - .533	1.48 - 2.00	.513 - 642
EF3	4	.665	.355 - .498	2.25 - 2.59	.498 - .539

*Die Skalen WA1 und AF1 beinhalten identische Items. Die Ratingskala der Skalen WA1-3 und AF1-3 reicht von 1 bis 5, diejenige der Skalen EF1-EF3 von 1 bis 3.

4.4 Zwischenfazit

Die konzeptionelle Überarbeitung des Fragebogens zur IAF nach Braedel-Kühner (2005) wurde empirisch überprüft.

Die Stichprobe von 395 Führungskräften ermöglichte eine statistische Analyse der gewonnenen Daten, deren Eignung für eine Vereinfachung mittels Hauptkomponentenanalyse durch das Mass der Stichprobeneignung nach Kaiser-Meyer-Olkin bestätigt werden konnte. Die Dimensionen Verhalten, Einstellung und Wahrnehmung wurden mittels Hauptkomponentenanalysen untersucht. Es konnten für alle Dimensionen mehrere Komponenten extrahiert werden. Deren Anzahl war durch statistische Tests und inhaltliche

Plausibilität der extrahierten Komponenten festgelegt worden. Items mit geringer Ladung auf die Komponenten wurden trotzdem beibehalten, wenn es für die inhaltliche Validität der Skala als wichtig eingeschätzt wurde. Es wurden nur wenige Items aufgrund statistischer und inhaltlicher Überlegungen ausgeschlossen. Die Skalen sind inhaltlich den Konstrukten der konzeptionellen Überarbeitung sehr ähnlich. Das bedeutet, dass auf der inhaltlichen Ebene kaum Abstriche gemacht werden mussten. Das überarbeitete Instrumentarium IAF konnte somit überprüft und nahezu unverändert übernommen werden.

Die Reliabilität der Gesamtskalen nach Ausschluss von ausgewählten Items, wie oben begründet, ist in Tabelle 14 dargestellt. Es zeigte sich, dass die Ergebnisse im Vergleich mit dem Ursprungsinstrument von Braedel-Kühner (Tabelle 3) in einem ähnlichen oder etwas höheren Bereich liegen.

Tabelle 14. Reliabilitäten der Gesamtskalen und Skalen

Gesamt-skala	Anzahl Items / Reliabilität Cronbachs α	Skalen	Anzahl Items	Reliabilität Cronbachs α
Verhalten	23 / 0.825	Erhalt der Arbeitsfähigkeit - Verhalten	8	0.764
		Individualisierte altersspezifische Führung - Verhalten	7	0.810
		Frühzeitiger Austritt aus dem Erwerbsleben - Verhalten	4	0.446
		Führung älterer Mitarbeitender - Verhalten	4	0.558
Einstellung	23 / 0.771	Erhalt der Arbeitsfähigkeit - Einstellung	8	0.791
		Individualisierte altersspezifische Führung - Einstellung	7	0.836
		Frühzeitiger Austritt aus dem Erwerbsleben - Einstellung	4	0.564
		Führung älterer Mitarbeitender - Einstellung	4	0.644
Wahr-nehmung	49 / 0.817	Wahrnehmung des eigenen Älterwerdens (eigene Fähigkeitsentwicklung)	20	0.798
		Wahrnehmung von älteren Mitarbeitenden und ihren Fähigkeiten	29	0.781
		Wahrnehmung der Fähigkeiten älterer Mitarbeitender*	20	0.844

* diese Skala ist in der Skala Wahrnehmung von älteren Mitarbeitenden und ihren Fähigkeiten enthalten.

5 Empirische Überprüfung der IAF bei Führungspersonen in der Schweiz und in Deutschland

Die IAF konnte anhand einer Stichprobe von 395 Führungspersonen empirisch überprüft werden. Die Auswertung der Daten erfolgte sowohl rein deskriptiv, als auch vergleichend. Die deskriptive Beschreibung umfasst eine ausführliche Beschreibung der Stichprobe, der Einstellung, des Verhaltens und der Wahrnehmung der Führungskräfte sowohl auf Item- als auch auf Konstrukt-Ebene. Für den Vergleich von Einstellung und Verhalten der gesamten Stichprobe wurden die Skalen mittels T-Test untersucht. Unterschiede zwischen den Gruppen (nach Alter, Geschlecht, Arbeitsland etc.) wurden mittels Varianzanalysen getestet. Vertiefende sozial- und führungspsychologische Hypothesen wurden überprüft.

5.1 Deskriptive Beschreibung der Stichprobe

5.1.1 Angaben zur Durchführung

Die Stichprobe in der Schweiz wurde aus dem Kundenpool der Zürcher Hochschule für Angewandte Wissenschaften ZHAW gewonnen. 1328 Teilnehmende an Weiterbildungen mit Führungskräften als Zielgruppe wurden per Mail angeschrieben. Zudem bestand die Möglichkeit über einen Link auf der Homepage des IAP Institut für Angewandte Psychologie auf die elektronisch durchgeführte Befragung zu gelangen. Die Stichprobe in Deutschland wurde in Zusammenarbeit mit der Karlshochschule in Karlsruhe rekrutiert. Es wurden ebenfalls Mails versendet und ein Link auf der Homepage der Karlshochschule platziert. Der elektronische Fragebogen wurde auf die Plattform von www.surveymonkey.com aufgeschaltet. Die Befragung wurde in der Form einer Querschnittsuntersuchung durchgeführt, wobei die Datenerhebung am 22.05.2009 gestartet und am 10.07.2009 abgeschlossen wurde. Die Daten wurden in die Statistiksoftware PASW Statistics 18 (Version 18.0.0; vormals SPSS) übertragen und dort analysiert.

Die Bearbeitung des Fragebogens wurde von 669 Personen angefangen und von 395 Teilnehmenden vollständig beendet. Für die Auswertungen wurden die 395 vollständigen Datensets verwendet. Eine Rücklaufquote lässt sich aufgrund der gewählten Methodik nicht ermitteln.

In einem ersten Schritt wurden die gesammelten Daten einer deskriptiven Analyse unterzogen, wobei Häufigkeiten, Mittelwerte, Minimum, Maximum und Standardabweichungen der Variablen berechnet wurden.

5.1.2 Beschreibung der Stichprobe

Die Stichprobe ist ein Convenience Sample. Es kann nicht davon ausgegangen werden, dass die Stichprobe die Grundgesamtheit aller Führungskräfte abbildet, da erwartet werden muss, dass vor allem Führungskräfte, die sich mit dem Thema der Führung auseinandergesetzt haben, den Fragebogen vollständig ausgefüllt haben. Die Teilnehmenden sind zudem nicht repräsentativ für die Gesamtheit aller Führungskräfte.

669 Führungskräfte haben die Befragung gestartet. 279 Teilnehmende haben über die Links in der Schweiz und 116 Teilnehmende über die Links in Deutschland den Fragebogen vollständig bearbeitet.

5.1.2.1 Teilnehmende Führungskräfte

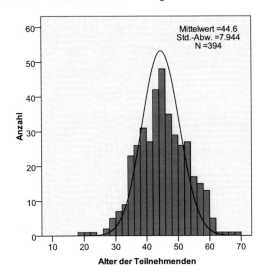

Abbildung 8. Alter der Teilnehmenden (N = 394) mit Normalverteilungskurve

Das Alter der Teilnehmenden beträgt im Mittel 44.6 Jahre. Die Hälfte ist also 45-jährig oder älter, die andere Hälfte jünger als 45 Jahre. Knapp ein Drittel der Teilnehmenden (31.5%) ist weiblich, gut zwei Drittel sind männlich. Bei den über 55-Jährigen ist der Anteil der Teilnehmerinnen wesentlich kleiner (19%). Die Mehrheit der Teilnehmenden ist schweizerischer Nationalität (63.3%), 32.9% sind deutscher Nationalität und 3.8% gehören einer anderen Nationalität an (Italien und Österreich (4), Niederlande (3), Ungarn (1), Kroatien (1), Mexiko (1), Serbien (1)).

Von den Befragten sind 275 Führungspersonen in der Schweiz (70%) und 114 (29%) in Deutschland tätig. Lediglich 1.5% der Führungspersonen arbeiten in einem anderen Land. 16 Teilnehmende deutscher Nationalität arbeiten in der Schweiz. In einem anderen Arbeitsland arbeiten je 2 Teilnehmende schweizerischer, deutscher und anderer Nationalität. Keiner der schweizerischen Teilnehmenden arbeitet in Deutschland. Da sich die Zahlen der Stichprobe in Bezug auf Nationalität und Arbeitsland nicht stark voneinander unterscheiden wurden spätere Vergleiche immer mit dem Arbeitsland als Variable durchgeführt.

Die teilnehmenden Führungskräfte, die in der Schweiz und in Deutschland arbeiten, zeigen eine ähnliche Altersverteilung mit Ausnahme der über 55-Jährigen. Die über 55-jährigen Führungskräfte sind in Deutschland unter den Teilnehmenden mehr als doppelt so stark vertreten wie in der schweizerischen Stichprobe. Auch die unter 35-Jährigen sind

51

etwas stärker vertreten, während die mittleren Alterskategorien von 35 bis 54 Jahren dafür eher schwächer vertreten sind.

5.1.2.2 Teilnehmende Unternehmen

Ein Drittel (33.2%) der Teilnehmenden arbeitet in den Branchen Erziehung, Gesundheit, Soziales und öffentliche Verwaltung. Knapp ein weiteres Drittel (28.2%) arbeitet in der Industrie. Die restlichen Teilnehmenden sind über viele andere Branchen verteilt, davon jeweils 7% in unternehmensbezogenen Dienstleistungen, respektive im Kredit- und Versicherungsgewerbe.

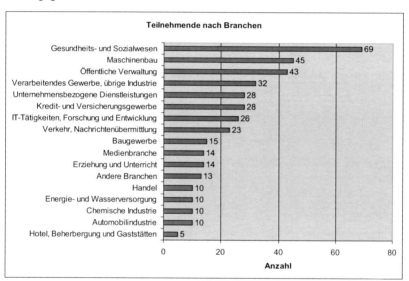

Abbildung 9. Teilnehmende nach Branche

Die Branchen wurden nach der mittelgroben Struktur, einer Zusammenfassung der Abteilungen der ISIC/NACE strukturiert, welche von den europäischen Ländern für vergleichende Statistiken verwendet werden (Bundesamt für Statistik, 2008b). Eine weitergehende Zusammenfassung der Branchen wurde nach der groben Struktur (SNA/ISIC-Aggregat A*10/11) vorgenommen, wobei Industrie den Abschnitt 2, Erziehung, Gesundheit, Soziales und öffentliche Verwaltung den Abschnitt 9 und andere Branchen die restlichen Abschnitte repräsentieren. Nach dieser groben Unterteilung sind 33% der Teilnehmenden in den Branchen Erziehung, Gesundheit, Soziales und öffentliche Verwaltung tätig, weitere 28% arbeiten in der Industrie und 39% in anderen Branchen.

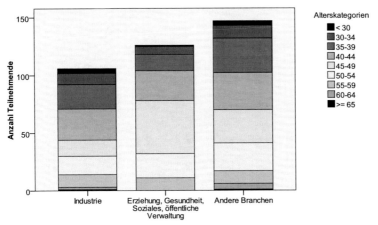

Abbildung 10. Teilnehmende nach Branche und Altersstruktur

Überdurchschnittlich viele ältere Teilnehmende sind in den Branchen Erziehung, Gesundheit, Soziales und öffentliche Verwaltung erwerbstätig (62% sind über 45 Jahre alt, 36.5% im Alter von 45 bis 49 Jahren). Auch sind die Frauen in diesen Branchen bedeutend stärker vertreten (53%). In den anderen Branchen sind die Teilnehmenden mehrheitlich jünger als 45 Jahre (Industrie: 58%; Andere Branchen: 52%).

Die Verteilung der Teilnehmenden in Deutschland und in der Schweiz in Bezug auf die Branchen unterscheidet sich deutlich. Das könnte auf das Convenience Sample zurückgehen: Die Kunden der ZHAW finden sich auch in sozialen Berufen und der öffentlichen Verwaltung. In Deutschland arbeiten viele Teilnehmende in der Industrie (vorwiegend Maschinenbau und Autoindustrie).

Die Mehrheit der Teilnehmenden arbeitet in Grossunternehmen (62%). Ein Anteil von 22% in Mittelunternehmen und lediglich 12% in Klein- und 5% in Mikrounternehmen. Das Bundesamtes für Statistik stützt sich bei der hier verwendeten Abgrenzung der betrieblichen Grössenklassen seit der Betriebszählung 2001 nicht mehr auf die Zahl der Vollzeitbeschäftigten bzw. des Beschäftigtentotals, sondern erstmals auf die berechnete Grösse der „Vollzeitäquivalente". Das neue Kriterium entspricht besser der „Gesamtbeschäftigung" in einer Arbeitsstätte, da durch die vorgenommene Änderung der steigenden Zahl der Teilzeitbeschäftigten besser Rechnung getragen werden kann (Bundesamt für Statistik, 2002, S. 8).

5.1.2.3 Teilnehmende Führungskräfte in ihrem Unternehmen

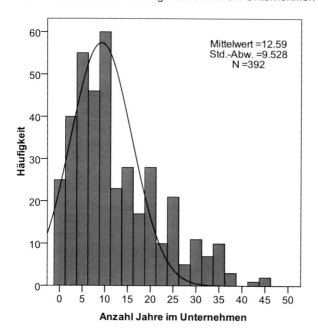

Abbildung 11. Dauer der Betriebszugehörigkeit

Die teilnehmenden Führungskräfte arbeiten im Durchschnitt schon gut 12 Jahre in ihrem Unternehmen, wobei die Spannbreite der Arbeitsdauer sehr gross ist (von einem Jahr bis 45 Jahre, Abbildung 11). Gut ein Viertel (26%) der Teilnehmenden ist seit weniger als 6 Jahren im gegenwärtigen Unternehmen erwerbstätig, während 19% der Teilnehmenden schon mehr als 20 Jahre im selben Unternehmen tätig sind.

Die teilnehmenden Führungskräfte arbeiten im Durchschnitt seit 15 Jahren (Deutschland), respektive 12 Jahren (Schweiz) im selben Unternehmen (der Unterschied ist signifikant $p = 0.003$).

Tendenziell sind die älteren Teilnehmenden auch länger im gegenwärtigen Unternehmen arbeitstätig. Es gibt jedoch auch 35-44-Jährige, die bereits mehr als 20 Jahre im selben Unternehmen arbeiten (Abbildung 12).

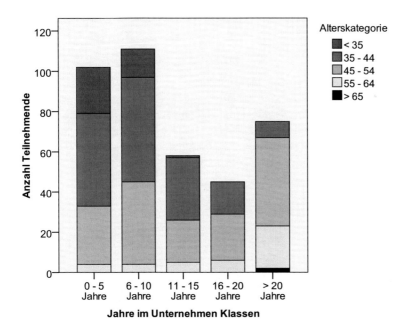

Abbildung 12. Dauer der Betriebszugehörigkeit nach Alter der Teilnehmenden

Gut die Hälfte der Teilnehmenden arbeitet auf mittlerer Führungsstufe (55%). Je knapp 20% der Teilnehmenden arbeitet auf oberer bzw. unterer Führungsstufe in einer leitenden Funktion. Weitere 6% der Teilnehmenden nehmen andere Führungsfunktionen, wie beispielsweise eine Projektleitungs- oder Stabsfunktion, wahr.

Die Hälfte der Teilnehmenden (196 Personen) hat Mitarbeitende, welche wiederum Vorgesetzte sind. Die anderen 199 Teilnehmenden sind auf der tiefsten Führungsstufe, da ihre Mitarbeitenden keine weiteren Mitarbeitende mehr führen.

Ein Drittel der Teilnehmenden, deren Mitarbeitende weitere Mitarbeitende führen, hat mehr als 50 Mitarbeitende in der unterstellten Organisationseinheit. 10% dieser Teilnehmenden haben weniger als 10 Mitarbeitende.

Die Hälfte der Teilnehmenden haben weniger als 10 Mitarbeitende. Knapp ein Viertel hat zwischen 10 und 19 Mitarbeitenden, während ein weiteres Viertel der Teilnehmenden 20 oder mehr Mitarbeitende führt.

Die befragten Führungskräfte schätzen den Anteil ihrer älteren Mitarbeitenden nach eigener Definition (also mehrheitlich ab 50 Jahren) auf weniger als einen Viertel ihrer Belegschaft.

5.2 Deskriptive Beschreibung der Ergebnisse, ausführliche Dokumentation verschiedener Ergebnisfacetten

5.2.1 Ab welchem Alter gehören Mitarbeitende zu den älteren Mitarbeitenden?

Für die Mehrheit der Teilnehmenden gehören Personen ab 55 Jahren zu den älteren Mitarbeitenden, wobei knapp 8% von ihnen die Grenze bei 60 Jahren ansiedeln. Weitere 38% geben an, dass sie Mitarbeitende ab 50 Jahren zu den älteren Mitarbeitenden zählen. Für 7% der Teilenehmenden gehören ihre Mitarbeitenden ab 45 Jahren, für 3% ab 40 Jahren und lediglich für 1% ab 35 Jahren zu den älteren Mitarbeitenden. Knapp 90% der Teilnehmenden setzen das Limit für ältere Mitarbeitende auf 50 Jahre oder älter.

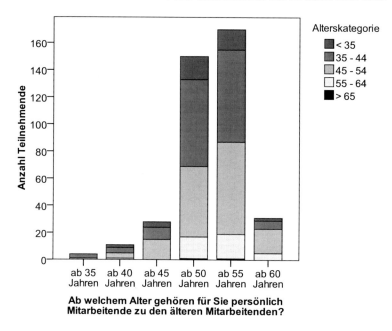

Abbildung 13. „Ab welchem Alter gehören für Sie persönlich Mitarbeitende zu den älteren Mitarbeitenden?"

5.2.2 Beschreibung der Ergebnisse auf Item-Ebene nach Konstrukten geordnet

Im Folgenden werden die Ergebnisse der Befragung für alle Items vorgestellt. Dabei sind die Items nach Konstrukten geordnet, so wie sie im Fragebogen dargeboten wurden. Abbildung 14 bis Abbildung 22 zeigen die Mittelwerte der Itemantworten aller 395 vollständig ausgefüllten Datensets.

5.2.2.1 Führungsverhalten gegenüber älteren Mitarbeitenden

Die Bewertungen der Führungskräfte reichen von deutlicher Ablehnung bis zu recht hoher Zustimmung (maximaler Unterschied 2.72 auf einer fünfstufigen Ratingskala). Die genauen Durchschnittswerte aller Antworten (395 Führungskräfte) können Abbildung 14 entnommen werden. Es zeigt sich, dass die Entlassung von älteren Mitarbeitenden aufgrund eines vergleichsweise schlechteren Lohn- /Arbeitswertverhältnisses deutlich abgelehnt wird. Als wenig bis teilweise zutreffend werden Frühpensionierungen als sozialverträgliche Form von Restrukturierung oder das aktive Unterstützen des Ausscheidens älterer Mitarbeitender in den Ruhestand angegeben. Aber auch die Einstellung von älteren Arbeitnehmenden ist nur teilweise zutreffend. Hingegen wird das Item „Ich motiviere meine älteren Mitarbeitenden, bis zu ihrem offiziellen Rentenalter im Erwerbsleben zu verbleiben" als teilweise bis ziemlich zutreffend bewertet. Zusammenfassend kann gesagt werden, dass die Führungskräfte angeben, sich zugunsten des Verbleibs von älteren Arbeitnehmenden im Erwerbsleben zu verhalten. Die Qualifizierung von älteren Mitarbeitenden (Items „Ich motiviere meine älteren Mitarbeitenden gezielt, bestehende Weiterbildungsangebote wahrzunehmen" und „Ich unterstütze meine älteren Mitarbeitenden aktiv, sich an neue Situationen und Technologien anzupassen") sowie die Nutzung der Ressource ältere Mitarbeitende (Items „Ich setze die speziellen Fähigkeiten meiner älteren Mitarbeitenden gezielt für die Erreichung der Unternehmensziele ein" und „Ich beziehe die Erfahrungen meiner älteren Mitarbeitenden in meine Entscheidungen mit ein") werden von den Führungskräften als ziemlich zutreffend beurteilt.

Insgesamt beschreiben Führungspersonen Verhaltensweisen gegenüber älteren Mitarbeitenden, die diese ziemlich stark unterstützen. Dies gilt für die bereits vorhandenen älteren Mitarbeitenden. Die Neueinstellung älterer Mitarbeitender hingegen erfolgt nur teilweise.

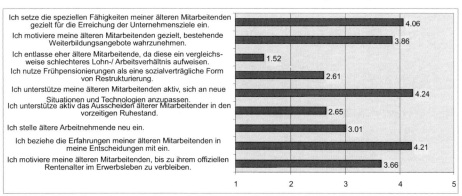

Bewertung: trifft gar nicht zu (1), trifft wenig zu (2), trifft teils teils zu (3), trifft ziemlich zu (4) und trifft völlig zu (5)

Abbildung 14. Mittelwerte aller Items des Konstrukts Führungsverhalten gegenüber älteren Mitarbeitenden

5.2.2.2 Einstellung zur Führung von älteren Mitarbeitenden

Die Einstellungen der Führungskräfte, was eine Führungsperson tun sollte, gleichen stark dem Verhalten, welches die Führungskräfte als zutreffend angegeben haben. Die Durchschnittswerte aller 395 vollständig ausgefüllten Fragebogen sind in Abbildung 15 grafisch dargestellt. Förderlichem Verhalten gegenüber älteren Arbeitnehmenden wird ziemlich stark zugestimmt. Am stärksten abgelehnt werden die Items, welche die Entlassung von älteren Arbeitnehmenden fordern oder unterstützen, während die Neueinstellung von älteren Arbeitnehmenden eine etwas höhere als teilweise Zustimmung erfährt. Die Nutzung der Ressource ältere Mitarbeitende sowie die Qualifizierung von älteren Mitarbeitenden erhalten eine zumindest ziemliche Zustimmung.

Eine Führungsperson sollte…

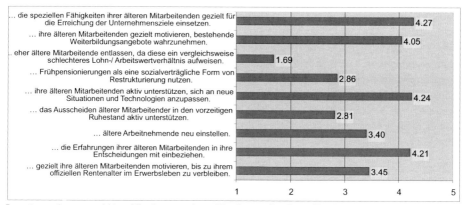

Bewertung: stimme gar nicht zu (1), stimme wenig zu (2), stimme teils teils zu (3), stimme ziemlich zu (4) und stimme völlig zu (5)

Abbildung 15. Mittelwerte aller Items des Konstrukts Einstellung zur Führung von älteren Mitarbeitenden

5.2.2.3 Individualisiertes altersspezifisches Führungsverhalten

Die Bewertung des individualisierten altersspezifischen Führungsverhaltens durch die Führungskräfte (N = 395) liegt meist leicht unter der Mitte bei „Trifft teils teils zu", mit einer maximalen Abweichung von 0.18 nach oben und unten. Lediglich zwei Items zeigen eine stärkere Zustimmung; „Ich setze die altersspezifischen Fähigkeiten meiner Mitarbeitenden gezielt für die Erreichung der Unternehmensziele ein" sowie „Ich fördere die Arbeit und den Know-how Transfer in altersgemischten Teams" erzielen die Bewertung „ich stimme ziemlich zu". Die altersspezifische Individualisierung des eigenen Führungsverhaltens wird weder forciert noch abgelehnt. Diese „Nicht-Individualisierung" bedarf einer weitergehenden Betrachtung.

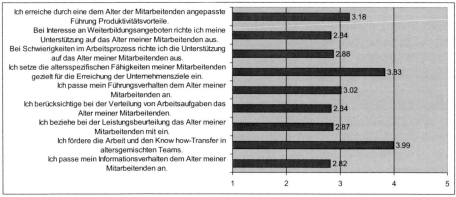

Bewertung: trifft gar nicht zu (1), trifft wenig zu (2), trifft teils teils zu (3), trifft ziemlich zu (4) und trifft völlig zu (5)

Abbildung 16. Mittelwerte aller Items des Konstrukts individualisiertes altersspezifisches Führungsverhalten

5.2.2.4 Einstellung zur altersspezifischen individualisierten Führung

Eine Führungsperson sollte...

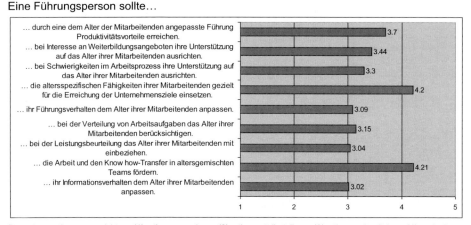

Bewertung: stimme gar nicht zu (1), stimme wenig zu (2), stimme teils teils zu (3), stimme ziemlich zu (4) und stimme völlig zu (5)

Abbildung 17. Mittelwerte aller Items des Konstrukts Einstellung zur altersspezifischen individualisierten Führung

Die Einstellung der teilnehmenden Führungskräfte (N = 395) zu den Aussagen in Bezug auf eine altersspezifische individualisierte Führung äussert sich in mindestens teilweiser Zustimmung. Es ist auffallend, dass die Aussagen, wie sich eine Führungsperson verhalten sollte, durchwegs höhere Zustimmung erhalten, als die Aussagen, welche das Zutreffen des entsprechenden eigenen Führungsverhaltens bewerten. Das Muster der Verteilung bleibt sich ansonsten ähnlich. Die einzelnen Aussagen werden von „Stimme teils teils zu" bis gut „Stimme ziemlich zu" bewertet, mit einer maximalen Differenz von 1.19 auf der fünfstufigen Skala.

5.2.2.5 Führungsverhalten Erhalt der Arbeitsfähigkeit

Insgesamt werden die Aussagen von den Führungskräften als teils teils bis ziemlich zutreffend bewertet. Besonders starke Zustimmung finden Aussagen, die mit der beruflichen Fortbildung zu tun haben, während Tätigkeiten, welche die psychischen und physischen Belastungen der Mitarbeitenden minimieren sollen oder präventive Massnahmen darstellen, eine vergleichsweise schwächere oder nur teilweise Zustimmung erhalten. Der maximale Unterschied in der Beantwortung der Frage liegt bei 1.1 (also gut eine Stufe auf der fünfstufigen Antwortskala). Auffallend ist hier das Item, das sich mit der gesunden Lebensweise befasst. Hier ist - analog zur Individualisierung des Führungsverhaltens - weder eine Zustimmung noch eine Ablehnung zu identifizieren.

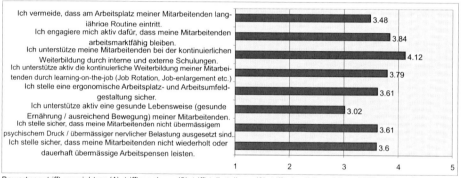

Bewertung: trifft gar nicht zu (1), trifft wenig zu (2), trifft teils teils zu (3), trifft ziemlich zu (4) und trifft völlig zu (5)

Abbildung 18. Mittelwerte aller Items des Konstrukts Führungsverhalten Erhalt der Arbeitsfähigkeit

5.2.2.6 Einstellung zum Erhalt der Arbeitsfähigkeit

Die Zustimmung liegt deutlich im positiven Bereich, meist sogar über der Grenze von „stimme ziemlich zu". Interessanterweise sind die Unterschiede zwischen der Beantwortung der verschiedenen Aussagen nur gering (maximal 0.58), und entsprechen im Maximum etwa einer halben Abstufung auf der fünfstufigen Antwortskala.

Eine Führungsperson sollte...

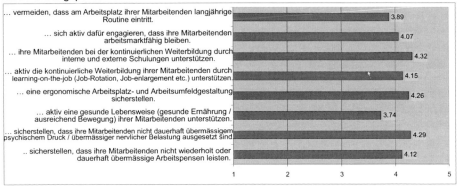

Bewertung: stimme gar nicht zu (1), stimme wenig zu (2), stimme teils teils zu (3), stimme ziemlich zu (4) und stimme völlig zu (5)

Abbildung 19. Mittelwerte aller Items des Konstrukts Einstellung zum Erhalt der Arbeitsfähigkeit

5.2.2.7 Wahrnehmung von älteren Mitarbeitenden (Alterssterotpyen)

Die Aussagen des Konstrukts Wahrnehmung von älteren Mitarbeitenden treffen auf teilweise bis ziemliche Zustimmung. Nur wenig Zustimmung erhält das Item „Die Leistungsfähigkeit älterer Mitarbeitender ist insgesamt geringer als diejenige jüngerer Mitarbeitender". Hoch eingeschätzt wird das Item „Ältere Mitarbeitende wechseln weniger oft die Stelle als jüngere Mitarbeitende" (vgl. Abbildung 20). Insgesamt werden die älteren Mitarbeitenden von den Führungskräften als leistungsfähig und produktiv eingeschätzt.

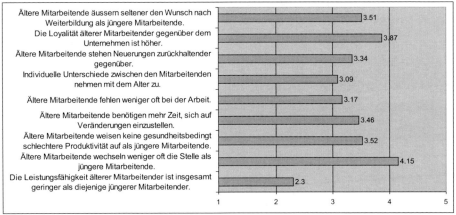

Bewertung: stimme gar nicht zu (1), stimme wenig zu (2), stimme teils teils zu (3), stimme ziemlich zu (4) und stimme völlig zu (5)

Abbildung 20. Mittelwerte aller Items des Konstrukts Wahrnehmung von älteren Mitarbeitenden

5.2.2.8 Wahrnehmung der Fähigkeiten älterer Mitarbeitender

Die Wahrnehmung der Fähigkeiten älterer Mitarbeitender liegt zumeist im durchschnittlichen Bereich. Die höchsten Werte erreichen „praktisches Wissen", „Verantwortungsbewusstsein" und „Zuverlässigkeit", welche als einzige Items die Marke eher überdurchschnittlich leicht übersteigen. Am tiefsten eingeschätzt wird die „Risikobereitschaft", gefolgt von „Anpassungsfähigkeit" und „Dauerbelastbarkeit". Die Resultate für alle Items sind in Abbildung 21 dargestellt. Tendenziell wurden die Fähigkeiten, welche der biologisch bestimmten Mechanik zugeordnet werden können, wie beispielsweise „Dauerbelastbarkeit" oder „körperliche Leistungsfähigkeit" eher tiefer eingestuft, als Fähigkeiten wie „Urteilsvermögen" oder „praktisches Wissen", welche der kulturell geprägten Pragmatik zugeordnet werden können.

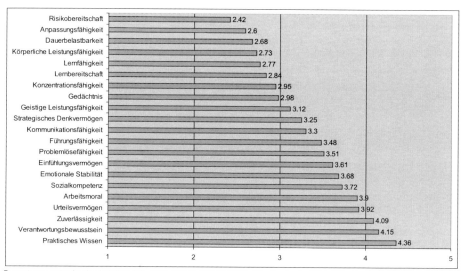

Bewertung: unterdurchschnittlich (1), eher unterdurchschnittlich (2), durchschnittlich (3), eher überdurchschnittlich (4) und überdurchschnittlich (5)

Abbildung 21. Mittelwerte aller Items des Konstrukts Wahrnehmung älterer Mitarbeitender

5.2.2.9 Wahrnehmung des eigenen Älterwerdens (eigene Fähigkeitsentwicklung)

Die eigene Fähigkeitsentwicklung mit dem Älterwerden wird als besonders unvorteilhaft angesehen bei den Items „eigene körperliche Leistungsfähigkeit", „eigene Dauerbelastbarkeit" und „eigenes Gedächtnis". Als zunehmend wurden „eigenes praktisches Wissen", „eigenes Urteilsvermögen" und „eigene Problemlösefähigkeit" eingeschätzt. Auch hier werden die Fähigkeiten, welche der Pragmatik zugeordnet werden können tendenziell höher eingeschätzt als solche, welche der Mechanik (elementare Eigenschaften der kognitiven Funktionen und der Wahrnehmung) entsprechen (vgl. Abbildung 22).

Die Stichprobe erweist sich trotz des Convenience Samples als ziemlich ausgewogen, was das Alter und Geschlecht der Teilnehmenden, die Führungsstufe, Unternehmensgrösse, Branchenzugehörigkeit und das Arbeitsland betrifft. Die Beurteilungen der Dimensionen Führungsverhalten und Einstellung in Bezug auf die alternsgerechte Führung liegen mehrheitlich im zumindest teilweise bis ziemlich zustimmenden Bereich. Die Wahrnehmung von älteren Mitarbeitenden und ihren Fähigkeiten sowie die Wahrnehmung des eigenen Älterwerdens (eigene Fähigkeitsentwicklung) werden tendenziell positiv eingeschätzt. Im nächsten Kapitel werden diese Ergebnisse zueinander in Bezug gesetzt.

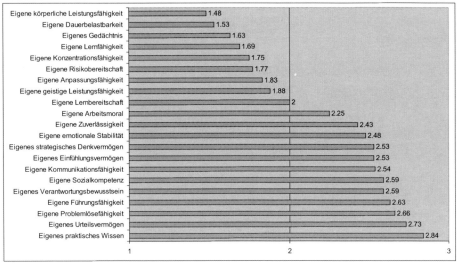

Bewertung: abnehmend (1), gleichbleibend (2) und zunehmend (3)

Abbildung 22. Mittelwerte aller Items des Konstrukts Wahrnehmung des eigenen Älterwerdens (eigene Fähigkeitsentwicklung)

5.3 Bivariate Unterschiede und Zusammenhänge

In diesem Kapitel werden die Skalen zu Einstellung und Verhalten im Vergleich dargestellt. Die Skalen werden zudem genauer beschrieben und inhaltlich charakterisiert, indem die Leit-Items / charakteristischen Items (d.h. diejenigen mit der grössten Faktorenladung) bezeichnet werden. Noch nicht berücksichtigt werden multiple Zusammenhänge, welche die Einstellung oder das Verhalten erklären. In Abschnitt 5.5 wird die Perspektive entsprechend erweitert.

5.3.1 Mittelwertsvergleich von Einstellung und Verhalten nach Skalen

Ein T-Test mit gepaarten Stichproben zeigt, dass sich die jeweiligen Skalen von Einstellung und Verhalten signifikant voneinander unterscheiden (p ≤ .001). Dasselbe gilt auch für fast alle Itempaare dieser Skalen. Die zwei einzigen Ausnahmen, deren Mittelwerte sich nicht signifikant voneinander unterscheiden, sind die folgenden Paare:

- Ich passe mein Führungsverhalten dem Alter meiner Mitarbeitenden an / Eine Führungskraft sollte ihr Führungsverhalten dem Alter ihrer Mitarbeitenden anpassen

und

- Ich beziehe die Erfahrungen meiner älteren Mitarbeitenden in meine Entscheidungen mit ein / Eine Führungskraft sollte die Erfahrungen ihrer älteren Mitarbeitenden in ihre Entscheidungen mit einbeziehen.

Alle anderen Itempaare zeigen signifikante Unterschiede auf dem Niveau von $p \leq .001$.

5.3.1.1 Erhalt der Arbeitsfähigkeit - Einstellung und Verhalten

Die Items „Eine Führungskraft sollte aktiv die kontinuierliche Weiterbildung ihrer Mitarbeitenden durch learning-on-the-job (Job-rotation, Job-enlargment etc.) unterstützen" und „Eine Führungskraft sollte ihre Mitarbeitenden bei der kontinuierlichen Weiterbildung durch interne und externe Schulungen unterstützen" beschreiben die Skala *Erhalt der Arbeitsfähigkeit - Einstellung* am treffendsten. Die Skala *Erhalt der Arbeitsfähigkeit - Verhalten* ist inhaltlich am stärksten durch die Items „Ich stelle sicher, dass meine Mitarbeitenden nicht übermässigem psychischem Druck / übermässiger nervlicher Belastung ausgesetzt sind" und „Ich stelle sicher, dass meine Mitarbeitenden nicht wiederholt oder dauerhaft übermässige Arbeitspensen leisten" charakterisiert (höchste Faktorenladungen, vgl. Tabelle 8 und Tabelle 9).

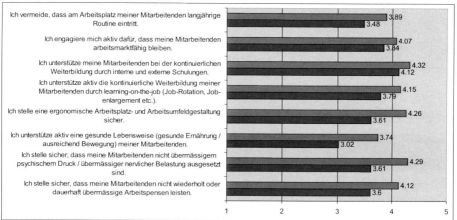

Bewertung der Itempaare zur Einstellung (oben): stimme gar nicht zu (1), stimme wenig zu (2), stimme teils teils zu (3), stimme ziemlich zu (4) und stimme völlig zu (5) und des eigenen Führungsverhaltens (unten): trifft gar nicht zu (1), trifft wenig zu (2), trifft teils teils zu (3), trifft ziemlich zu (4) und trifft völlig zu (5)

Abbildung 23. Mittelwerte aller Items der Skalen Einstellung (oben) und Verhalten (unten) zum Erhalt der Arbeitsfähigkeit

Sämtliche Item-Unterschiede zwischen Einstellung und Verhalten sind signifikant (p ≤ .001), wobei die Einstellung durchwegs höher ist als das Verhalten. Der höchste Unterschied (0.72) zwischen Einstellung und Verhalten beträgt fast ¾ einer Stufe der Ratingskala und betrifft die Unterstützung der gesunden Lebensweise der Mitarbeitenden (Abbildung 23).

5.3.1.2 Individualisierte altersspezifische Führung - Einstellung und Verhalten

Bei der Skala *Individualisierte altersspezifische Führung - Einstellung* sind „Eine Führungskraft sollte ihr Führungsverhalten dem Alter ihrer Mitarbeitenden anpassen" und „Eine Führungskraft sollte bei der Verteilung von Arbeitsaufgaben das Alter ihrer Mitarbeitenden berücksichtigen" die Leit-Items (vgl. Tabelle 8). Insgesamt werden die Items sehr ähnlich beantwortet, von „Stimme teils teils zu" bis knapp „Stimme ziemlich zu", mit einer maximalen Differenz von 0.68 auf der fünfstufigen Skala.

Die Skala *Individualisierte altersspezifische Führung - Verhalten* wird am stärksten durch die Items „ Ich berücksichtige bei der Verteilung von Arbeitsaufgaben das Alter meiner Mitarbeitenden" und „ Ich beziehe bei der Leistungsbeurteilung das Alter meiner Mitarbeitenden mit ein" repräsentiert (vgl. Tabelle 9). Die Bewertung durch die Führungskräfte liegt meist leicht unter der Mitte bei „Trifft teils teils zu", mit einer maximalen Abweichung von 0.18 nach oben und unten.

Der Unterschied zwischen dem Verhaltensitem „Ich passe mein Führungsverhalten dem Alter meiner Mitarbeitenden an" und dem Einstellungsitem „Eine Führungskraft sollte ihr Führungsverhalten dem Alter ihrer Mitarbeitenden anpassen" ist nicht signifikant. Alle anderen sind auf dem Niveau von p ≤ .001 signifikant.

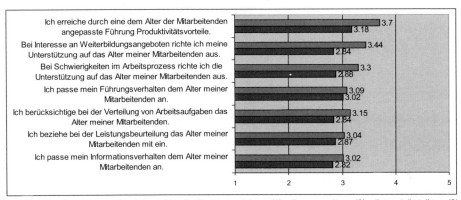

Bewertung der Itempaare zur Einstellung (oben): stimme gar nicht zu (1), stimme wenig zu (2), stimme teils teils zu (3), stimme ziemlich zu (4) und stimme völlig zu (5) und des eigenen Führungsverhaltens (unten): trifft gar nicht zu (1), trifft wenig zu (2), trifft teils teils zu (3), trifft ziemlich zu (4) und trifft völlig zu (5)

Abbildung 24. Mittelwerte aller Items der Skalen Einstellung (oben) und Verhalten (unten) zur individualisierten altersspezifischen Führung

5.3.1.3 Führung älterer Mitarbeitender - Einstellung und Verhalten

Die repräsentativsten Items für die Skala *Führung älterer Mitarbeitender - Einstellung* sind „Eine Führungskraft sollte die Erfahrungen ihrer älteren Mitarbeitenden in ihre Entscheidungen mit einbeziehen" und „Eine Führungskraft sollte die speziellen Fähigkeiten ihrer älteren Mitarbeitenden gezielt für die Unternehmensziele einsetzten" (vgl. Tabelle 9). Die Zustimmung ist durchweg im positiven Bereich, meist sogar über „Stimme ziemlich zu". Das Item „Eine Führungskraft sollte ältere Arbeitnehmende neu einstellen" erhält zwar eine deutlich tiefere, aber immer noch klar positive Zustimmung.

„Ich setze die speziellen Fähigkeiten meiner älteren Mitarbeitenden gezielt für die Erreichung der Unternehmensziele ein" und „Ich beziehe die Erfahrungen meiner älteren Mitarbeitenden in meine Entscheidungen mit ein" sind die charakteristischen Items für die Skala *Führung älterer Mitarbeitender - Verhalten* (vgl. Tabelle 8). Mit Ausnahme des Items „Ich stelle ältere Arbeitnehmende neu ein", welches nur knapp eine positive Zustimmung von „Trifft teils teils zu" erhält, liegt die Zustimmung bei „Trifft ziemlich zu".

Die Einstellung bzw. das Verhalten „Ich beziehe die Erfahrungen meiner älteren Mitarbeitenden in meine Entscheidungen mit ein" und „Eine Führungskraft sollte die Erfahrungen ihrer älteren Mitarbeitenden in ihre Entscheidungen mit einbeziehen" erreichen denselben Mittelwert und sind folglich nicht signifikant voneinander zu unterscheiden. Bei den anderen Items wurde die Einstellung jeweils höher als das Verhalten eingestuft. Die Unterschiede zwischen Einstellung und Verhalten sind nicht besonders gross (maximal 0.39), aber alle signifikant (p ≤ .001).

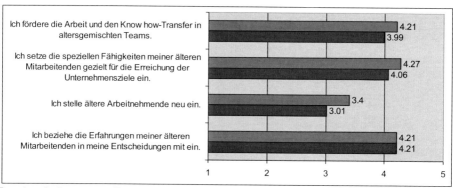

Bewertung der Itempaare zur Einstellung (oben): stimme gar nicht zu (1), stimme wenig zu (2), stimme teils teils zu (3), stimme ziemlich zu (4) und stimme völlig zu (5) und des eigenen Führungsverhaltens (unten): trifft gar nicht zu (1), trifft wenig zu (2), trifft teils teils zu (3), trifft ziemlich zu (4) und trifft völlig zu (5)

Abbildung 25. Mittelwerte aller Items der Skalen Einstellung (oben) und Verhalten (unten) zur Führung von älteren Mitarbeitenden

5.3.1.4 Frühzeitiger Austritt aus dem Erwerbsleben - Einstellung und Verhalten

Bei der Skala *Frühzeitiger Austritt aus dem Erwerbsleben - Verhalten* sind die Items „Ich nutze Frühpensionierungen als eine sozialverträgliche Form von Restrukturierung" und „Ich unterstütze aktiv das Ausscheiden älterer Mitarbeitender in den vorzeitigen Ruhestand" charakteristisch. Auch bei der Skala *Frühzeitiger Austritt aus dem Erwerbsleben - Einstellung* sind die entsprechenden Items „Eine Führungsperson sollte das Ausscheiden älterer Mitarbeitender in den vorzeitigen Ruhestand aktiv unterstützen" und „Eine Führungskraft sollte Frühpensionierungen als eine sozialverträgliche Form von Restrukturierung nutzen" die Leit-Items (vgl. Tabelle 8 und Tabelle 9). Bei der Beurteilung dieser Skalen durch die Führungskräfte ist, im Unterschied zu allen anderen Skalen, das Verhalten stärker zugunsten des Verbleibs der älteren Mitarbeitenden im Erwerbsleben ausgerichtet als die Einstellung. Der Unterschied zwischen Einstellung und Verhalten beträgt maximal 0.25 und ist bei allen Itempaaren auf dem Niveau von p ≤ .001 signifikant.

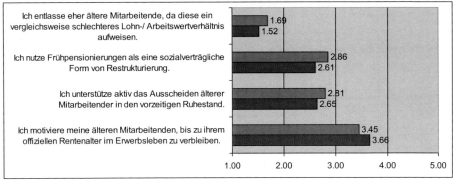

Bewertung der Itempaare zur Einstellung (oben): stimme gar nicht zu (1), stimme wenig zu (2), stimme teils teils zu (3), stimme ziemlich zu (4) und stimme völlig zu (5) und des eigenen Führungsverhaltens (unten): trifft gar nicht zu (1), trifft wenig zu (2), trifft teils teils zu (3), trifft ziemlich zu (4) und trifft völlig zu (5)

Abbildung 26. Mittelwerte aller Items der Skalen Einstellung (oben) und Verhalten (unten) zum frühzeitigen Austritt aus dem Erwerbsleben

In Abbildung 26 sind die Items so dargestellt, wie sie im Fragebogen präsentiert und von den teilnehmenden Führungskräften bewertet wurden. Die Skalen *Frühzeitiger Austritt aus dem Erwerbsleben - Einstellung* und *- Verhalten* werden mit teilweise umgepolten Items (die ersten drei Itempaare werden umgepolt) gebildet, weil mit der IAF ein Verhalten und eine Einstellung zugunsten der älteren Arbeitnehmenden gemessen werden soll. Das erste Item beispielsweise geht mit einem Wert von 4.31 (Einstellung) resp. 4.48 (Verhalten) in die Skala ein. Ein hoher Skalenwert muss folglich zugunsten des Verbleibs im Arbeitsleben interpretiert werden. Die Spannweite der Item-Beurteilung ist nicht ganz so gross, wie es auf der Abbildung den Anschein macht. Die umgepolten Items liegen mit ihren Mittelwerten im Bereich von 3.39 bis 4.48, was einer maximalen Differenz von 1.13 (Verhalten) resp. 1.17 (Einstellung) entspricht. Massiv abgelehnt wird das erste Itempaar, welches auch für die maximale Differenz bei den umgepolten Items sorgt. Die beiden mittleren Itempaare (die Leit-Items) und das Itempaar „Ich motiviere meine älteren Mitarbeitenden, bis zu ihrem offiziellen Rentenalter im Erwerbsleben zu verbleiben" resp. „Eine Führungsperson sollte ihre älteren Mitarbeitenden dazu motivieren, bis zu ihrem offiziellen Rentenalter im Erwerbsleben zu verbleiben" zeigen nur eine maximale Differenz der Item-Antwort von 0.31.

5.3.2 Vergleich der Wahrnehmung der Fähigkeiten von älteren Mitarbeitenden und der Wahrnehmung des eigenen Älterwerdens (eigene Fähigkeitsentwicklung)

Da für diese beiden Konstrukte verschiedenstufige Ratingskalen verwendet worden waren, konnten die einzelnen Items nicht direkt miteinander verglichen werden. In Tabelle 15 wurden die Fähigkeiten und Fertigkeiten nach der Rangfolge ihrer Mittelwerte aufgelistet. Die relative Wahrnehmung der eigenen Fähigkeitsentwicklung mit dem Älterwerden stimmt bei den meisten Fähigkeiten mit der relativen Einschätzung der Fähigkeiten älterer Mitarbeitender überein. Grau hinterlegt sind die drei Items, welche bei der Wahrnehmung der eigenen Fähigkeitsentwicklung von der Wahrnehmung der Fähigkeiten älterer Mitarbeitender abweichen. Das eigene Gedächtnis und die eigene geistige Leistungsfähigkeit werden vergleichsweise kritischer bewertet, als das Gedächtnis und die geistige Leistungsfähigkeit älterer Mitarbeitender. Während die eigene Lernbereitschaft als gleichbleibend eingeschätzt wird, wird im Gegensatz dazu die Lernbereitschaft von älteren Mitarbeitenden als eher unterdurchschnittlich eingeschätzt.

Tabelle 15. Vergleich der Wahrnehmung der Fähigkeiten von älteren Mitarbeitenden und der Wahrnehmung des eigenen Älterwerdens (eigene Fähigkeitsentwicklung)

Wahrnehmung der Fähigkeiten von älteren Mitarbeitenden	fünfstufige Skala	dreistufige Skala	Wahrnehmung des eigenen Älterwerdens (eigene Fähigkeitsentwicklung)
Risikobereitschaft	2.42	1.48	Eigene körperliche Leistungsfähigkeit
Anpassungsfähigkeit	2.60	1.53	Eigene Dauerbelastbarkeit
Dauerbelastbarkeit	2.68	1.63	Eigenes Gedächtnis
Körperliche Leistungsfähigkeit	2.73	1.69	Eigene Lernfähigkeit
Lernfähigkeit	2.77	1.75	Eigene Konzentrationsfähigkeit
Lernbereitschaft	2.84	1.77	Eigene Risikobereitschaft
Konzentrationsfähigkeit	2.95	1.83	Eigene Anpassungsfähigkeit
Gedächtnis	2.98	1.88	Eigene geistige Leistungsfähigkeit
Geistige Leistungsfähigkeit	3.12	2.00	Eigene Lernbereitschaft
Strategisches Denkvermögen	3.25	2.25	Eigne Arbeitsmoral
Kommunikationsfähigkeit	3.30	2.43	Eigene Zuverlässigkeit
Führungsfähigkeit	3.48	2.48	Eigene emotionale Stabilität
Problemlösefähigkeit	3.51	2.53	Eigenes Einfühlungsvermögen
Einfühlungsvermögen	3.61	2.53	Eigenes strategisches Denkvermögen
Emotionale Stabilität	3.68	2.54	Eigene Kommunikationsfähigkeit
Sozialkompetenz	3.72	2.59	Eigenes Verantwortungsbewusstsein
Arbeitsmoral	3.90	2.59	Eigene Sozialkompetenz
Urteilsvermögen	3.92	2.63	Eigene Führungsfähigkeit
Zuverlässigkeit	4.09	2.66	Eigene Problemlösefähigkeit
Verantwortungsbewusstsein	4.15	2.73	Eigenes Urteilsvermögen
Praktisches Wissen	4.36	2.84	Eigenes praktisches Wissen

Bewertung der fünfstufigen Skala: unterdurchschnittlich (1), eher unterdurchschnittlich (2), durchschnittlich (3), eher überdurchschnittlich (4) und überdurchschnittlich (5); respektive der dreistufigen Skala: abnehmend (1), gleichbleibend (2) und zunehmend (3). Grau hinterlegte Items unterscheiden sich in der Wahrnehmung der Fähigkeiten von ältern Mitarbeitenden und der Wahrnehmung des eigenen Älterwerdens.

5.3.3 Korrelationen der Einstellungs- und Verhaltensskalen

Die Korrelationsmatrix (Korrelation nach Pearson) zeigt, dass es viele signifikante Korrelationen zwischen den Skalen gibt. Am stärksten korrelieren die jeweiligen Skalen zu Einstellung und Verhalten miteinander ($r \geq .60$). Es besteht also ein signifikanter Zusammenhang zwischen Einstellung und Verhalten. Eine starke Korrelation ($r = .51$) zeigen auch die zwei Einstellungsskalen *Führung älterer Mitarbeitender - Einstellung* und *Erhalt der Arbeitsfähigkeit - Einstellung*. Etwas schwächer korrelieren die entsprechenden Verhaltens-Skalen *Führung älterer Mitarbeitender - Verhalten* und *Erhalt der Arbeitsfähigkeit - Verhalten* ($r = .40$). Die Skala *Führung älterer Mitarbeitender - Einstellung* korreliert mit $r = .32$ mit der Skala *Erhalt der Arbeitsfähigkeit - Verhalten* und mit .34 mit der Skala *Individualisierte altersspezifische Führung - Einstellung*. Die restlichen Korrelationen liegen unter $r = 0.3$.

Da die Korrelation nach Pearson eigentlich intervallskalierte und normalverteilte Daten voraussetzt, wurden auch Spearman-Rangkorrelationen und Kendalls-tau berechnet (vgl.

Anhang IV; Kendalls-tau: Daten nicht gezeigt). Es zeigte sich, dass die Resultate in Grösse und Signifikanz nicht wesentlich von den Korrelationen nach Pearson abweichen.

Tabelle 16. Korrelationsmatrix (Pearson) der Skalen zu Einstellung und Verhalten (N = 395)

		Erhalt der Arbeits-fähigkeit - Verhalten	Erhalt der Arbeits-fähigkeit - Einstellung	Individuali-sierte alters-spezifische Führung - Verhalten	Individuali-sierte alters-spezifische Führung - Einstellung	Frühzeitiger Austritt aus dem Erwerbsle-ben - Verhalten	Frühzeitiger Austritt aus dem Erwerbsle-ben - Einstellung	Führung älterer Mitarbeiten-der - Verhalten	Führung älterer Mitarbeiten-der - Einstellung
Erhalt der Arbeitsfähigkeit - Verhalten	Korrelation	1							
	Signifikanz (2-seitig)								
Erhalt der Arbeitsfähigkeit - Einstellung	Korrelation	.603**	1						
	Signifikanz (2-seitig)	.000							
Individualisierte altersspezifische Führung - Verhalten	Korrelation	.180**	.144**	1					
	Signifikanz (2-seitig)	.000	.004						
Individualisierte altersspezifische Führung - Einstellung	Korrelation	.173**	.266**	.697**	1				
	Signifikanz (2-seitig)	.001	.000	.000					
Frühzeitiger Austritt aus dem Erwerbsleben - Verhalten	Korrelation	.001	.086	.048	.020	1			
	Signifikanz (2-seitig)	.991	.088	.343	.693				
Frühzeitiger Austritt aus dem Erwerbsleben - Einstellung	Korrelation	.105*	.141**	.054	.061	.653**	1		
	Signifikanz (2-seitig)	.036	.005	.281	.225	.000			
Führung älterer Mitarbeitender - Verhalten	Korrelation	.396**	.292**	.241**	.161**	.140**	.226**	1	
	Signifikanz (2-seitig)	.000	.000	.000	.001	.005	.000		
Führung älterer Mitarbeitender - Einstellung	Korrelation	.320**	.511**	.236**	.339**	.155**	.263**	.614**	1
	Signifikanz (2-seitig)	.000	.000	.000	.000	.002	.000	.000	

**. Die Korrelation ist auf dem Niveau von 0,01 (2-seitig) signifikant.
*. Die Korrelation ist auf dem Niveau von 0,05 (2-seitig) signifikant.

Legende:	r > 0.1	r > 0.3	r > 0.5

5.3.4 Korrelationen der Wahrnehmungsskalen

Die höchsten Korrelationen von Skalen innerhalb eines Konstrukts liegen im mittleren Bereich (Korrelation von *Führungsfähigkeit & soziale Kompetenzen* (AF1) und *Arbeitsmoral & Zuverlässigkeit* (AF3) respektive von *Führungsfähigkeit & Problemlösefähigkeit* (EF1) und *Zuverlässigkeit & Verantwortungsbewusstsein* (EF3)). Zwischen diesen beiden Skalen besteht also ein Zusammenhang. Dies lässt die unterschiedliche Zuordnung der beiden Items „(eigenes) Verantwortungsbewusstsein" und „(eigenes) Einfühlungsvermögen" in die Skalen *Führungsfähigkeit & soziale Kompetenzen* (AF1) resp. *Zuverlässigkeit & Verant-*

wortungsbewusstsein (EF3) als weniger relevant erscheinen. Die übrigen Korrelationen innerhalb der Konstrukte sind alle schwach (r < 0.4).

Korrelationen der Skalen zwischen den Konstrukten bestehen vor allem zwischen den Skalen WA und AF. Die starken Korrelationen der Skalen WA und AF sind vorwiegend auf Autokorrelationen zurückzuführen, da sämtliche Items der Skalen AF in den Skalen WA ebenfalls enthalten sind. Korrelationen über dem Wert von $r = 0.3$ bestehen zudem zwischen *Körperliche Leistungsfähigkeit, Anpassungs- & Lernfähigkeit* (WA3) und *Geistige Fitness & körperliche Leistungsfähigkeit* (EF2) sowie *Körperliche Leistungsfähigkeit & Lernfähigkeit* (AF2) und *Geistige Fitness & körperliche Leistungsfähigkeit* (EF2). *Körperliche Leistungsfähigkeit & Lernfähigkeit* (AF2) und *Geistige Fitness & körperliche Leistungsfähigkeit* (EF2) enthalten sich entsprechende Items. Sämtliche Items von *Körperliche Leistungsfähigkeit & Lernfähigkeit* (AF2) sind auch in *Körperliche Leistungsfähigkeit, Anpassungs- & Lernfähigkeit* (WA3) enthalten, daher kann eine substantielle Korrelation erwartet werden. Alle anderen Korrelationen liegen unter dem Wert von 0.3.

Tabelle 17. Korrelationsmatrix (Pearson) der Skalen zur Wahrnehmung von älteren Mitarbeitenden und ihren Fähigkeiten (WA, AF) sowie zur Wahrnehmung des eigenen Älterwerdens (eigene Fähigkeitsentwicklung, EF)

Korrelationen (N = 395)		WA1	WA2	WA3	AF1	AF2	AF3	EF1	EF2	EF3
WA1	Korrelation (Pearson)	1								
	Signifikanz (2-seitig)									
WA2	Korrelation (Pearson)	.235**	1							
	Signifikanz (2-seitig)	.000								
WA3	Korrelation (Pearson)	.288**	-.137**	1						
	Signifikanz (2-seitig)	.000	.006							
AF1	Korrelation (Pearson)	1.000**	.235**	.288**	1					
	Signifikanz (2-seitig)	.000	.000	.000						
AF2	Korrelation (Pearson)	.281**	-.138**	.936**	.281**	1				
	Signifikanz (2-seitig)	.000	.006	.000	.000					
AF3	Korrelation (Pearson)	.498**	.490**	.293**	.498**	.266**	1			
	Signifikanz (2-seitig)	.000	.000	.000	.000	.000				
EF1	Korrelation (Pearson)	.202**	.123*	.007	.202**	-.035	.108*	1		
	Signifikanz (2-seitig)	.000	.014	.889	.000	.488	.033			
EF2	Korrelation (Pearson)	.018	-.099*	.359**	.018	.370**	.080	.195**	1	
	Signifikanz (2-seitig)	.724	.050	.000	.724	.000	.112	.000		
EF3	Korrelation (Pearson)	.260**	.269**	.070	.260**	.070	.277**	.459**	.159**	1
	Signifikanz (2-seitig)	.000	.000	.164	.000	.164	.000	.000	.002	
**. Die Korrelation ist auf dem Niveau von 0,01 (2-seitig) signifikant.										
*. Die Korrelation ist auf dem Niveau von 0,05 (2-seitig) signifikant.										
Legende:		r > 0.1			r > 0.3			r > 0.5		

Es ist bemerkenswert, dass die Skalen der beiden Konstrukte Wahrnehmung der Fähigkeiten älterer Mitarbeitender (AF) und Wahrnehmung des eigenen Älterwerdens (eigene Fähigkeitsentwicklung, EF) nicht stärker korrelieren, da diese Skalen vorwiegend entsprechende Items enthalten.

Da die Berechnung der Korrelation nach Pearson eigentlich intervallskalierte und normalverteilte Daten voraussetzt, wurden auch Spearman-Rangkorrelationen (Anhang IV) und Kendalls-tau (Daten nicht gezeigt) berechnet. Es zeigte sich, dass die Resultate in Grösse und Signifikanz nicht wesentlich von den Korrelationen nach Pearson abweichen.

5.3.5 Skalenunterschiede nach Gruppen

Aufgrund der in Kapitel 2.2 dargelegten empirischen Befunde können verschiedene Gruppenunterschiede in Bezug auf die IAF erwartet werden. Es wurde beispielsweise berichtet, dass in den Branchen „Öffentliche Verwaltung", „Unterrichtswesen" und „Gesundheits- und Sozialwesen" der demographische Wandel weiter fortgeschritten ist. Darum können im Vergleich zu Industrie und anderen Branchen eine höhere Sensibilität bezüglich des demographischen Wandels und damit auch höhere Werte in der IAF postuliert werden.

Interessant erscheint auch zu untersuchen, ob Personenmerkmale wie das eigene Alter oder das Geschlecht beziehungsweise die Position im Unternehmen (Führungsstufe) mit unterschiedlichen Bewertungen einhergehen. Im folgenden Abschnitt wird jeweils isoliert der Unterschied mit Blick auf eine Gruppe betrachtet. Weitergehende multiple Zusammenhänge werden vertiefend in Abschnitt 5.5 beleuchtet.

Es wurden verschiedene Variablen mittels univariater Varianzanalyse getestet. Es sind dies Arbeitsland, Nationalität, Branche, Unternehmensgrösse, Führungsstufe, Alter und Geschlecht. Sämtliche Ergebnisse sind in Anhang V aufgeführt. Bei Skalen, welche signifikante Differenzen nach Gruppen aufwiesen, wurden zusätzlich T-Tests auf Einzelitemebene durchgeführt. Diese Ergebnisse sind in Anhang VI ausführlich dokumentiert und werden in diesem Kapitel lediglich in Auszügen dargestellt.

Keine signifikanten Unterschiede in den Einstellungs- und Verhaltensskalen konnten bei den Variablen Altersgruppe (bis 45 Jahre, 45 Jahre und älter), Anzahl Jahre im Unternehmen (bis und mit 10 Jahre, mehr als 10 Jahre), respektive nach den drei Branchengruppen (Industrie, andere Branchen oder Öffentliche Verwaltung, Erziehung und Unterricht, Sozial- und Gesundheitswesen) gefunden werden.

Bei den Wahrnehmungsskalen konnten für die Variablen Nationalität, Führungsstufe und Unternehmensgrösse keine signifikanten Unterschiede festgestellt werden. Signifikante Unterschiede gibt es bei Geschlecht, Altersgruppe, Unternehmensgrösse und Branchengruppe.

5.3.5.1 Nach Arbeitsland und Nationalität

Arbeitsland und Nationalität erklären in signifikantem Ausmass Unterschiede zwischen den Einstellungs- und Verhaltens-Skalen *Erhalt der Arbeitsfähigkeit - Verhalten, Erhalt der Arbeitsfähigkeit - Einstellung* und *Frühzeitiger Austritt aus dem Erwerbsleben - Einstellung*.

Es zeigt sich, dass in der Schweiz / bei Führungskräften schweizerischer Nationalität die Werte der Skalen höher liegen als in Deutschland / bei Führungskräften deutscher Nationalität (Tabelle 19). Das bedeutet, dass die schweizerischen Führungskräfte im Vergleich zu den deutschen Führungskräften beim Themengebiet *Erhalt der Arbeitsfähigkeit*, in ihrer Einstellung und in ihrem Verhalten, vermehrt angeben, die alternsgerechte Führung zu unterstützen. Interessanterweise schätzen sich deutsche Führungskräfte höher ein in Bezug auf die Skala *Frühzeitiger Austritt aus dem Erwerbsleben - Einstellung*, was bedeutet, dass sie stärker als die schweizerischen Führungskräfte eine Einstellung zugunsten des Verbleibs der älteren Arbeitnehmenden im Erwerbsleben haben. Das Verhalten der Teilnehmenden mit Arbeitsland Schweiz und Deutschland ist dabei nicht signifikant unterschiedlich, während bei der Einstellung Teilnehmende mit Arbeitsland Schweiz deutlich zuungunsten des Verbleibs im Erwerbsleben antworten. Der signifikante Unterschied zwischen Einstellung und Verhalten ist bei den Teilnehmenden mit Arbeitsland Deutschland nicht mehr aufrecht zu erhalten. Es sind die Teilnehmenden mit Arbeitsland Schweiz, welche für den signifikanten Unterschied zwischen Einstellung und Verhalten *Frühzeitiger Austritt aus dem Erwerbsleben* verantwortlich zeichnen (Anhang V und Anhang VI).

Die Skalen *Erhalt der Arbeitsfähigkeit* und *Frühzeitiger Austritt aus dem Erwerbsleben* wurden auf Einzelitemebene auf Unterschiede nach Arbeitsland und Nationalität untersucht. Auch das Item „Ich stelle ältere Arbeitnehmende neu ein", respektive das entsprechende Einstellungsitem „Eine Führungsperson sollte ältere Arbeitnehmende neu einstellen" wurde analysiert, da es als Gegenstück zum Austritt aus dem Erwerbsleben gelten kann. Die Items in Tabelle 18 zeigen die sowohl bei der Variable Nationalität, als auch bei der Variable Arbeitsland signifikanten Mittelwertunterschiede. Es zeigt sich, dass sich bei der überwiegenden Mehrheit dieser Items die schweizerischen Führungskräfte stärker zugunsten einer alternsgerechten Führung verhalten als deutsche Führungskräfte. Auch in der Einstellung widerspiegelt sich dies, bis auf die Items der Skala *Frühzeitiger Austritt aus dem Erwerbsleben - Einstellung* bei der die schweizerischen Führungskräfte stärker für einen frühzeitigen Austritt aus dem Erwerbsleben aussprechen. Schweizerische Führungskräfte zeigen in ihrer Einstellung vergleichsweise grössere Zustimmung bei den Items „Eine Führungskraft sollte das Ausscheiden älterer Mitarbeitender in den vorzeitigen Ruhestand aktiv unterstützen" und „Eine Führungskraft sollte Frühpensionierungen als eine sozialverträgliche Form von Restrukturierung nutzen". Die Zustimmung beider Gruppen liegt jedoch lediglich auf der Stufe von stimme teils teils zu. Andererseits unterstützen schweizerische Führungskräfte auch die Aussage „Eine Führungskraft sollte ältere Arbeitnehmende neu einstellen" in stärkerem Ausmass als deutsche Führungskräfte, wobei die Zustimmung zwischen stimme teils teils zu und stimme ziemlich zu liegt. Kein signifikanter Unterschied zwischen den Gruppen zeigt das Item ältere Arbeitnehmende zu entlassen, weil sie ein vergleichsweise schlechteres Lohn-/Arbeitswertverhältnis aufweisen. Dieses Item wird von beiden Gruppen abgelehnt (Zustimmung zwischen stimme gar nicht zu und stimme wenig zu; vgl. Anhang VI).

Tabelle 18. Signifikante Mittelwertsunterschiede zwischen den Gruppen Nationalität und Arbeitsland

Nationalität / Arbeitsland*		N	Mittel-wert	Sig. (2-seitig)	Mittlere Differenz
Ich stelle sicher, dass meine Mitarbeiten-den nicht wiederholt oder dauerhaft über-mässige Arbeitspensen leisten.	Schweiz	250	3.70	.008	.27
	Deutschland	130	3.43		
Ich stelle sicher, dass meine Mitarbeiten-den nicht übermässigem psychischem Druck / übermässiger nervlicher Belastung ausgesetzt sind.	Schweiz	250	3.70	.004	.27
	Deutschland	130	3.43		
Ich unterstütze aktiv eine gesunde Le-bensweise (gesunde Ernährung / ausrei-chend Bewegung) meiner Mitarbeitenden.	Schweiz	250	3.16	.004	.39
	Deutschland	130	2.78		
Ich unterstütze meine Mitarbeitenden bei der kontinuierlichen Weiterbildung durch interne und externe Schulungen.	Schweiz	250	4.20	.004	.26
	Deutschland	130	3.95		
Ich engagiere mich aktiv dafür, dass meine Mitarbeitenden arbeitsmarktfähig bleiben.	Schweiz	250	3.90	.042	.20
	Deutschland	130	3.70		
… sicherstellen, dass ihre Mitarbeitenden nicht wiederholt oder dauerhaft übermässi-ge Arbeitspensen leisten.	Schweiz	250	4.26		
	Deutschland	130	3.84	.000	.42
… sicherstellen, dass ihre Mitarbeitenden nicht dauerhaft übermässigem psychi-schem Druck / übermässiger nervlicher Belastung ausgesetzt sind.	Schweiz	250	4.40	.000	.327
	Deutschland	130	4.08		
… das Ausscheiden älterer Mitarbeitender in den vorzeitigen Ruhestand aktiv unter-stützen.	Schweiz	250	2.92	.001	.335
	Deutschland	130	2.58		
… Frühpensionierungen als eine sozialver-trägliche Form von Restrukturierung nut-zen.	Schweiz	250	2.96	.015	.298
	Deutschland	130	2.66		
Ich stelle ältere Arbeitnehmende neu ein.	Schweiz	250	3.14	.002	.344
	Deutschland	130	2.80		
… ältere Arbeitnehmende neu einstellen.	Schweiz	250	3.48		
	Deutschland	130	3.28	.023	.203

* Die dargestellten Werte gelten für die Mittelwertsvergleiche der Variable Nationalität und sind mindestens auf dem Niveau von $p \leq 0.05$ signifikant.

Der Unterschied bei der Wahrnehmungsskala EF1 Problemlösefähigkeit & Führungsfähig-keit konnte nur bei der Variable Arbeitsland und nicht bei der Variable Nationalität beo-bachtet werden. Da sich die Mittelwerte lediglich um 0.01 unterscheiden, kann dieses Ergebnis als nicht relevant betrachtet werden und es wird in der Folge nicht weiter disku-tiert.

Tabelle 19. Mittelwerte von Skalen mit signifikanten Unterschieden nach Arbeitsland und Nationalität

Mittelwerte		Arbeitsland	Nationalität
Erhalt der Arbeitsfähigkeit - Verhalten	Schweiz	3.69	3.71
	Deutschland	3.49	3.50
Erhalt der Arbeitsfähigkeit - Einstellung	Schweiz	4.15	4.16
	Deutschland	4.00	4.00
Frühzeitiger Austritt aus dem Erwerbsleben - Einstellung	Schweiz	3.47	3.46
	Deutschland	3.63	3.65
EF1: Problemlösefähigkeit & Führungsfähigkeit	Schweiz	2.63	2.63
	Deutschland	2.64	2.63

Bewertung der Einstellung: stimme gar nicht zu (1), stimme wenig zu (2), stimme teils teils zu (3), stimme ziemlich zu (4) und stimme völlig zu (5) und des eigenen Führungsverhaltens: trifft gar nicht zu (1), trifft wenig zu (2), trifft teils teils zu (3), trifft ziemlich zu (4) und trifft völlig zu (5)

5.3.5.2 Nach Branche, Unternehmensgrösse

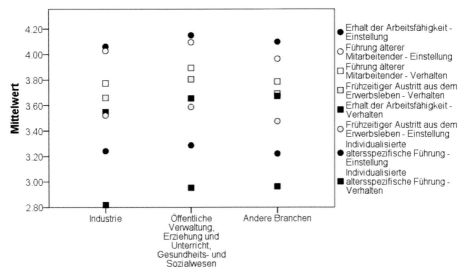

Bewertung der Einstellung: stimme gar nicht zu (1), stimme wenig zu (2), stimme teils teils zu (3), stimme ziemlich zu (4) und stimme völlig zu (5) und des eigenen Führungsverhaltens: trifft gar nicht zu (1), trifft wenig zu (2), trifft teils teils zu (3), trifft ziemlich zu (4) und trifft völlig zu (5)

Abbildung 27. Mittelwerte der Verhaltens- und Einstellungsskalen nach Branchengruppe

Die drei Branchengruppen Industrie, Andere Branchen sowie Öffentliche Verwaltung, Erziehung und Unterricht, Sozial- und Gesundheitswesen wurden in Bezug auf ihre Mittelwerte der Verhaltens- und Einstellungsskalen miteinander verglichen (grafische Darstellung vgl. Abbildung 27). Obwohl für die sozialen Branchen bei sechs der acht Skalen ein erhöhter Mittelwert zu beobachten ist, zeigt die statistische Überprüfung, dass keine signifikanten Unterschiede bei den Einstellungs- und Verhaltensskalen nachzuweisen sind (Anhang V). Da beide Skalen, welche dem allgemeinen Trend nicht folgen, Verhaltensskalen sind, könnte spekuliert werden, dass die Sensitivität zwar vorhanden ist (und sich in der Einstellung widerspiegelt), die Rahmenbedingungen ein entsprechendes Verhalten aber nicht begünstigen.

Der einzige signifikante Unterschied zwischen den Branchen „Industrie" und „Öffentliche Verwaltung, Erziehung und Unterricht, Sozial- und Gesundheitswesen" besteht in der Skala AF3 *Arbeitsmoral & Zuverlässigkeit*, welche in der Industrie tiefer eingeschätzt wird (die Differenz beträgt 0.23 auf der fünfstufigen Skala).

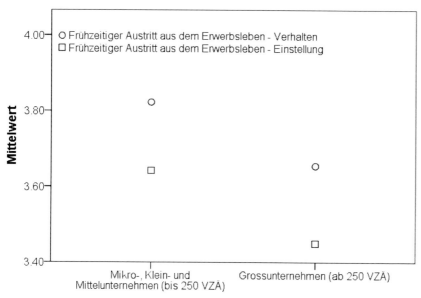

Bewertung der Einstellung: stimme gar nicht zu (1), stimme wenig zu (2), stimme teils teils zu (3), stimme ziemlich zu (4) und stimme völlig zu (5) und des eigenen Führungsverhaltens: trifft gar nicht zu (1), trifft wenig zu (2), trifft teils teils zu (3), trifft ziemlich zu (4) und trifft völlig zu (5)

Abbildung 28. Frühzeitiger Austritt aus dem Erwerbsleben, Einstellungs- und Verhaltensskalenmittelwerte nach Unternehmensgrösse

Werden die Grossunternehmen mit den Mittel-, Klein- und Mikrounternehmen verglichen, zeigt sich, dass Grossunternehmen signifikant tiefere Werte bei den Einstellungs- und Verhaltensskalen in Bezug auf den *frühzeitigen Austritt aus dem Erwerbsleben* verzeichnen als Mikro- bis Mittelunternehmen (vgl. Abbildung 28). In Grossunternehmen wird der Verbleib von älteren Mitarbeitenden im Erwerbsleben also weniger stark unterstützt als in kleineren Unternehmen. Der Unterschied ist mit 0.17 resp. 0.19 allerdings nicht besonders gross. Ein Unterschied von 0.09 ist bei der Skala EF3 *Zuverlässigkeit & Verantwortungs-*

76

bewusstsein des Konstrukts Wahrnehmung des eigenen Älterwerdens (eigene Fähigkeits-entwicklung) zu verzeichnen. Da dort die Ratingskala nur den Bereich von null bis drei umfasst ist dieser Unterschied vergleichsweise gleich stark zu gewichten (nicht darge-stellt).

Auf der Ebene der Einzelitems der Skala *Frühzeitiger Austritt aus dem Erwerbsleben* kön-nen die Unterschiede weiter differenziert werden (vgl. Tabelle 20). Es zeigt sich, dass Führungskräfte, die in Kleinst-, Klein- und Mittelunternehmen arbeiten, die Items „Ich un-terstütze aktiv das Ausscheiden älterer Mitarbeitender in den vorzeitigen Ruhestand" und „Ich nutze Frühpensionierungen als eine sozialverträgliche Form von Restrukturierung" deutlich stärker ablehnen, als Führungskräfte, welche in Grossunternehmen arbeiten. Dieses Verhältnis ist umgekehrt beim Item „Ich entlasse eher ältere Mitarbeitende, da diese ein vergleichsweise schlechteres Lohn-/ Arbeitswertverhältnis aufweisen", welches von beiden Gruppen stark abgelehnt wird, von den Führungskräften, welche in kleineren Unternehmen arbeiten jedoch vergleichsweise weniger stark Ablehnung erfährt. In der Einstellung werden diese Ergebnisse nicht ganz reproduziert. Nur noch die Items „Eine Führungsperson sollte das Ausscheiden älterer Mitarbeitender in den vorzeitigen Ruhe-stand aktiv unterstützen" und „Eine Führungsperson sollte Frühpensionierungen als eine sozialverträgliche Form von Restrukturierung nutzen" zeigen noch signifikante Unterschie-de. Dies deutet darauf hin, dass das Verhaltensitem „Ich entlasse eher ältere Mitarbeiten-de, da diese ein vergleichsweise schlechteres Lohn-/ Arbeitswertverhältnis aufweisen" weniger aus Überzeugung, sondern eher aus Sachzwängen von Führungskräften kleinerer Unternehmen als zutreffender eingeschätzt worden war. Auch hier zeigt sich, dass insge-samt der Einstellung zum frühzeitigen Austritt von älteren Mitarbeitenden aus dem Er-werbsleben vergleichsweise stärker zugestimmt wird, als das angegebene Verhalten vermuten liesse. In Bezug auf die Einstellung von älteren Mitarbeitenden sind sich beide Gruppen einig, dass dies mehr gemacht werden müsste, als es sich im Verhalten wider-spiegelt. Führungskräfte von kleineren Unternehmen beurteilen die Aussage „Ich stelle ältere Arbeitnehmende neu ein" deutlich stärker als zutreffend als Führungskräfte von Grossunternehmen.

Tabelle 20. Signifikante Mittelwertsunterschiede nach Unternehmensgrösse

Unternehmensgrösse		N	Mittel-wert	Sig. (2-seitig)	Mittlere Differenz
Ich unterstütze aktiv das Ausscheiden älterer Mitarbeitender in den vorzeitigen Ruhestand.	Mikro-, Klein- und Mittelunternehmen (bis 250 VZÄ)	151	2.47	.008	-.29
	Grossunternehmen (ab 250 VZÄ)	244	2.76		
Ich nutze Frühpensionierungen als eine sozialverträgliche Form von Restrukturierung.	Mikro-, Klein- und Mittelunternehmen (bis 250 VZÄ)	151	2.37	.001	-.39
	Grossunternehmen (ab 250 VZÄ)	244	2.76		
Ich entlasse eher ältere Mitarbeitende, da diese ein vergleichsweise schlechteres Lohn-/ Arbeitswertverhältnis aufweisen.	Mikro-, Klein- und Mittelunternehmen (bis 250 VZÄ)	151	1.65	.023	.20
	Grossunternehmen (ab 250 VZÄ)	244	1.45		
... das Ausscheiden älterer Mitarbeitender in den vorzeitigen Ruhestand aktiv unterstützen.	Mikro-, Klein- und Mittelunternehmen (bis 250 VZÄ)	151	2.58	.000	-.36
	Grossunternehmen (ab 250 VZÄ)	244	2.94		
... Frühpensionierungen als eine sozialverträgliche Form von Restrukturierung nutzen.	Mikro-, Klein- und Mittelunternehmen (bis 250 VZÄ)	151	2.68	.017	-.28
	Grossunternehmen (ab 250 VZÄ)	244	2.96		
Ich stelle ältere Arbeitnehmende neu ein.	Mikro-, Klein- und Mittelunternehmen (bis 250 VZÄ)	151	3.23	.001	.36
	Grossunternehmen (ab 250 VZÄ)	244	2.87		
... ältere Arbeitnehmende neu einstellen.	Mikro-, Klein- und Mittelunternehmen (bis 250 VZÄ)	151	3.52	.033	.19
	Grossunternehmen (ab 250 VZÄ)	244	3.33		

5.3.5.3   Nach Führungsstufe und Anzahl Jahre im Unternehmen

Die Stellung im Unternehmen erklärt nur bei den Verhaltens- und Einstellungsskalen in Bezug den *frühzeitigen Austritt aus dem Erwerbsleben* einen signifikanten Anteil der Varianz. In der untenstehenden Abbildung lässt sich beobachten, dass sich die Mittelwerte mit zunehmender Führungsstufe nach oben verschieben. Hohe Werte bedeuten, dass der Verbleib von älteren Arbeitnehmenden im Unternehmen unterstützt wird. Post-Hoc Tests (Bonferroni) zeigen, dass sich nur die obere Führungsstufe signifikant von den anderen Führungsstufen unterscheidet (Daten nicht dargestellt). Die Unterschiede sind relativ gross: von 0.28 bis 0.30 zwischen unterer und oberer Führungsstufe (Abbildung 29). Interessanterweise liegen die Bewertungen der Teilnehmenden, welche andere Führungsfunktionen (z.B. Projektleitung oder Stabsfunktionen) bekleiden noch tiefer als diejenigen der unteren Führungsstufen. Dies bedeutet, dass Führungspersonen auf der unteren Führungsstufe, resp. diejenigen, welche sich nicht in das Schema untere, mittlere und obere Führungsstufe einordnen lassen, am ehesten einen frühzeitigen Austritt aus dem Erwerbsleben befürworten und sich auch entsprechend verhalten. Es ist jedoch festzuhalten, dass sowohl das Verhalten wie auch - in leicht geringerem Ausmass - die Einstellung der Teilnehmenden den frühzeitigen Austritt von älteren Mitarbeitenden aus dem Erwerbsleben ablehnt (von wenig bis teils-teils zutreffend bzw. zustimmend).

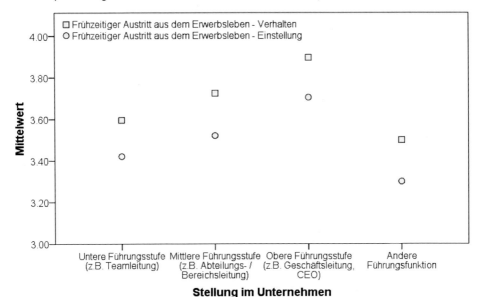

Stellung im Unternehmen

Bewertung der Einstellung: stimme gar nicht zu (1), stimme wenig zu (2), stimme teils teils zu (3), stimme ziemlich zu (4) und stimme völlig zu (5) und des eigenen Führungsverhaltens: trifft gar nicht zu (1), trifft wenig zu (2), trifft teils teils zu (3), trifft ziemlich zu (4) und trifft völlig zu (5)

Abbildung 29. Mittelwerte der Verhaltens- und Einstellungsskalen Frühzeitiger Austritt aus dem Erwerbsleben nach Stellung im Unternehmen

Eine vertiefte Analyse der Unterschiede der Verhaltens- und Einstellungsskalen *Frühzeitiger Austritt aus dem Erwerbsleben* nach unterer und oberer Führungsstufe ergab die folgenden Resultate (vgl. Tabelle 21). Die obere Führungsstufe ist viel zurückhaltender bei der aktiven Unterstützung des Ausscheidens von älteren Mitarbeitenden in den vorzeitigen Ruhestand. Dies kommt bei der Einstellung der beiden Gruppen weniger stark zum Ausdruck, wobei dort der Unterschied des Items „Eine Führungsperson sollte Frühpensionierungen als eine sozialverträgliche Form von Restrukturierung nutzen" knapp nicht mehr signifikant ist (auf dem Niveau von p ≤ 0.05). Sowohl bei der unteren als auch der oberen Führungsstufe ist die Einstellung in Bezug auf die Frühpensionierung von älteren Mitarbeitenden positiver als das angegebene tatsächliche Verhalten.

Tabelle 21. Signifikante Mittelwertsunterschiede nach Führungsstufe

Stellung im Unternehmen		N	Mittel-wert	Sig. (2-seitig)	Mittlere Differenz
Ich unterstütze aktiv das Aus-scheiden älterer Mitarbeiten-der in den vorzeitigen Ruhestand.	Untere Führungsstufe (z.B. Teamleitung)	76	2.91	.031	.38
	Obere Führungsstufe (z.B. Geschäftsleitung, CEO)	77	2.53		
Ich nutze Frühpensionierun-gen als eine sozialverträgliche Form von Restrukturierung.	Untere Führungsstufe (z.B. Teamleitung)	76	2.70	.049	.36
	Obere Führungsstufe (z.B. Geschäftsleitung, CEO)	77	2.34		
... das Ausscheiden älterer Mitarbeitender in den vorzeiti-gen Ruhestand aktiv unter-stützen.	Untere Führungsstufe (z.B. Teamleitung)	76	2.97	.008	.40
	Obere Führungsstufe (z.B. Geschäftsleitung, CEO)	77	2.57		
... Frühpensionierungen als eine sozialverträgliche Form von Restrukturierung nutzen.	Untere Führungsstufe (z.B. Teamleitung)	76	2.91	.052	.34
	Obere Führungsstufe (z.B. Geschäftsleitung, CEO)	77	2.57		

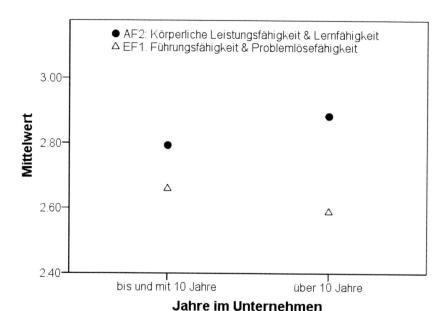

Bewertung von AF2: unterdurchschnittlich (1), eher unterdurchschnittlich (2), durchschnittlich (3), eher überdurchschnitt-lich (4) überdurchschnittlich (5) und von EF1: abnehmend (1), gleichbleibend (2) und zunehmend (3)

Abbildung 30. Skalenmittelwerte von *Körperliche Leistungsfähigkeit & Lernfähigkeit* (AF2) und *Führungsfähigkeit & Problemlösefähigkeit* (EF1) nach Anzahl Jahre im Unternehmen

Mit dem längeren Verbleib im Unternehmen (über 10 Jahre im gegenwärtigen Unternehmen beschäftigt) nimmt die Einschätzung der eigenen *Führungsfähigkeit & Problemlösefähigkeit* ab (allerdings nur um 0.07 Punkte auf einer Skala von eins bis drei). Die *körperliche Leistungsfähigkeit und Lernfähigkeit* (AF2) der älteren Mitarbeitenden hingegen wird mit dem längeren Verbleib im Unternehmen zunehmend höher eingeschätzt (um 0.09 Punkte auf einer Skala von eins bis fünf). Da die Unterschiede sehr klein sind, wird darauf verzichtet sie zu interpretieren.

5.3.5.4 Nach Geschlecht und Altersgruppe

Beim Faktor Geschlecht lassen sich verschiedene Unterschiede ausmachen. Es gibt Unterschiede bei Einstellung, Verhalten und Wahrnehmung. Sämtliche dargestellten Skalen zeigen ähnlich ausgeprägte signifikante Unterschiede ($p \leq 0.05$) zwischen den Geschlechtern (ca. 0.2), bis auf die Skala *Frühzeitiger Austritt aus dem Erwerbsleben - Verhalten*, dieser Unterschied ist nicht signifikant (Abbildung 31). Klar ersichtlich ist aus dieser Abbildung, dass sich mit Ausnahme der Skalen *Frühzeitiger Austritt aus dem Erwerbsleben - Verhalten* resp. *- Einstellung*, die Einstellungsskalen durch höhere Werte auszeichnen.

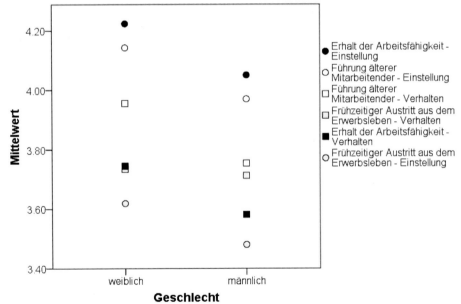

Bewertung der Einstellung: stimme gar nicht zu (1), stimme wenig zu (2), stimme teils teils zu (3), stimme ziemlich zu (4) und stimme völlig zu (5) und des eigenen Führungsverhaltens: trifft gar nicht zu (1), trifft wenig zu (2), trifft teils teils zu (3), trifft ziemlich zu (4) und trifft völlig zu (5)

Abbildung 31. Skalenmittelwerte von Einstellung und Verhalten nach Geschlecht

Der relativ hohe Wert, den die Teilnehmer auf der Skala *Frühzeitiger Austritt aus dem Erwerbsleben - Verhalten* zeigen, bedeutet, dass sie den Verbleib von älteren Mitarbeitenden im Erwerbsleben stärker unterstützen, als es das Muster der anderen Skalen vermuten liesse. Ihre Einstellung hingegen ist stärker zugunsten des frühzeitigen Austritts von älteren Mitarbeitenden ausgeprägt.

Tabelle 22. Signifikante Mittelwertsunterschiede nach Geschlecht

Geschlecht		N	Mittelwert	Sig. (2-seitig)	Mittlere Differenz
Ich unterstütze aktiv die kontinuierliche Weiterbildung meiner Mitarbeitenden durch learning-on-the-job (Job-Rotation, Job-enlargement etc.).	Weiblich	124	3.94	.042	.22
	Männlich	271	3.72		
Ich engagiere mich aktiv dafür, dass meine Mitarbeitenden arbeitsmarktfähig bleiben.	Weiblich	124	4.05		
	Männlich	271	3.74	.001	.31
Ich vermeide, dass am Arbeitsplatz meiner Mitarbeitenden langjährige Routine eintritt.	Weiblich	124	3.63	.039	.22
	Männlich	271	3.41		
... sicherstellen, dass ihre Mitarbeitenden nicht wiederholt oder dauerhaft übermässige Arbeitspensen leisten.	Weiblich	124	4.30	.002	.26
	Männlich	271	4.03		
... ihre Mitarbeitenden bei der kontinuierlichen Weiterbildung durch interne und externe Schulungen unterstützen.	Weiblich	124	4.45	.007	.20
	Männlich	271	4.25		
... sich aktiv dafür engagieren, dass ihre Mitarbeitenden arbeitsmarktfähig bleiben.	Weiblich	124	4.24	.004	.25
	Männlich	271	4.00		
... vermeiden, dass am Arbeitsplatz ihrer Mitarbeitenden langjährige Routine eintritt.	Weiblich	124	4.05	.009	.23
	Männlich	271	3.82		
Ich stelle ältere Arbeitnehmende neu ein.	Weiblich	124	3.37	.000	.53
	Männlich	271	2.85		
Ich fördere die Arbeit und den Know how-Transfer in altersgemischten Teams.	Weiblich	124	4.14	.029	.21
	Männlich	271	3.93		
... ältere Arbeitnehmende neu einstellen.	Weiblich	124	3.66		
	Männlich	271	3.28	.000	.38
... die Arbeit und den Know how-Transfer in altersgemischten Teams fördern.	Weiblich	124	4.44	.000	.33
	Männlich	271	3.82		

Werden die obigen Ergebnisse auf der Ebene von Einzelitems betrachtet, zeigen sich lediglich innerhalb der Skalen *Erhalt der Arbeitsfähigkeit* und *Führung älterer Mitarbeitender* signifikante Mittelwertsunterschiede (vgl. Anhang VI und Tabelle 22). Bei beiden Skalen, im Verhalten als auch in der Einstellung zeigen sich die weiblichen Führungskräfte deutlich stärker zugunsten einer individualisierten altersgerechten Führung. Der grösste Unterschied zeigt sich beim Item „Ich stelle ältere Arbeitnehmende neu ein", wo männliche Führungspersonen ein kaum knappes trifft teils teils zu erreichen, während die Frauen das Item deutlich über trifft teils teils zu beantworten und schon näher bei trifft ziemlich zu liegen. Auch das Item „Ich fördere die Arbeit und den Know how-Transfer in altersgemischten Teams" beurteilen die Frauen stärker als zutreffend und auch bei der Einstellung in Bezug auf das entsprechende Item liegen sie signifikant höher. Die Items „Ich engagiere mich aktiv dafür, dass meine Mitarbeitenden arbeitsmarktfähig bleiben" und „Ich vermeide, dass am Arbeitsplatz meiner Mitarbeitenden langjährige Routine eintritt" werden von den Frauen in Einstellung und Verhalten positiver beurteilt. Insgesamt werden bis auf eine Ausnahme von beiden Gruppen sämtliche Items eher positiv beurteilt.

Bei der Wahrnehmung sind bei den beiden Skalen WA3 *Körperliche Leistungsfähigkeit, Anpassungs- & Lernfähigkeit* und AF2: *Körperliche Leistungsfähigkeit & Lernfähigkeit* signifikante Unterschiede nach Geschlecht auszumachen, wobei Männer diese beiden Skalen signifikant tiefer einschätzen als Frauen (2.95 und 2.80 vs. 3.07 und 2.91). Die Unterschiede sind jedoch so klein, dass sie nur als Hinweis gelten können.

Werden die Teilnehmenden in zwei Altersgruppen (unter 45 Jahre resp. 45 Jahre oder älter) eingeteilt, lassen sich keine Unterschiede zwischen diesen beiden Gruppen in Bezug auf die Einstellung und das Verhalten feststellen. Bei der Wahrnehmung von älteren Mitarbeitenden und ihren Fähigkeiten zeigen sich Unterschiede insofern, als jüngere Teilnehmende die älteren Arbeitnehmenden etwas tiefer einschätzen als ältere Teilnehmende, allerdings sind auch hier die Unterschiede eher klein (0.13-0.17) und werden in Anbetracht der geringen Reliabilität der Skalen nicht weiter diskutiert.

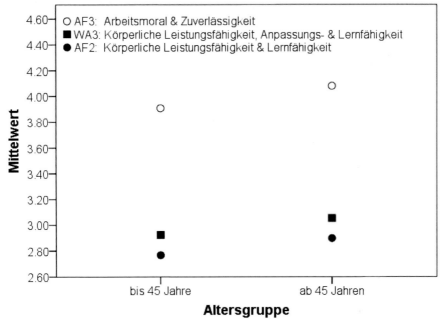

Bewertung: unterdurchschnittlich (1), eher unterdurchschnittlich (2), durchschnittlich (3), eher überdurchschnittlich (4) und überdurchschnittlich (5)

Abbildung 32. Skalenmittelwerte der Skalen AF2, AF3 und WA3 nach Altersgruppe

Zusammenfassend lässt sich sagen, dass signifikante Unterschiede auf dem Niveau von $p \leq 0.05$ zwischen den verschiedenen Gruppen vorhanden sind. Allerdings sind die Unterschiede zwischen Einstellung und Verhalten grösser als die Unterschiede innerhalb der Einstellung resp. des Verhaltens zwischen den verschiedenen Gruppen. Insbesondere bei den Skalen der Wahrnehmung sind die Unterschiede so gering, dass sie in Anbetracht der geringen Reliabilität der Skalen nicht weiter interpretiert werden sollten, sondern lediglich als Hinweise gelten können.

5.3.6 Zusammenhänge: Korrelation der Skalen nach Spearman

Tabelle 23. Korrelationen (Spearman Rho) der Wahrnehmungsskalen mit den Verhaltens- und Einstellungsskalen

Spearman-Rho (N = 395)		WA1	WA2	WA3	AF1	AF2	AF3	EF1	EF2	EF3
Erhalt der Arbeits-fähigkeit - Verhalten	Korrelations-koeffizient	.071	.032	.125*	.071	.104*	.080	.077	.092	.082
	Sig. (2-seitig)	.162	.520	.013	.162	.039	.111	.129	.068	.103
Erhalt der Arbeits-fähigkeit - Einstellung	Korrelations-koeffizient	.105*	.134**	.104*	.105*	.064	.152**	.144**	-.009	.126*
	Sig. (2-seitig)	.038	.008	.038	.038	.207	.002	.004	.857	.012
Individualisierte altersspezifische Führung - Verhalten	Korrelations-koeffizient	.180**	.249**	-.011	.180**	.051	.162**	.146**	-.109*	.150**
	Sig. (2-seitig)	.000	.000	.824	.000	.308	.001	.004	.030	.003
Individualisierte altersspezifische Führung - Einstellung	Korrelations-koeffizient	.189**	.239**	-.053	.189**	-.013	.125*	.128*	-.145**	.149**
	Sig. (2-seitig)	.000	.000	.291	.000	.799	.013	.011	.004	.003
Frühzeitiger Austritt aus dem Erwerbs-leben - Verhalten	Korrelations-koeffizient	.122*	.023	.124*	.122*	.053	.160**	.015	.102*	.056
	Sig. (2-seitig)	.015	.650	.013	.015	.296	.001	.774	.042	.270
Frühzeitiger Austritt aus dem Erwerbs-leben - Einstellung	Korrelations-koeffizient	.108*	.049	.130**	.108*	.043	.196**	.059	.125*	.073
	Sig. (2-seitig)	.032	.333	.010	.032	.390	.000	.241	.013	.150
Führung älterer Mitarbeitender - Verhalten	Korrelations-koeffizient	.285**	.101*	.250**	.285**	.200**	.272**	.127*	.133**	.145**
	Sig. (2-seitig)	.000	.045	.000	.000	.000	.000	.012	.008	.004
Führung älterer Mitarbeitender - Einstellung	Korrelations-koeffizient	.295**	.114*	.175**	.295**	.114*	.218**	.226**	-.011	.153**
	Sig. (2-seitig)	.000	.024	.000	.000	.024	.000	.000	.827	.002
N = 395		Rho > 0.10					Rho > 0.30			

**. Die Korrelation ist auf dem 0,01 Niveau signifikant (einseitig).
*. Die Korrelation ist auf dem 0,05 Niveau signifikant (einseitig).

Zusammenhänge zwischen der Wahrnehmung von älteren Mitarbeitenden und ihren Fähigkeiten und der Einstellung und dem Verhalten der Führungspersonen wurden mittels Spearman Rangkorrelation untersucht. Im Gegensatz zur Korrelation nach Pearson, ist bei der Korrelation nach Spearman die Normalverteilung der Variablen keine Bedingung. Es zeigt sich, dass sämtliche signifikanten Zusammenhänge positiv sind. Die Korrelationsstärke beträgt maximal 0.295 (Tabelle 23) und kann damit als moderat eingeschätzt werden.

Die Zusammenhänge zwischen der Wahrnehmung des eigenen Älterwerdens (EF; der Einschätzung der eigenen Fähigkeitsentwicklung mit dem Älterwerden) und der Einstellung und dem Verhalten der Führungspersonen in Bezug auf die IAF sind meist gering (maximal 0.226). Die Korrelation der Skalen *Individualisierte altersspezifische Führung - Einstellung* und - *Verhalten* mit der Skala *geistige Fitness & körperliche Leistungsfähigkeit* (EF2) liegen im negativen Bereich: Je höher die eigene *geistige Fitness und körperliche Leistungsfähigkeit* (EF2) eingeschätzt werden, desto tiefer sind die Werte bei der Einstellung und dem Verhalten in Bezug auf die *Individualisierte altersspezifische Führung*. Die Korrelationstärke ist allerdings gering (Rho = 0.109 resp. 0.145).

5.4 Überprüfung ausgewählter führungs- und sozialpsychologischer Hypothesen

Im folgenden Abschnitt werden die in Kapitel 3.5.4 aufgestellten führungs- und sozialpsychologischen Hypothesen überprüft und die Ergebnisse beschrieben.

5.4.1 Bivariate Zusammenhänge von Einstellung, Verhalten und Wahrnehmung

Im folgenden Abschnitt werden verschiedene Hypothesen überprüft, die zunächst einzelne bivariate Zusammenhänge beleuchten. Weitergehende multivariate Analysen werden in Abschnitt 5.5 beschrieben.

Die ersten zwei Hypothesen betreffen Zusammenhänge von Einstellung, Verhalten und Wahrnehmung.

H1: Zusammenhang von Einstellung und Verhalten: Je alternsgerechter die Einstellung zur Führung von älteren und älter werdenden Mitarbeitenden desto alternsgerechter das Verhalten der Führungspersonen.

Die Korrelationen nach Pearson zwischen den jeweiligen Einstellungs- und Verhaltenskalen betragen .603 bis .697 und können als starke Korrelation gewertet werden (vgl. Tabelle 16). Der Vergleich der Mittelwerte zeigt, dass die Einstellung jeweils positiver eingeschätzt wird als das Verhalten mit Ausnahme der Einstellungs- und Verhaltensskalen *Frühzeitiger Austritt aus dem Erwerbsleben* (Tabelle 24). Dies bedeutet, dass beim Thema frühzeitiger Austritt aus dem Erwerbsleben, das Verhalten der Führungskräfte stärker zugunsten des Verbleibs von älteren Mitarbeitenden im Erwerbsleben ausgeprägt ist als ihre Einstellung. Bei allen anderen Skalen ist die Einstellung stärker zugunsten der alternsgerechten Führung ausgeprägt als das Verhalten.

H1: Die Hypothese des gerichteten Zusammenhangs zwischen Einstellung und Verhalten kann mit einer Irrtumswahrscheinlichkeit ≤ 0.01 angenommen werden. Das heisst, je alternsgerechter die Einstellung zur Führung von älteren und älter werdenden Mitarbeitenden ist, desto alternsgerechter ist auch das Verhalten der Führungspersonen.

Tabelle 24. Mittelwerte und Standardabweichung der Einstellungs- und Verhaltensskalen

Skalen	Mittelwert	Standard-abweichung
Erhalt der Arbeitsfähigkeit - Verhalten	3.63	.60
Erhalt der Arbeitsfähigkeit - Einstellung	4.11	.51
Individualisierte altersspezifische Führung - Verhalten	2.92	.76
Individualisierte altersspezifische Führung - Einstellung	3.25	.71
Frühzeitiger Austritt aus dem Erwerbsleben - Verhalten	3.72	.62
Frühzeitiger Austritt aus dem Erwerbsleben - Einstellung	3.52	.65
Führung älterer Mitarbeitender - Verhalten	3.82	.58
Führung älterer Mitarbeitender - Einstellung	4.02	.54

N = 395

H2: Je positiver die Wahrnehmung von älteren Mitarbeitenden und deren Fähigkeiten desto positiver die Ausprägung der individualisierten alternsgerechten Führung.

Die signifikanten Zusammenhänge zwischen der Wahrnehmung von älteren Mitarbeiten-den und ihren Fähigkeiten (WA) mit den Skalen der IAF sind immer positiv (vgl. Tabelle 23). Die höchsten Zusammenhänge sind knapp moderat (rho = 0.295 resp. 0.285) und bestehen zwischen den Skalen *Führungsfähigkeit & soziale Kompetenzen* (WA1) und den Einstellungs- und Verhaltensskalen zur *Führung von älteren Mitarbeitenden*. Die Skala *Loyalität & Zurückhaltung gegenüber Veränderungen* (WA2) korreliert mit 0.239 respektive 0.249 mit den Einstellungs- und Verhaltensskalen zur *individualisierten altersspezifischen Führung*. Eine Korrelation von 0.175 respektive 0.250 besteht zwischen den Einstellungs-respektive Verhaltensskalen der *Führung älterer Mitarbeitender*. Die restlichen Korrelatio-nen sind eher gering (leicht höher als rho = 0.10). Wird der Zusammenhang der Ge-samtskala Wahrnehmung von älteren Mitarbeitenden und ihren Fähigkeiten (WA) mit den Einstellungs- und Verhaltensskalen zur Führung von älteren Mitarbeitenden betrachtet (Tabelle 25), zeigt sich durchwegs ein signifikanter positiver Zusammenhang.

H2: Die Hypothese des gerichteten Zusammenhangs zwischen „Wahrnehmung von älte-ren Mitarbeitenden und ihren Fähigkeiten" und Einstellung und Verhalten der alterns-gerechten Führung kann mit einer Irrtumswahrscheinlichkeit von ≤ 0.01 angenommen werden (einzig bei der Skala *Erhalt der Arbeitsfähigkeit - Verhalten* beträgt die Irrtums-wahrscheinlichkeit p ≤ 0.05).

Je positiver die Führungsperson die älteren Mitarbeitenden wahrnimmt und je positiver sie die Fähigkeiten ihrer älteren Mitarbeitenden einschätzt, desto höhere Werte erreicht sie bei den Skalen der alternsgerechten Führung. Damit ist eine wichtige Grundlage für die Akzeptanz und Einflussoffenheit bei den Geführten gegenüber den Führungspersonen gegeben (vgl. 3.5.2).

Tabelle 25: Korrelation der Gesamtskala Wahrnehmung von älteren Mitarbeitenden und ihren Fähigkeiten (WA) mit den Einstellungs- und Verhaltensskalen.

Korrelationen (N = 395)		Pearson	Spearman-Rho	Kendall-Tau-b
Erhalt der Arbeitsfähigkeit - Verhalten	Korrelationskoeffizient	.118*	.107*	.076*
	Sig. (2-seitig)	.019	.033	.031
Erhalt der Arbeitsfähigkeit - Einstellung	Korrelationskoeffizient	.179**	.163**	.118**
	Sig. (2-seitig)	.000	.001	.001
Individualisierte altersspezifische Führung - Verhalten	Korrelationskoeffizient	.189**	.215**	.153**
	Sig. (2-seitig)	.000	.000	.000
Individualisierte altersspezifische Führung - Einstellung	Korrelationskoeffizient	.172**	.194**	.139**
	Sig. (2-seitig)	.001	.000	.000
Frühzeitiger Austritt aus dem Erwerbsleben - Verhalten	Korrelationskoeffizient	.146**	.147**	.105**
	Sig. (2-seitig)	.004	.003	.004
Frühzeitiger Austritt aus dem Erwerbsleben - Einstellung	Korrelationskoeffizient	.158**	.139**	.099**
	Sig. (2-seitig)	.002	.006	.006
Führung älterer Mitarbeitender - Verhalten	Korrelationskoeffizient	.336**	.313**	.229**
	Sig. (2-seitig)	.000	.000	.000
Führung älterer Mitarbeitender - Einstellung	Korrelationskoeffizient	.310**	.288**	.211**
	Sig. (2-seitig)	.000	.000	.000
N = 395			Rho > 0.10	Rho > 0.30

*. Die Korrelation ist auf dem Niveau von 0,05 (2-seitig) signifikant.
**. Die Korrelation ist auf dem Niveau von 0,01 (2-seitig) signifikant

Zusammenfassend kann gesagt werden, dass eine positive Wahrnehmung von älteren Mitarbeitenden und deren Fähigkeiten durch die Führungskraft mit einer erhöhten altersgerechten Führung einhergeht. Bei der alternsgerechten Führung gibt es starke positive Zusammenhänge zwischen Einstellung und Verhalten.

5.4.2 Alters-Bias

H3: Führungspersonen mit häufigem und direktem Kontakt zu älteren Mitarbeitenden schätzen deren Leistungsfähigkeit positiver ein als Führungspersonen mit weniger Kontakt.

Als Mass für einen häufigen und direkten Kontakt zu älteren Mitarbeitenden wurde der prozentuale Anteil älterer Mitarbeitender bei den direkt unterstellten Mitarbeitenden verwendet. Als Indikatoren für die Leistungsfähigkeit älterer Mitarbeitender wurden sowohl die Items „geistige Leistungsfähigkeit" als auch „körperliche Leistungsfähigkeit" verwendet. Mittels einfaktorieller univariater Varianzanalyse wurde untersucht, ob der prozentuale Anteil älterer Mitarbeitender die Einschätzung der erwähnten zwei Items erklären kann. Es konnte kein signifikanter Effekt nachgewiesen werden (geistige Leistungsfähigkeit: $F_{(1, 384)}=1.073$; $p=0.301$; körperliche Leistungsfähigkeit: $F_{(1, 384)}=0.003$; $p=0.953$).

Auch bei einer Analyse des Einflusses auf die Skalen der Wahrnehmung der Fähigkeiten von älteren Mitarbeitenden wurde festgestellt, dass der prozentuale Anteil älterer Mitarbeitender keinen Einfluss hat (Daten nicht gezeigt).

H3: Die Hypothese, dass Führungspersonen mit häufigem und direktem Kontakt zu älteren Mitarbeitenden, deren Leistungsfähigkeit positiver einschätzen, als Führungspersonen mit weniger Kontakt, muss verworfen werden.

Es zeigt sich also kein Unterschied in der Wahrnehmung der Fähigkeiten älterer Mitarbeitender in Abhängigkeit von der Häufigkeit des Kontakts der Führungsperson mit älteren Mitarbeitenden.

5.4.3 Zusammenhänge mit dem eigenen Alter

H4: Führungspersonen nehmen Mitarbeitende in Abhängigkeit vom eigenen Alter als älter wahr, d.h. je älter sie selber sind, desto später gelten Mitarbeitende als ältere Mitarbeitende.

Es gibt keinen statistisch signifikanten Einfluss aufgrund der eigenen Alterskategorie (Aufteilung der teilnehmenden Führungskräfte in die Altersgruppen <35, 35-44, 45-54, 55-64, >65); die Befragten der Alterskategorien unterscheiden sich nicht in ihrer Einschätzung ab welchem Alter Mitarbeitende als ältere Mitarbeitende gelten. Eine lineare Regression mit dem Alter als erklärender Variable ergibt zwar einen signifikanten Einfluss des Alters auf die Beantwortung der Frage ($F_{(1, 392)}=5.203$, $p=0.023$), aber die erklärte Varianz ist mit 1.3% so gering, dass der Einfluss des Alters als nicht relevant betrachtet werden muss.

H4: Die Hypothese, dass Führungspersonen Mitarbeitende in Abhängigkeit vom eigenen Alter als ältere Mitarbeitende wahrnehmen, d.h. je älter sie selber sind, desto später gelten Mitarbeitende als ältere Mitarbeitende, kann mit einer Irrtumswahrscheinlichkeit von $p \leq 0.05$ angenommen werden.

H5a: Führungspersonen bewerten ihr Verhalten in Bezug auf die Führung von älteren und älter werdenden Mitarbeitenden in Abhängigkeit vom eigenen Alter.

H5b: Führungspersonen bewerten ihre Einstellung in Bezug auf die Führung von älteren und älter werdenden Mitarbeitenden in Abhängigkeit vom eigenen Alter.

Mittels einfaktorieller univariater Varianzanalyse wurde untersucht, ob das Alter die Bewertung der Einstellungs- und Verhaltensskalen der alternsgerechten Führung erklären kann. Es konnte kein signifikanter Einfluss nachgewiesen werden (Daten nicht dargestellt).

H5: Die Hypothese, dass Einstellung und Verhalten der Führungspersonen in Bezug auf die Führung von älteren und älter werdenden Mitarbeitenden von ihrem eigenen Alter abhängt, muss verworfen werden.

Zusammenfassend kann gesagt werden, dass das Alter der Führungsperson keinen relevanten Einfluss auf die Ausprägung ihrer alternsgerechten Führung hat.

5.4.4 Soziale Identität

> H6: Je positiver Führungspersonen ihr eigenes Älterwerden wahrnehmen, desto positiver wird die Entwicklung der Fähigkeiten älterer Mitarbeitender wahrgenommen.

Tabelle 26. Korrelation der Skalen der Wahrnehmung des eigenen Älterwerdens (eigene Fähigkeitsentwicklung, EF1 - EF3) mit den Skalen der Wahrnehmung der Fähigkeiten älterer Mitarbeitender (AF1 - AF3)

Spearman-Rho		EF1	EF2	EF3
AF1	Korrelationskoeffizient	.234**	-.012	.308**
	Sig. (2-seitig)	.000	.810	.000
AF2	Korrelationskoeffizient	-.014	.332**	.056
	Sig. (2-seitig)	.783	.000	.268
AF2	Korrelationskoeffizient	.103*	.063	.285**
	Sig. (2-seitig)	.040	.213	.000
N = 395		Rho > 0.10	Rho > 0.30	

**. Die Korrelation ist auf dem 0,01 Niveau signifikant (einseitig). *. Die Korrelation ist auf dem 0,05 Niveau signifikant (einseitig).

Die Wahrnehmung der eigenen *Führungsfähigkeit & Problemlösefähigkeit* (EF1) korreliert mit rho = .234 mit der Wahrnehmung der *Führungsfähigkeit & sozialer Kompetenzen* (AF1) von älteren Mitarbeitenden und mit rho = .103 (geringer Effekt) mit der Wahrnehmung der *Arbeitsmoral & Zuverlässigkeit* (AF3) der älteren Mitarbeitenden. Die Wahrnehmung der eigenen *geistigen Fitness & körperlichen Leistungsfähigkeit* (EF2) korreliert moderat (rho = 0.332) mit der Wahrnehmung der *körperlichen Leistungsfähigkeit & Lernfähigkeit* (AF2) von älteren Mitarbeitenden. Die wahrgenommene eigene *Zuverlässigkeit & Verantwortungsbewusstsein* (EF3) korreliert ebenfalls moderat mit der Wahrnehmung der *Führungsfähigkeit & sozialen Kompetenzen* (AF1) der älteren Mitarbeitenden und mit rho = .285 mit der Wahrnehmung der *Arbeitsmoral & Zuverlässigkeit* (AF3) der älteren Mitarbeitenden (vgl. Tabelle 26).

Zusammenfassend kann festgehalten werden, dass die inhaltlich ähnlichen Skalen positiv und signifikant (p ≤ 0.01, geringe bis moderate Effektstärke) miteinander korrelieren.

H6: Die Hypothese, dass je positiver die Entwicklung der eigenen Fähigkeiten wahrgenommen wird, desto positiver die Entwicklung der Fähigkeiten älterer Mitarbeitender wahrgenommen wird, kann mit einer Irrtumswahrscheinlichkeit von p ≤ 0.01 angenommen werden.

> H7a: Je positiver das eigene Älterwerden wahrgenommen wird, desto positiver ist das Führungsverhalten gegenüber älter werdenden und älteren Mitarbeitenden.

Die Zusammenhänge sind für sämtliche Korrelationen zwischen der Gesamtskala und den Skalen der Wahrnehmung des eigenen Älterwerdens (eigene Fähigkeitsentwicklung) mit den Skalen der altersgerechten individualisierten Führung von geringer Korrelationsstärke (Tabelle 27). Der Zusammenhang der verschiedenen Skalen der Wahrnehmung des eigenen Älterwerdens (eigene Fähigkeitsentwicklung, EF1-EF3), wie auch den Zusammenhang der Gesamtskala mit der Verhaltensskala *Führung älterer Mitarbeitender* ist positiv und signifikant. Die Skalen eigene *Führungsfähigkeit & Problemlösefähigkeit* (EF1) und *Zuverlässigkeit & Verantwortungsbewusstsein* (EF3) korrelieren positiv, die Skala eigene *geistige Fitness & körperliche Leistungsfähigkeit* (EF2) hingegen korreliert negativ mit der Skala *Individualisierte altersspezifische Führung*. Der Zusammenhang mit der Gesamtskala ist nicht signifikant. Das bedeutet, je eher die eigene *geistige Fitness & körperliche Leistungsfähigkeit* (EF2), was der Mechanik entspricht, als abnehmend betrachtet wird, was einer realistischen Selbsteinschätzung entspricht, desto eher wird individualisiertes altersspezifisches Führungsverhalten gezeigt. Bei der Skala *Erhalt der Arbeitsfähigkeit* besteht lediglich mit der Gesamtskala eine signifikante Korrelation von geringer Effektstärke. Die Skalen zeigen keine signifikanten Korrelationen. Bei der Skala *Frühzeitiger Austritt aus dem Erwerbsleben* ist lediglich der positive Zusammenhang mit der Skala *geistige Fitness & körperliche Leistungsfähigkeit* (EF2) signifikant, wenn auch nur von geringer Effektstärke (rho = 0.102). Dies bedeutet, dass je höher die eigene *geistige Fitness & körperliche Leistungsfähigkeit* (EF2) eingeschätzt wird, desto eher wird der frühzeitige Austritt aus dem Erwerbsleben abgelehnt, oder - in anderen Worten - der Verbleib von älteren Mitarbeitenden im Erwerbsleben unterstützt.

Wird die Gesamtskala der Wahrnehmung des eigenen Älterwerdens (eigene Fähigkeitsentwicklung) (Gesamt) mit den Verhaltensskalen korreliert, können signifikante Zusammenhänge mit der Skala *Erhalt der Arbeitsfähigkeit - Verhalten* und der Skala *Führung älterer Mitarbeitender - Verhalten* beobachtet werden. Die beiden anderen Verhaltensskalen zeigen keine signifikanten Zusammenhänge. Die Korrelation der Gesamtskala der Wahrnehmung des eigenen Älterwerdens mit der Gesamtskala des altersgerechten Führungsverhaltens ist positiv, aber von geringer Stärke (rho = .126; p ≤ .05).

Tabelle 27. Korrelation der Skalen der Wahrnehmung des eigenen Älterwerdens (eigene Fähigkeitsentwicklung) mit den Verhaltensskalen zur alternsgerechten individualisierten Führung

Spearman-Rho		Gesamt	EF1	EF2	EF3
Erhalt der Arbeitsfähigkeit - Verhalten	Korrelationskoeffizient	.110*	.077	.092	.082
	Sig. (2-seitig)	.028	.129	.068	.103
Individualisierte altersspezifische Führung - Verhalten	Korrelationskoeffizient	.058	.146**	-.109*	.150**
	Sig. (2-seitig)	.247	.004	.030	.003
Frühzeitiger Austritt aus dem Erwerbsleben - Verhalten	Korrelationskoeffizient	.082	.015	.102*	.056
	Sig. (2-seitig)	.104	.774	.042	.270
Führung älterer Mitarbeitender - Verhalten	Korrelationskoeffizient	.177**	.127*	.133**	.145**
	Sig. (2-seitig)	.000	.012	.008	.004
N = 395		Rho > 0.10		Rho > 0.30	

* Die Korrelation ist auf dem Niveau von 0,05 (2-seitig) signifikant.   ** Die Korrelation ist auf dem Niveau von 0,01 (2-seitig) signifikant.

H7a: Die Hypothese „je positiver das eigene Älterwerden wahrgenommen wird, desto positiver ist das Führungsverhalten gegenüber älter werdenden und älteren Mitarbeitenden" muss differenziert beantwortet werden.

Es bestehen mehrere positive Zusammenhänge - alle mit geringer Korrelationsstärke. Einzig die Korrelationen zwischen der Skala *Führung älterer Mitarbeitender - Verhalten* und allen Skalen der *Wahrnehmung des eigenen Älterwerdens* (eigene Fähigkeitsentwicklung), inklusive der Gesamtskala, ist konsistent positiv und signifikant. Je realistischer die eigene Fähigkeitsentwicklung eingeschätzt wird (abnehmende Mechanik und zunehmende Pragmatik), desto höhere Werte erreicht auch die Skala *Individualisierte altersspezifische Führung - Verhalten* (und auch *Individualisierte altersspezifische Führung - Einstellung* vgl. Tabelle 28).

H7b: Je positiver das eigene Älterwerden wahrgenommen wird, desto positiver ist die Einstellung zur Führung von älter werdenden und älteren Mitarbeitenden.

Die Testung der Hypothese mittels Korrelation nach Spearman ergab folgende signifikanten Zusammenhänge (Tabelle 28). Die Korrelationsstärke ist bei sämtlichen signifikanten Korrelationen gering.

Bis auf die Skala eigene *geistige Fitness & körperliche Leistungsfähigkeit* (EF2) korrelieren sowohl die Gesamtskala als auch die Skalen eigene *Führungsfähigkeit & Problemlösefähigkeit* (EF1) und *Zuverlässigkeit & Verantwortungsbewusstsein* (EF3) mit der Skala *Erhalt der Arbeitsfähigkeit - Einstellung*. Die maximale Korrelationsstärke beträgt rho = .144. Alle Skalen der Wahrnehmung des eigenen Älterwerdens (eigene Fähigkeitsentwicklung), jedoch nicht die Gesamtskala, korrelieren signifikant mit der Skala *Individualisierte altersspezifische Führung - Einstellung*. Dies widerspiegelt die Situation, wie sie auch bei der Korrelation der Skalen der Wahrnehmung des eigenen Älterwerdens (eigene Fähigkeitsentwicklung) mit der Skala *Individualisierte altersspezifische Führung - Verhalten* gefunden worden war (vgl. Hypothese H7a). Auch hier korreliert die Skala eigene *geistige Fitness & körperliche Leistungsfähigkeit* (EF2) negativ mit der Einstellungsskala *Individualisierte altersspezifische Führung*. Die Korrelationen mit der Skala *Frühzeitiger Austritt aus dem Erwerbsleben - Einstellung* sind nur für die Gesamtskala und die Skala eigene *geistige Fitness & körperliche Leistungsfähigkeit* (EF2) signifikant und positiv. Das Bild der Korrelationen mit der Skala *Führung älterer Mitarbeitender - Einstellung* gleicht demjenigen mit der entsprechenden Verhaltensskala. Einzige Ausnahme ist die Skala eigene *geistige Fitness & körperliche Leistungsfähigkeit* (EF2), welche im Gegensatz zur Hypothesenprüfung bei H7a keine signifikante Korrelation aufweist. Die Korrelation der Gesamtskala der Wahrnehmung des eigenen Älterwerdens mit der Gesamtskala der Einstellung zu altersgerechtem Führungsverhalten ist positiv, aber von geringer Stärke (rho = .126; p ≤ .05).

Tabelle 28. Korrelation der Skalen der Wahrnehmung des eigenen Älterwerdens (eigene Fähigkeitsentwicklung) mit den Verhaltensskalen zur alternsgerechten individualisierten Führung

Spearman-Rho		Gesamt	EF1	EF2	EF3
Erhalt der Arbeitsfähigkeit - Einstellung	Korrelationskoeffizient	.113*	.144**	-.009	.126*
	Sig. (2-seitig)	.025	.004	.857	.012
Individualisierte altersspezifische Führung - Einstellung	Korrelationskoeffizient	.029	.128*	-.145**	.149**
	Sig. (2-seitig)	.561	.011	.004	.003
Frühzeitiger Austritt aus dem Erwerbsleben - Einstellung	Korrelationskoeffizient	.123*	.059	.125*	.073
	Sig. (2-seitig)	.014	.241	.013	.150
Führung älterer Mitarbeitender - Einstellung	Korrelationskoeffizient	.157**	.226**	-.011	.153**
	Sig. (2-seitig)	.002	.000	.827	.002
N = 395			Rho > 0.10		Rho > 0.30

* Die Korrelation ist auf dem Niveau von 0,05 (2-seitig) signifikant. ** Die Korrelation ist auf dem Niveau von 0,01 (2-seitig) signifikant.

H7b: Auch die Hypothese „je positiver das eigene Älterwerden wahrgenommen wird, desto positiver ist die Einstellung zur Führung von älter werdenden und älteren Mitarbeitenden" kann nicht global, sondern nur differenziert beantwortet werden.

Es bestehen mehrere positive Zusammenhänge - alle mit geringer Korrelationsstärke. Keine der Einstellungsskalen korreliert positiv und signifikant mit allen Skalen der Wahrnehmung des eigenen Älterwerdens (eigene Fähigkeitsentwicklung) und der entsprechenden Gesamtskala. Nichts desto trotz zeigen die Skalen *Erhalt der Arbeitsfähigkeit* und *Führung älterer Mitarbeitender - Einstellung* dasselbe Korrelationsmuster mit überwiegend signifikanten und positiven Zusammenhängen, einzige Ausnahme stellen die Korrelationen mit der Skala EF2 eigene *geistige Fitness & körperliche Leistungsfähigkeit* dar.

Zusammenfassend kann gesagt werden, dass die Einschätzung der eigenen Fähigkeitsentwicklung mit dem Älterwerden, respektive die Wahrnehmung des eigenen Älterwerdens in einem positiven Zusammenhang steht mit der Wahrnehmung der Entwicklung der Fähigkeiten älterer Mitarbeitender. Je positiver die Führungskräfte ihre eigene Fähigkeitsentwicklung einschätzen, desto positiver nehmen sie auch die Entwicklung der Fähigkeiten ihrer älteren Mitarbeitenden wahr. Der Zusammenhang der Wahrnehmung des eigenen Älterwerdens mit der alternsgerechten Führung in Bezug auf Einstellung und Verhalten ist über die Gesamtskalen gesehen zwar positiv, aber nur von geringer Effektstärke. Auf Skalenebene ist der positive Zusammenhang vor allem zwischen den Wahrnehmungsskalen eigene *Führungsfähigkeit & Problemlösefähigkeit* (EF1) und eigene *Zuverlässigkeit & Verantwortungsbewusstsein* (EF3) und den Einstellungsskalen *Erhalt der Arbeitsfähigkeit, Individualisierte altersspezifische Führung* und *Führung älterer Mitarbeitender*, sowie den Verhaltensskalen *Individualisierte altersspezifische Führung* und *Führung älterer Mitarbeitender* gegeben. Die Wahrnehmungsskala EF2 eigene *geistige Fitness & körperliche Leistungsfähigkeit*, also die Skala, welche tendenziell der Mechanik entspricht, korreliert hingegen signifikant negativ mit der Einstellungs- und Verhaltensskala zur *individualisier-*

ten altersspezifischen Führung, sowie positiv mit der Einstellungsskala *Frühzeitiger Austritt aus dem Erwerbsleben* und den Verhaltensskalen *Frühzeitiger Austritt aus dem Erwerbsleben* und *Führung älterer Mitarbeitender*.

5.4.5 Differentielle Fähigkeitsentwicklung

H8: Die Entwicklung der Fähigkeiten im Bereich der Pragmatik wird von Führungspersonen positiver eingeschätzt als die Entwicklung der Fähigkeiten im Bereich der Mechanik. Dies gilt für die eigene Fähigkeitsentwicklung (H8a), wie auch für die Einschätzung der Fähigkeiten von älteren Mitarbeitenden (H8b).

Hinweise, dass diese Hypothese positiv zu beantworten ist, wurden schon bei der deskriptiven Auswertung der Fragebogen gefunden (vgl. Kapitel 5.2.2.8 und 5.2.2.9). Hier wurden die einzelnen Fähigkeiten den zwei Komponenten der Intelligenz, der kulturell geprägten Pragmatik und der biologisch bestimmten Mechanik, zugeordnet. Die neuen Variablen Pragmatik und Mechanik wurden berechnet und miteinander verglichen. Als Mass für die Pragmatik wurde der Mittelwert der Items „Anpassungsfähigkeit", „Urteilsvermögen", „praktisches Wissen", „Problemlösefähigkeit", „Einfühlungsvermögen", „Kommunikationsfähigkeit", „Führungsfähigkeit", „strategisches Denkvermögen" und „soziale Kompetenzen" verwendet. Die Mechanik wurde als Mittelwert von „geistige Leistungsfähigkeit", „Lernfähigkeit", „körperliche Leistungsfähigkeit", „Gedächtnis", „Dauerbelastbarkeit" und „Konzentrationsfähigkeit" definiert. Ein T-Test (abhängige Stichprobe) zeigte sowohl bei der Wahrnehmung der Pragmatik und der Mechanik der Mitarbeitenden als auch bei der Wahrnehmung der Entwicklung der eigenen Pragmatik und Mechanik, dass sich die Werte signifikant unterscheiden ($p < .000$). In beiden Fällen liegt der Mittelwert der Mechanik tiefer als derjenige der Pragmatik (Tabelle 29). Der Unterschied bei der Einschätzung der eigenen Fähigkeitsentwicklung (.88) ist trotz des geringeren Skalenumfangs grösser als der Unterschied bei der Wahrnehmung der Fähigkeiten der älteren Mitarbeitenden (.65).

Tabelle 29. Eigene Fähigkeitsentwicklung und Fähigkeiten der Mitarbeitenden: Pragmatik und Mechanik

	Mittelwert*	Standardabweichung
Pragmatik	3.53	.45
Mechanik	2.87	.40
Eigene Pragmatik	2.54	.29
Eigene Mechanik	1.66	.37

* die Skala bei Pragmatik und Mechanik reicht von 1 bis 5; die Skala von eigene Pragmatik und eigene Mechanik von 1 bis 3.

H8: Die Hypothese, dass die Entwicklung der Fähigkeiten im Bereich der Pragmatik von Führungspersonen positiver eingeschätzt wird als die Entwicklung der Fähigkeiten im Bereich Mechanik, kann mit einer Irrtumswahrscheinlichkeit von $p < .000$ angenommen werden, sowohl in Bezug auf die eigene Fähigkeitsentwicklung (H8a) als auch auf die Einschätzung der Fähigkeiten von älteren Mitarbeitenden (H8b).

Die Überprüfung der ausgewählten führungs- und sozialpsychologischen Forschungs-hypothesen hat eine vertiefte Betrachtung der gesammelten Daten ermöglicht. Es hat sich gezeigt, dass sowohl das Führungsverhalten als auch die Einstellung von Führungsperso-nen durch verschiedene Variablen beeinflusst werden. Im folgenden Kapitel werden die Erklärungsvariablen für Verhalten und Einstellung in multivariaten Analysen auf ihre Vor-hersagekraft untersucht.

5.5   *Multiple lineare Regression zur Erklärung von Einstellung und Verhalten*

In der Praxis führen verschiedene Faktoren dazu, dass hinsichtlich des Themas alterns-rechte Führung unterschiedliche Sensibilitäten vorherrschen. Einerseits gibt es Branchen, wie die öffentliche Verwaltung, das Unterrichtswesen sowie das Gesundheits- und Sozial-wesen, die einen um ca. 10% höheren Anteil an über 50-jährigen Mitarbeitenden haben, als beispielsweise das Kredit- und Versicherungswesen. Andererseits ist bekannt, dass Männer, Vorgesetzte und Personen, die in einem Unternehmen mit mehr als 100 Mitarbei-tenden arbeiten, vergleichsweise früher die Erwerbsarbeit aufgeben. Bei der Frühpensio-nierung spielt zudem auch die Branchenzugehörigkeit eine Rolle (vgl. 2.2). Von diesen Merkmalen wurden in dieser Studie Branche, Führungsstufe, Unternehmensgrösse und Geschlecht erhoben. Aufgrund der erwähnten empirischen und theoretischen Erkenntnisse ist zu postulieren, dass all diese Merkmale einen potenziellen Einfluss auf die alterns-rechte Führung haben. Die Sozialpsychologie stellt zudem Modelle zur Verfügung, welche die Wahrnehmung und die Stereotypenbildung, wie auch die Einstellung als Erklärungsva-riablen für Führungsverhalten verstehen. In der Theorie der sozialen Identität wird auch dem Alter ein Einfluss auf die Wahrnehmung des eigenen Älterwerdens und auf die Wahr-nehmung der Fähigkeiten älterer Mitarbeitender zugeschrieben. Beides ist mitbestimmend für die Einstellung und die Verhaltensweisen gegenüber älteren und älter werdenden Mit-arbeitenden (vgl. auch 3.5.2). Sowohl die Demographie als auch die Situation in Bezug auf die Erwerbstätigkeit von Personen über 50 Jahren präsentiert sich in den beiden Arbeits-ländern Deutschland und Schweiz unterschiedlich (vgl. auch 2.2). Es kann erwartet wer-den, dass sich die unterschiedlichen Rahmenbedingungen und arbeitsmarktlichen Entwicklungen auch auf die Einstellung und das Verhalten der Führungskräfte ausgewirkt haben.

Die oben beschriebenen bivariaten Analysen und die fokussierte Betrachtung einzelner Forschungshypothesen beleuchten einzelne interessante Aspekte und bestätigen vielfälti-ge Zusammenhänge. Dies erlaubt eine fokussierte Betrachtung von Teilaspekten, blendet bislang aber die integrierte Betrachtung des komplexen Zusammenhangs aus. Die Hin-weise aus Theorie und Praxis lassen erwarten, dass sich Einstellung und Verhalten nicht durch einzelne unabhängige Variablen erklären lassen, sondern dass eine Kombination und Vielzahl verschiedener Faktoren wie z.B. eigenes Alter, Arbeitsland, eigene Wahr-nehmung, Einstellung etc. einen Einfluss ausüben. In einer Betrachtung der multiplen Zusammenhänge wird der Komplexität des Sachverhaltes Rechnung getragen und über-prüft, welche Faktoren die Einstellung wie auch das Verhalten im besonderen Masse erklären können. Zudem können dadurch die bisherigen Resultate überprüft und in Zusammenhang gestellt werden. Spezifisch werden die beiden folgenden Hypothesen überprüft:

H9: Person- und Unternehmensfaktoren, die Wahrnehmung und die Einstellung erklären das Verhalten gegenüber älteren und älter werdenden Mitarbeitenden.

H10: Person- und Unternehmensfaktoren sowie die Wahrnehmung des eigenen Älterwerdens und die Wahrnehmung älterer Mitarbeitender erklären die Einstellung gegenüber älteren und älter werdenden Mitarbeitenden.

In einer ersten Analyse wurde untersucht, ob und in welchem Ausmass die Verhaltensskalen durch die dazugehörigen Einstellungsskalen, Variablen des Unternehmens und der Person sowie durch die Skalen der Wahrnehmung erklärt werden können (Kapitel 5.5.1). In einem weiteren Schritt wurde die Abhängigkeit der Einstellung von den Variablen der Wahrnehmung, der Person sowie des Unternehmens untersucht (Kapitel 5.5.2). Dazu wurden alle Prädiktoren jeweils gleichzeitig zur Vorhersage der abhängigen Variablen (Verhaltensskalen und Einstellungsskalen) betrachtet (Methode: Einschluss). Die Variablen Arbeitsland und Branche wurden Dummy-kodiert um zusammen mit Geschlecht als kategoriale Variablen in die multiple Regressionsanalyse aufgenommen werden zu können. Alle anderen Variablen (inkl. Führungsstufe und Unternehmensgrösse) wurden als kontinuierliche Variablen behandelt. Für die Analyse wurden die in allen Variablen vollständigen Datensätze (N = 390) verwendet. Die Ergebnisse sind in den folgenden Abschnitten und in Anhang VII aufgeführt. Kapitel 5.5.3 vergleicht zudem die multivariaten Erklärungsmodelle für Verhalten und Einstellung.

5.5.1 Verhalten als abhängige Variable

Für die Durchführung einer multiplen linearen Regression werden in der Literatur verschiedene Voraussetzungen genannt (Bühner & Ziegler, 2009, S. 665ff). Die Homoskedastizität wurde mittels Streudiagrammen der z-standardisierten vorhergesagten Werte mit den standardisierten Residuen geprüft. Die Werte streuen gleichmässig um die Regressionsgerade und es kann von Homoskedastizität ausgegangen werden. Die Werte des VIF (Variance Inflation Factor) sind kleiner als 2 und die Tolerance-Werte grösser als 0.5 (als kritisch für Multikollinearität angesehen werden Werte von VIF >10 und Tolerance < 0.10). Da die hohen β-Werte signifikant sind und keine der tieferen β-Werte signifikant werden, kann davon ausgegangen werden, dass keine bedeutenden Kollinearitätsprobleme bestehen. Die Betrachtung der Korrelationsmatrix der Prädiktoren zeigt ebenfalls keine allzu hohen signifikanten Korrelationen (r > .9). Die höchsten Korrelationen bestehen zwischen Einstellungs- und Verhaltensskalen (r von .603 bis .697, p < .001), gefolgt von der Korrelation zwischen Alter und Anzahl Jahre im Unternehmen (r = .551, p < .001). Auch dies deutet darauf hin, dass die Multikollinearität kein bedeutendes Problem für die Interpretation der Ergebnisse darstellen sollte. Die standardisierten Regressionskoeffizienten wurden in der Folge für die Interpretation der Ergebnisse verwendet. Die Residuen sind im Wesentlichen normalverteilt, was anhand der Histogramme der Residuen und der normal probability plots (P-P plots) beurteilt wurde. Die Durbin-Watson Statistik liegt zwischen 1.823 und 2.053 (Daten nicht dargestellt; als akzeptabel gelten Werte zwischen 1.5 und 2.5), was darauf hinweist, dass die Fehler der Regression nicht korrelieren (Bühner & Ziegler, 2009, S. 675). Zusammenfassend kann gesagt werden, dass die Daten für die Durchführung einer multiplen linearen Regressionsanalyse geeignet sind und die Resultate in der Folge interpretiert werden können.

Die Ergebnisse der multiplen linearen Regression mit den Verhaltensskalen als abhängigen Variablen (Kriterium) und den jeweiligen Einstellungsskalen zusammen mit den Wahrnehmungsskalen (WA1-3, EF1-3), den Person/Unternehmensvariablen (Führungsstufe, Anzahl Jahre im Unternehmen), Unternehmensvariablen (Arbeitsland, Unternehmensgrösse, Branche) sowie den Personenvariablen Alter und Geschlecht als unabhängige Variablen (Prädiktoren) sind im Folgenden (Tabelle 30 und Tabelle 31) dargestellt. Inhaltlich gibt der multiple Determinationskoeffizient R^2 an, wie viel Prozent der Unterschiede im Kriterium durch Unterschiede in den Prädiktoren vorhergesagt werden können. Das korrigierte R^2 korrigiert das R^2 für die Anzahl Prädiktoren nach unten und fällt darum meist geringer aus. Der Signifikanztest des unkorrigierten R^2, bei dem eine Varianzanalyse durchgeführt wurde, ist mit dem F-Wert und der Überschreitungswahrscheinlichkeit p aufgeführt und beantwortet die Frage, ob die Nullhypothese, dass die Varianzaufklärung in der Grundgesamtheit gleich null ist, abgelehnt werden kann (Bühner & Ziegler, 2009, S. 662). Da die Stichprobe keinen repräsentativen Charakter hat, muss die Gültigkeit der folgenden Resultate für die Grundgesamtheit als nicht gesichert betrachtet werden. Bei hoch signifikanten Ergebnissen darf jedoch vermutet werden, dass sie verallgemeinert werden dürfen.

Tabelle 30. Multiple lineare Regression mit Verhaltensskalen als abhängigen Variablen

abhängige Variable (Kriterium)	Prädiktoren*	R^2	F	p	Korrigiertes R^2
Erhalt der Arbeitsfähigkeit - Verhalten	Erhalt der Arbeitsfähigkeit - Einstellung	.395	$F_{16,374}$= 15.231	.000	.369
Individualisierte altersspezifische Führung - Verhalten	Individualisierte altersspezifische Führung - Einstellung	.517	$F_{16,374}$= 25.053	.000	.497
Frühzeitiger Austritt aus dem Erwerbsleben - Verhalten	Frühzeitiger Austritt aus dem Erwerbsleben - Einstellung	.458	$F_{16,374}$= 19.771	.000	.435
Führung älterer Mitarbeitender - Verhalten	Führung älterer Mitarbeitender - Einstellung	.440	$F_{16,374}$= 18.403	.000	.417

*Ebenfalls ins Regressionsmodell integrierte Prädiktoren sind WA1, WA2, WA3, EF1, EF2, EF3, Führungsstufe, Anzahl Jahre im Unternehmen, Arbeitsland Deutschland vs. Arbeitsland Schweiz, anderes Arbeitsland vs. Arbeitsland Schweiz, Unternehmensgrösse, Industrie vs. Verwaltung und Soziales, andere Branchen vs. Verwaltung und Soziales, Alter und Geschlecht. Methode: Einschluss.

Das Regressionsmodell erklärt je nach Skala zwischen 39.5% und 51.7% der Varianz des Kriteriums (Tabelle 30). Der Vergleich mit dem korrigierten R^2 zeigt, dass die Varianzaufklärung des Modells bei der Grundgesamtheit um 2.0 bis 2.6% tiefer liegen würde. Alle Modelle sind hoch signifikant.

In Tabelle 31 sind der Regressionskoeffizient B, der Standardfehler und der standardisierte Regressionskoeffizient β aufgeführt. Das unstandardisierte Regressionsgewicht B wird zur Vorhersage des konkreten Kriteriumswerts durch das Modell benötigt. Um die Regressionsgewichte in ihrer Grösse direkt miteinander vergleichen zu können und somit die relative Wichtigkeit der Prädiktoren abschätzen zu können, muss das standardisierte Regressionsgewicht verwendet werden. Bei den standardisierten Regressionskoeffizienten ist zudem das Signifikanzniveau mit angegeben, welches angibt, ob der Prädiktor im Regressionsmodell signifikant ist. Die Betrachtung der Resultate in Tabelle 31 zeigt, dass die jeweilige Einstellungsskala bei weitem am meisten Varianz des Kriteriums aufklärt. Die jeweiligen standardisierten Regressionskoeffizienten liegen bei mindestens .55 und sind hoch signifikant ($p < .001$). Wird die Einstellungsskala als alleiniger Prädiktor untersucht, beträgt die Varianzaufklärung mindestens 36.7% (Daten nicht dargestellt). Schliesst die lineare multiple Regression die Wahrnehmungsskalen, sowie Personen- und Unternehmensvariablen mit ein, erreichen die Modelle 39.5% bis 51.7%Varianzaufklärung (Tabelle 30). Bei den Verhaltensskalen *Erhalt der Arbeitsfähigkeit* und *Individualisierte altersspezifische Führung* tragen - neben der Einstellung - die anderen getesteten Variablen keinen signifikanten Beitrag zur Varianzaufklärung bei (vgl. Anhang VII). Diejenigen Variablen, welche signifikante Beiträge zur Varianzaufklärung leisten, sind in Tabelle 31 aufgelistet. Bei der Verhaltensskala *Frühzeitiger Austritt aus dem Erwerbsleben* ist dies das Arbeitsland, wobei Teilnehmende mit Arbeitsland Deutschland im Vergleich zu Teilnehmenden mit Arbeitsland Schweiz ein Verhalten zuungunsten des Verbleibs von älteren Mitarbeitenden im Arbeitsleben voraussagen. Das Regressionsgewicht dieses Prädiktors ist allerdings rund sechsmal kleiner als dasjenige der Einstellung, was bedeutet, dass die Einstellung das Verhalten in bedeutend stärkerem Ausmass erklärt als das Arbeitsland. Sämtliche Zusammenhänge der Prädiktoren mit der abhängigen Variablen im Regressionsmodell sind in Richtung und Grösse mit den bivariaten Ergebnissen vergleichbar.

Bei der Skala *Führung älterer Mitarbeitender - Verhalten* können fünf Variablen zusammen mit der Einstellung einen signifikanten Beitrag zur Vorhersage der Verhaltensskala leisten (vgl. Anhang VII). Es sind dies die Variablen der Wahrnehmung von älteren Mitarbeitenden WA1 und WA3, der Wahrnehmung der eigenen Fähigkeitsentwicklung EF1 und EF2 sowie die Anzahl Jahre, welche die Teilnehmenden bereits im Unternehmen arbeiten. Dabei sagen die Variablen der Wahrnehmung von älteren Mitarbeitenden WA1 (*Führungsfähigkeit & soziale Kompetenzen*), WA3 (*Körperliche Leistungsfähigkeit, Anpassungs- & Lernfähigkeit*) sowie die Wahrnehmung der eigenen Fähigkeitsentwicklung EF2 (*Geistige Fitness & körperliche Leistungsfähigkeit*) einen höheren Wert im Verhalten voraus, während die Variablen EF1 (*Führungsfähigkeit & Problemlösefähigkeit*) und Anzahl Jahre im Unternehmen mit einem tieferen Wert der Verhaltensskala einhergehen. Bis auf EF1 zeigen alle Prädiktoren Regressionsgewichte, die in Grösse und Richtung mit den bivariaten Ergebnissen vergleichbar sind: Die Skalen WA1, WA3 und EF2 korrelieren jeweils positiv auf dem Signifikanzniveau von p ≤ .001 mit der Skala *Führung älterer Mitarbeitender - Verhalten* (vgl. Tabelle 23). EF1 hat einen standardisierten Regressionskoeffizienten β = -.102 (p < .05), während die Korrelation von EF1 mit der Skala *Führung älterer Mitarbeitender - Verhalten* r = +.121 (p < .01) beträgt. Es handelt sich um eine Net-Suppression, was bedeutet, dass die Einstellung den Zusammenhang von EF1 und dem Verhalten stört. Bei der Berechnung von β wird die Einstellung konstant gehalten und weil die Korrelationen von EF1 mit der Einstellung, sowie der Einstellung mit dem Verhalten beide dieselben Vorzeichen aufweisen, resultiert eine Net-Suppression. Aus diesem Grund wird $β_{EF1}$ nicht interpretiert.

Tabelle 31. Signifikante Regressionskoeffizienten der Prädiktoren für die Verhaltensskalen

Prädiktoren	Regressions-koeffizient B	Standard-fehler	Standardisierter Regressions-koeffizient β
Abhängige Variable: Erhalt der Arbeitsfähigkeit - Verhalten			
Konstante	.580	.408	
Erhalt der Arbeitsfähigkeit - Einstellung	.706	.050	.598***
Abhängige Variable: Individualisierte altersspezifische Führung - Verhalten			
Konstante	-.620	.440	
Individualisierte altersspezifische Führung - Einstellung	.711	.040	.669***
Abhängige Variable: Frühzeitiger Austritt aus dem Erwerbsleben - Verhalten			
Konstante	1.442	.388	
Frühzeitiger Austritt aus dem Erwerbsleben - Einstellung	.620	.039	.646***
Arbeitsland Deutschland vs. Arbeitsland Schweiz	-.147	.059	-.106*
Abhängige Variable: Führung älterer Mitarbeitender - Verhalten			
Konstante	.347	.365	
Führung älterer Mitarbeitender - Einstellung	.589	.046	.550***
WA1	.139	.056	.113*
WA3	.140	.071	.093*
EF1	-.187	.086	-.102*
EF2	.168	.073	.099*
Anzahl Jahre im Unternehmen	-.009	.003	-.146**

* p < .05; ** p < .01; *** p < .001; Es werden lediglich Regressionskoeffizienten angegeben, die mindestens auf dem Niveau von p < .05 signifikant sind. Methode: Einschluss.

Es zeigt sich bei der Betrachtung von Tabelle 31, dass die weiteren Variablen im Vergleich zur Einstellung nur eine untergeordnete Rolle spielen, was ihre Vorhersagekraft betrifft, da die zugehörigen standardisierten Regressionskoeffizienten um ein Vielfaches tiefer sind. Die nicht angegebenen Regressionskoeffizienten sind alle kleiner als β = 0.09 und nicht signifikant (vgl. Anhang VII).

Um abzuschätzen, ob mit Hilfe der Prädiktoren ein praktisch bedeutsamer Anteil des Kriteriums erklärt werden kann, wurde die Effekt- und die Teststärke auf einem Signifikanzniveau von 5% berechnet. Die Effektstärke f^2 ist ein Mass für die Vorhersagekraft der Prädiktoren (analog zu R^2) und erlaubt die Einschätzung der praktischen Bedeutsamkeit des Regressionsmodells. Dabei gilt f^2 = .02 als kleiner, f^2 = .15 als mittlerer und f^2 = .35 als starker Effekt. Die Teststärke (1-β) ermöglicht es, die ermittelte Effektstärke statistisch abzusichern, wobei Werte über dem Niveau von .80 als genügend gelten (Bühner & Ziegler, 2009, S. 664). Zur Berechnung wurde die Software G*Power 3.1 verwendet (Faul et al., 2009). Effekt- und Teststärken wurden mit dem Post-hoc statistischen Test für lineare multiple Regression (fixed model, R^2 deviation from zero) berechnet. Die Teststärke beträgt für alle vier Verhaltensskalen als abhängige Variablen 1.0, während die Effektstärke f^2 zwischen .653 und 1.070 variiert, was einen starken Effekt darstellt (vgl. Anhang VII). Die Teststärke liegt also über dem Niveau der Konvention von .80 und ist folglich ausreichend um den Effekt statistisch abzusichern.

H9: Die Hypothese, dass Person- und Unternehmensfaktoren, die Wahrnehmung des eigenen Älterwerdens und die Wahrnehmung älterer Mitarbeitender sowie die Einstellung das Verhalten gegenüber älteren und älter werdenden Mitarbeitenden erklären, kann lediglich in Bezug auf die Einstellung mit einer Irrtumswahrscheinlichkeit von $p \leq .001$ durchgängig angenommen werden. Die Person- und Unternehmensfaktoren sowie die Wahrnehmung tragen nicht zur Erklärung der Verhaltensskalen *Erhalt der Arbeitsfähigkeit* und *Individualisierte altersspezifische Führung* bei. Die Verhaltensskala *Frühzeitiger Austritt aus dem Erwerbsleben* wird hingegen durch das Arbeitsland und die Skala *Führung älterer Mitarbeitender* durch die Anzahl Jahre im Unternehmen und die vier Wahrnehmungsskalen WA1 (*Führungsfähigkeit & soziale Kompetenzen*), WA3 (*Körperliche Leistungsfähigkeit, Anpassungs- & Lernfähigkeit*), EF2 (*Geistige Fitness & körperliche Leistungsfähigkeit*) und EF1 (*Führungsfähigkeit & Problemlösefähigkeit*) in signifikantem Ausmass ($p < .05$) vorhergesagt.

Da aufgrund theoretischer Modelle und empirischer Befunde erwartet wurde, dass die Einstellung ihrerseits auch von den Variablen des Unternehmens und der Person sowie der Wahrnehmung beeinflusst wird, wurden Regressionsmodelle mit der Einstellung als abhängiger Variable untersucht. In einem nächsten Schritt wurde in einer weiteren Analyse abgeklärt, ob sich die Einstellung durch die Variablen der Wahrnehmungsskalen, des Unternehmens und der Person in signifikantem Ausmass erklären lässt.

5.5.2 Einstellung als abhängige Variable

In der folgenden Regressionsanalyse wurde untersucht, ob und wie sich die Einstellungsskalen durch die Variablen der Wahrnehmung, des Unternehmens und der Person erklären lassen (für die verwendeten Prädiktoren siehe Tabelle 32). Es wurden wiederum alle Prädiktoren gleichzeitig in einer multiplen linearen Regression analysiert.

Die Voraussetzungen für die Regressionsanalyse wurden überprüft. Die Streudiagramme der z-standardisierten vorhergesagten Werte in Bezug zu den standardisierten Residuen zeigen eine gleichmässige Verteilung um die Regressionsgerade und deuten darauf hin, dass Homoskedastizität vorliegt. Die Multikollinearität wurde durch Betrachtung der Korrelationsmatizen (alle Korrelationskoeffizienten $r \leq .551$), der Tolerance-Werte (Tolerance $\geq .54$) und der VIF-Werte (VIF ≤ 1.85) beurteilt. Es wurde in der Folge davon ausgegangen, dass die Kollinearität keine bedeutsamen Probleme bei der Interpretation der Resultate verursachen sollte und dass die standardisierten Regressionskoeffizienten für die Interpretation der Ergebnisse herangezogen werden können. Die Normalverteilung der Residuen wurde geprüft (Histogramme und P-P plots) und konnte als gegeben eingeschätzt werden. Die Durbin-Watson Statistik zeigt an, dass auch die Fehler nicht korrelieren (die Werte liegen zwischen 2.018 und 2.248). Auch hier kann davon ausgegangen werden, dass die Daten für die Durchführung einer multiplen linearen Regressionsanalyse geeignet sind und die Resultate interpretiert werden dürfen.

Die Ergebnisse der Regressionsanalyse zeigen eine Varianzaufklärung von 10.4% bis 18.0%. Es ist zu erwarten, dass diese Modelle bei der Grundgesamtheit eine um 3.2% bis 3.6% tiefere Varianzaufklärung erreichen würden. Alle Modelle sind hoch signifikant (Tabelle 32).

Auch hier wurde Post-Hoc die Test- und die Effektstärke des Gesamtmodells mit G*Power berechnet (auf einem Signifikanzniveau von 5%). Es zeigt sich, dass die Teststärke 1-β zwischen .998 und 1.000 liegt und somit der Effekt statistisch ausgewiesen ist. Die Effektstärke liegt dabei zwischen .116 und .220, was deutlich unter dem Wert liegt, welcher für die Regressionsmodelle zur Aufklärung des Verhaltens erzielt worden war (vgl. Kapitel 5.5.1 und Anhang VII). Trotzdem ist der Effekt als moderat bis stark einzuschätzen (nach Bühner & Ziegler (2009, S. 663) ist eine Effektstärke f^2 bis .02 als klein, zwischen .02 und .13 als gering bis moderat und von .13 bis .26 als mittel bis stark einzuschätzen).

Tabelle 32. Multiple lineare Regression mit Einstellungsskalen als abhängigen Variablen

abhängige Variable (Kriterium)	Prädiktoren	R^2	F	p	Korrigiertes R^2
Erhalt der Arbeits-fähigkeit - Einstellung	WA1, WA2, WA3, EF1, EF2, EF3, Führungsstufe, Anzahl Jahre im Unternehmen, Arbeitsland Deutschland vs. Arbeitsland Schweiz, anderes Arbeitsland vs. Arbeitsland Schweiz, Unternehmensgrösse, Industrie vs. Verwaltung und Soziales, andere Branchen vs. Verwaltung und Soziales, Alter und Geschlecht	.104	$F_{15,375}$= 2.889	.000	.068
Individualisierte alters-spezifische Führung - Einstellung		.108	$F_{15,375}$= 3.041	.000	.073
Frühzeitiger Austritt aus dem Erwerbsleben - Einstellung		.108	$F_{15,375}$= 3.019	.000	.072
Führung älterer Mit-arbeitender - Einstellung		.180	$F_{15,375}$= 5.502	.000	.148

Methode: Einschluss.

Die standardisierten Regressionskoeffizienten der Prädiktoren für die Einstellungsskalen erreichen Gewichte von β = 0.100 bis β = 0.213 (Tabelle 33).

Die Prädiktoren Geschlecht, Arbeitsland und EF1 können einen signifikanten Anteil der Varianz der Einstellung in Bezug auf den *Erhalt der Arbeitsfähigkeit* erklären. Dabei zeigt sich, dass Männer im Vergleich zu Frauen, Teilnehmende mit Arbeitsland Deutschland im Vergleich zu Teilnehmenden mit Arbeitsland Schweiz und eine tiefere Einschätzung der Entwicklung der eigenen *Führungsfähigkeit & Problemlösefähigkeit* (EF1) einen tieferen Wert in der Skala *Erhalt der Arbeitsfähigkeit - Einstellung* vorhersagen. Dies steht im Einklang mit den Ergebnissen, die aufgrund der bivariaten Vergleiche erwartet werden konnten. Diese hatten gezeigt, dass die Einstellungs- und Verhaltensskala *Erhalt der Arbeitsfähigkeit* einen signifikanten Unterschied nach Arbeitsland und Geschlecht aufweisen (vgl. Kapitel 5.3.5.1 und 5.3.5.4), zudem korreliert EF1 signifikant und positiv mit der Skala *Erhalt der Arbeitsfähigkeit - Einstellung* (vgl. Tabelle 23). Die Wahrnehmung der Fähigkeiten und Fertigkeiten älterer Mitarbeitender hat keinen signifikanten Erklärungswert für die Ausprägung der Einstellung in Bezug auf den *Erhalt der Arbeitsfähigkeit*.

Die Skala *Individualisierte altersspezifische Führung - Einstellung* wird in signifikantem Ausmass durch die Prädiktoren WA1, WA2 und EF2 vorausgesagt (Tabelle 33). Auch hier entsprechen Richtung und Stärke der Regressionskoeffizienten den Ergebnissen der bivariaten Korrelationen der Prädiktoren mit der abhängigen Variable (vgl. Tabelle 23). Die beiden Skalen zur Wahrnehmung der Fähigkeiten und Fertigkeiten der Mitarbeitenden *Führungsfähigkeit & soziale Kompetenzen* (WA1) sowie *Loyalität & Zurückhaltung gegenüber Veränderungen* (WA2) stehen in einem positiven Zusammenhang mit der Skala *Individualisierte altersspezifische Führung - Einstellung*. Im Gegensatz dazu steht die Skala EF2 (Einschätzung der eigenen *geistigen Fitness & körperlichen Leistungsfähigkeit*) in negativem Zusammenhang mit der Einstellungsskala *Individualisierte altersspezifische Führung*. Das heisst je höher die Führungspersonen ihre eigene *geistige Fitness und körperliche Leistungsfähigkeit* einschätzen, desto tiefere Werte sagt das Regressionsmodell für die Skala *Individualisierte altersspezifische Führung - Einstellung* voraus. Dieselben Variablen konnten die Varianz der entsprechenden Verhaltensskala nicht in signifikantem Ausmass ($p < .05$) erklären. Interessanterweise kann in diesem Regressionsmodell keine Variable der Person oder des Unternehmens einen signifikanten Beitrag zur Varianzaufklärung der Einstellung leisten.

Die Einstellungsskala *Frühzeitiger Austritt aus dem Erwerbsleben* wird durch zwei Variablen in signifikantem Ausmass vorhergesagt. Es sind dies die Unternehmens/Personen - Variablen Führungsstufe und Arbeitsland (Tabelle 33). Keine der Skalen zur Wahrnehmung vermag einen signifikanten Beitrag zum Regressionsmodell zu leisten. Ein hoher Wert auf der Skala *Frühzeitiger Austritt aus dem Erwerbsleben - Einstellung* geht einher mit einer Einstellung, welche den Verbleib im Arbeitsleben favorisiert. Je höher die Führungsstufe desto höhere Werte sagt das Regressionsmodell für die Skala *Frühzeitiger Austritt aus dem Erwerbsleben - Einstellung* voraus. Führungskräfte mit dem Arbeitsland Schweiz hingegen sind Prädiktoren für tiefere Werte auf der Einstellungsskala. Der Unterschied zwischen den Führungskräften mit Arbeitsland Schweiz und Deutschland erklärt auch einen signifikanten Anteil der Varianz der Verhaltensskala *Frühzeitiger Austritt aus dem Erwerbsleben*, während dem die Führungsstufe - der bessere Prädiktor in Bezug auf die Einstellung - keinen signifikanten Beitrag zum Regressionsmodell des Verhaltens leistet. Auch hier entsprechen die Regressionszusammenhänge dem, was aufgrund der bivariaten Analysen erwartet werden konnte (vgl. 5.3.5.1 und 5.3.5.3).

Das Regressionsmodell für die Skala *Führung älterer Mitarbeitender - Einstellung* wird durch fünf Variablen mit einem signifikanten Regressionskoeffizienten voraus gesagt. Drei davon sind Wahrnehmungsskalen und zwei sind Variablen der Person, respektive der Person im Unternehmen. Die höchsten Regressionsgewichte erreichen die Wahrnehmungsskalen WA1 (*Führungsfähigkeit & soziale Kompetenzen*) und WA3 (*Körperliche Leistungsfähigkeit, Anpassungs- & Lernfähigkeit*) in Bezug auf die Wahrnehmung von älteren Mitarbeitenden und EF1 (*Führungsfähigkeit & Problemlösefähigkeit*) in Bezug auf die Einschätzung der eigenen Fähigkeitsentwicklung. Alle drei Wahrnehmungsskalen stehen in positivem Zusammenhang, d.h. hohe Werte sagen erhöhte Werte in der Skala *Führung älterer Mitarbeitender - Einstellung* voraus. Dies entspricht dem was aufgrund der bisherigen Ergebnisse erwartet werden konnte (vgl. Tabelle 23). Die Variablen Geschlecht und Anzahl Jahre im Unternehmen stehen in negativem signifikantem Zusammenhang mit der abhängigen Variable. Männer zeigten im Vergleich zu Frauen tiefere Werte in der Skala *Führung älterer Mitarbeitender - Einstellung*, dasselbe gilt auch für Führungskräfte, die schon längere Jahre im gegenwärtigen Unternehmen arbeiten. Auch diese Ergebnisse bestätigen die bisherigen Erkenntnisse (vgl. 5.3.5.3. und 5.3.5.4).

Tabelle 33. Signifikante Regressionskoeffizienten der Prädiktoren für die Einstellungsskalen

Prädiktoren	Regressions-koeffizient B	Standard-fehler	Standardisierter Regressions-koeffizient β
Abhängige Variable: Erhalt der Arbeitsfähigkeit - Einstellung			
Konstante	2.581	.398	
EF1	.220	.095	.136*
Arbeitsland Deutschland vs. Arbeitsland Schweiz	-.164	.061	-.146**
Geschlecht	-.163	.060	-.148**
Abhängige Variable: Individualisierte altersspezifische Führung - Einstellung			
Konstante	1.736	.555	
WA1	.176	.085	.116*
WA2	.249	.083	.161**
EF2	-.261	.114	-.125*
Abhängige Variable: Frühzeitiger Austritt aus dem Erwerbsleben - Einstellung			
(Konstante)	2.016	.508	
Führungsstufe	.122	.044	.148**
Arbeitsland Deutschland vs. Arbeitsland Schweiz	.194	.078	.134*
anderes Arbeitsland vs. Arbeitsland Schweiz	.533	.268	.100*
Abhängige Variable: Führung älterer Mitarbeitender - Einstellung			
Konstante	1.662	.403	
WA1	.243	.062	.213***
WA3	.189	.079	.135*
EF1	.321	.096	.187**
Anzahl Jahre im Unternehmen	-.007	.003	-.123*
Geschlecht	-.141	.061	-.121*

* p < .05; ** p < .01; *** p < .001; Es werden lediglich Regressionskoeffizienten angegeben, die mindestens auf dem Niveau von p < .05 signifikant sind. Methode: Einschluss.

H10: Die Hypothese, dass Person- und Unternehmensfaktoren sowie die Wahrnehmung des eigenen Älterwerdens und die Wahrnehmung älterer Mitarbeitender die Einstellung gegenüber älteren und älter werdenden Mitarbeitenden erklären, kann nur in differenzierter Weise beantwortet werden. Je nach Skala sind verschiedene Faktoren signifikant. Die Einstellungsskalen *Erhalt der Arbeitsfähigkeit* und *Führung älterer Mitarbeitender* werden sowohl von Wahrnehmungsskalen als auch von Person- und Unternehmensfaktoren vorausgesagt. Es sind dies die Wahrnehmungsskala EF1(*Führungsfähigkeit & Problemlösefähigkeit*), welche die eigene Fähigkeitsentwicklung beschreibt, und das Geschlecht für beide Skalen, sowie das Arbeitsland bei der Skala *Erhalt der Arbeitsfähigkeit* respektive Anzahl Jahre im Unternehmen und die Wahrnehmung der älteren Mitarbeitenden WA1 (*Führungsfähigkeit & soziale Kompetenzen*) und WA3 (*Körperliche Leistungsfähigkeit, Anpassungs- & Lernfähigkeit*) bei der Skala *Führung älterer Mitarbeitender*. Die Einstellungsskala *Individualisierte altersspezifische Führung* wird ausschliesslich von Wahrnehmungsskalen vorausgesagt: Signifikant sind die beiden Skalen zur Wahrnehmung der Fähigkeiten und Fertigkeiten der Mitarbeitenden *Führungsfähigkeit & soziale Kompetenzen* (WA1) sowie *Loyalität & Zurückhaltung gegenüber Veränderungen* (WA2) sowie die Skala zur Einschätzung der eigenen Fähigkeitsentwicklung EF2 (*geistige Fitness & körperliche Leistungsfähigkeit*). Die Einstellungsskala *Frühzeitiger Austritt aus dem Erwerbsleben* wird hingegen ausschliesslich durch die Person- und Unternehmensfaktoren Führungsstufe und Arbeitsland in signifikantem Ausmass vorausgesagt.

Im folgenden Abschnitt werden die Ergebnisse der ersten beiden multiplen linearen Regressionsanalysen miteinander verglichen. Zusätzlich wird abgeschätzt, ob die Möglichkeit besteht, dass die Einstellung als Mediator für die anderen Variablen gelten kann; d.h. dass diese Variablen nicht direkt, sondern über die Einstellung auf das Verhalten wirken und darum in der ersten Analyse mit dem Verhalten als abhängiger Variable und der Einstellung als Co-Prädiktor nicht signifikant in Erscheinung getreten sind.

5.5.3 Vergleich der multiplen Regressionsanalysen zu Einstellung und Verhalten

Das Verhalten der Teilnehmenden lässt sich im Wesentlichen durch ihre Einstellung in Bezug auf den betreffenden Bereich voraussagen. Nichts desto trotz können einige weitere Variablen in signifikantem Ausmass zur Varianzaufklärung beitragen. Die Regressionsanalysen mit den Einstellungsskalen als abhängigen Variablen zeigen auf, dass sich die Varianz der Einstellungsskalen nur in bescheidenem Ausmass durch die geprüften Variablen voraussagen lässt. Die Variablen können dabei meist mehr Varianz der Einstellungs- im Vergleich zu den Verhaltensskalen erklären. Es zeigt sich auch, dass diejenigen Variablen, welche in signifikantem Ausmass die Varianz des Verhaltens aufklären, mit einer Ausnahme auch zu einer signifikanten Aufklärung der Varianz der Einstellung beitragen. Die Ausnahme betrifft EF2 - die Wahrnehmung der eigenen *geistigen Fitness & körperlichen Leistungsfähigkeit* - welche in signifikantem Ausmass Varianz des Verhaltens, nicht aber der Einstellung in Bezug auf die *Führung von älteren Mitarbeitenden* aufklärt. Diese Ausnahme war schon bei der bivariaten Betrachtung festzustellen (vgl. Tabelle 23). Bei den

Einstellungsskalen tragen aber auch einige „neue" Variablen zur Varianzaufklärung bei, d.h. Variablen, die im Regressionsmodell zur Voraussage der Verhaltensskalen keine signifikante Bedeutung hatten. Es sind dies die Variablen Geschlecht für die Einstellungsskalen *Führung älterer Mitarbeitender* und *Erhalt der Arbeitsfähigkeit* und Führungsstufe bei der Skala *Frühzeitiger Austritt aus dem Erwerbsleben - Einstellung.*

Um abschätzen zu können, ob die Einstellung als potenzieller Mediator bei der Varianzaufklärung des Verhaltens durch die anderen Variablen wirkt, wurde ein Regressionsmodell für alle Verhaltensskalen mit allen vorherigen Prädiktoren mit Ausnahme der zugehörigen Einstellung berechnet (vgl. Anhang VII). Liegt eine zumindest partielle Mediation durch die Einstellung vor, muss erwartet werden, dass der standardisierte Regressionskoeffizient des betroffenen Prädiktors signifikant höher ist (und möglicherweise erst signifikant wird) im Vergleich zum Regressionsmodell, welches die Einstellung als Prädiktor mit enthält.

Das Verhalten in Bezug auf den *Erhalt der Arbeitsfähigkeit* der Mitarbeitenden wird nur von der Variable Einstellung in signifikantem Ausmass erklärt. Die Einstellung zum *Erhalt der Arbeitsfähigkeit* der Mitarbeitenden wiederum wird durch die Variablen Geschlecht, Arbeitsland und EF1 (*Führungsfähigkeit & Problemlösefähigkeit*) in signifikantem Ausmass vorausgesagt. Da die ersteren beiden Variablen signifikant mit dem Verhalten korrelieren besteht die Möglichkeit, dass sie über den Mediator Einstellung auf das Verhalten Einfluss nehmen. Dies würde bedeuten, dass das Geschlecht und das Arbeitsland die Einstellung in Bezug auf den *Erhalt der Arbeitsfähigkeit* beeinflussen und dass sie nur auf indirektem Weg über die Einstellung, jedoch nicht direkt mit dem Verhalten zusammenhängen. Dass beide Prädiktoren des Kriteriums *Erhalt der Arbeitsfähigkeit - Verhalten*, in Abwesenheit der entsprechenden Einstellung als weiterer Prädiktor, signifikante standardisierte Regressionskoeffizienten erreichen (Arbeitsland: β = -.122*; Geschlecht: β = -.117*) unterstützt diese Vermutung. Die Wahrnehmungsskala EF1 (*Führungsfähigkeit & Problemlösefähigkeit*) korreliert weder alleine, noch in einer multivariaten Regressionsanalyse mit der Skala *Erhalt der Arbeitsfähigkeit - Verhalten*. Es besteht hingegen eine hochsignifikante Korrelation zur Einstellung (r = .178***) und auch bei der multivariaten Regressionsanalyse klärt EF1 einen signifikanten Anteil der Varianz der Einstellung auf (β = .136*). Werden die unabhängigen Variablen, welche einen signifikanten Anteil der Varianz der Einstellung voraussagen, von der Regressionsanalyse mit dem Verhalten als abhängiger Variable ausgeschlossen, so verschlechtert sich die Varianzaufklärung des Regressionsmodells um 0.5% (EF1) respektive um je 0.1% (Geschlecht und Arbeitsland). Sollte EF1 einen Suppressionseffekt ausüben, ist dieser also als sehr klein einzuschätzen. In Bezug auf den Erhalt der Arbeitsfähigkeit kann folglich festgehalten werden, dass eine Wahrnehmungsskala (EF1: *Führungsfähigkeit & Problemlösefähigkeit*), sowie das Geschlecht und das Arbeitsland einen signifikanten direkten Einfluss auf die Einstellung und die letzten beiden Variablen auch einen wahrscheinlich indirekten Einfluss auf das Verhalten haben. Hingegen konnte kein Einfluss der Wahrnehmung älterer Mitarbeitender oder von Unternehmensvariablen auf die Einstellung oder das Verhalten *Erhalt der Arbeitsfähigkeit* nachgewiesen werden.

Das Verhalten in Bezug auf die *Individualisierte altersspezifische Führung* wird im Rahmen des beschriebenen Regressionsmodells ebenfalls nur von der entsprechenden Einstellungsskala in signifikantem Ausmass erklärt. Auch hier kann Varianz der Einstellungsskala von weiteren Variablen in signifikanter Weise aufgeklärt werden. Interessanterweise haben Variablen der Person und des Unternehmens keine signifikante Vorhersagekraft. Im Gegensatz dazu sind mehrere Wahrnehmungsskalen von Bedeutung: zwei Skalen der Wahrnehmung von älteren Mitarbeitenden (WA1: *Führungsfähigkeit und soziale Kompetenzen* sowie WA2: *Loyalität und Zurückhaltung gegenüber Veränderungen*) und eine Skala der Wahrnehmung der eigenen Fähigkeitsentwicklung (EF2: *Geistige Fitness und körperliche Leistungsfähigkeit)*. Auch hier weisen alle drei unabhängigen Variablen jeweils eine signifikante Korrelation mit der Verhaltensskala auf, welche sich jedoch bei der multiplen linearen Regression nicht in einem signifikanten Regressionskoeffizienten niederschlägt. Hingegen klären die drei Variablen einen signifikanten Anteil der Varianz der Einstellungsskala auf. Dabei haben die beiden Skalen der Wahrnehmung von älteren Mitarbeitenden einen positiven Zusammenhang mit der Einstellungsskala, während die Wahrnehmungsskala der Einschätzung der eigenen Fähigkeiten einen negativen Zusammenhang aufweist. Wird jeweils einer der drei Prädiktoren aus der multiplen Regression ausgeschlossen resultiert dieselbe Varianzaufklärung. Lediglich beim Ausschluss von WA2 verschlechtert sich diese leicht um 0.5%. WA2 ist auch die einzige Variable, die beim Weglassen der Einstellung in einem Regressionsmodell zur Aufklärung der Varianz der Skala *Individualisierte altersspezifische Führung - Verhalten* ein signifikantes Regressionsgewicht erreicht (β = .185**). Es kann daher vermutet werden, dass die Wahrnehmung von älteren Mitarbeitenden WA2 (*Loyalität und Zurückhaltung gegenüber Veränderungen*) lediglich durch die Einstellung auf das Verhalten *Individualisierte altersspezifische Führung* wirkt.

Die Einstellungs- und Verhaltensskalen *Frühzeitiger Austritt aus dem Erwerbsleben* sind insofern speziell, als hier die Verhaltensskala stärker zugunsten des Verbleibs älterer Mitarbeitender ausgerichtet ist als die Einstellungsskala. In allen anderen Bereichen ist das Gegenteil der Fall: eine Einstellung zugunsten älterer Mitarbeitender, welcher durch das Verhalten in gleichem Mass entsprochen wird. Beim *Frühzeitigen Austritt aus dem Erwerbsleben*, wird die Verhaltensskala - neben der Einstellung - einzig durch die Variable Arbeitsland in signifikantem Ausmass vorhergesagt. Dies ist insofern überraschend, als die Korrelation zwischen Arbeitsland (resp. der Differenz Arbeitsland Schweiz-Deutschland) und Kriterium nicht signifikant ist (r = -.039, p = .219). Dieses scheinbare Paradox lässt sich durch die Tatsache erklären, dass die Skala *Frühzeitiger Austritt aus dem Erwerbsleben - Einstellung* ebenfalls eine Erklärungsvariable des Modells ist. Wird die Einstellung nicht ins Regressionsmodell des Verhaltens mit einbezogen, ist auch das Regressionsgewicht des Arbeitslandes nicht signifikant (β = -.019, p = .727). Es kann also davon ausgegangen werden, dass das Arbeitsland keine direkte Erklärung für das Verhalten ist, sondern dass es lediglich die Einstellung beeinflusst. Es scheint so, dass das Arbeitsland einen Anteil der Varianz der Einstellungsskala erklärt, welcher nichts zur Erklärung des Kriteriums beiträgt, wodurch die Einstellung ein besserer Prädiktor wird. Bestätigt wird dies durch die Beobachtung, dass der in beiden Fällen hoch signifikante Regressionskoeffizient β des Prädiktors Einstellung von .646 auf .633 sinkt, wenn die Variable Arbeitsland Deutschland vs. Arbeitsland Schweiz von der Regressionsanalyse ausgeschlossen wird. Die Einstellung wird zudem durch die Variable Führungsstufe erklärt, wobei mit einer höheren Stufe in der Hierarchie eine stärkere Einstellung zugunsten des Verbleibs von älteren Mitarbeitenden im Arbeitsleben einhergeht. Die Führungsstufe erklärt in einem Regressionsmodell für das Verhalten ohne den Prädiktor Einstellung einen signifikanten Anteil der Varianz (β = .172, p = .001), welcher bei Einbezug der Einstellung nicht signifikant ist (β = .077, p = .064). Wahrscheinlich liegt hier eine Mediation durch die Einstellung vor, da die Führungsstufe zudem signifikant mit der Skala *Frühzeitiger Austritt aus dem Erwerbsleben - Verhalten* korreliert (r = .181***). Werden die Prädiktoren Arbeitsland respektive Führungsstufe aus dem Regressionsmodell mit dem Verhalten als Kriterium ausgeschlossen, sinkt die Vorhersagekraft des Modells um 0.9% (Arbeitsland) respektive um 0.5% (Führungsstufe). Interessanterweise haben die Variablen der Wahrnehmung sowie der Person keine signifikante Vorhersagekraft, weder auf die Einstellung noch auf das Verhalten im Bereich *Frühzeitiger Austritt aus dem Erwerbsleben*, obwohl mehrere Wahrnehmungsskalen signifikant mit dem Kriterium korrelieren (WA1, WA3 und EF2).

Der Bereich *Führung älterer Mitarbeitender* lässt sich in Einstellung und Verhalten von einigen Prädiktoren in signifikantem Ausmass voraussagen. Der beste Prädiktor für das Verhalten ist - wie bei allen anderen Skalen auch - die entsprechende Einstellung. Zusätzlich weisen im Regressionsmodell mit allen Prädiktoren die Variablen WA1, WA3, EF1, EF2 sowie die Anzahl Jahre im Unternehmen ein signifikantes Regressionsgewicht auf. Wird dieselbe Regressionsanalyse ohne den Prädiktor Einstellung durchgeführt, bleiben die Prädiktoren WA1, WA3 und Anzahl Jahre im Unternehmen signifikant. Zusätzlich wird das Geschlecht signifikant. Dies lässt darauf schliessen, dass die Prädiktoren EF1 und EF2 ohne die Einstellung ihre Vorhersagekraft auf das Verhalten verlieren und dass das Geschlecht mit der Einstellung um die Klärung desselben Varianzanteils des Kriteriums *Führung älterer Mitarbeitender - Verhalten* konkurriert. Wie weiter oben erwähnt (5.5.1) wird $β_{EF1}$ nicht interpretiert, weil es sich um einen Net-Suppressionseffekt handelt. Das Verhalten wird neben der Einstellung also vor allem durch die Variable Anzahl Jahre im Unternehmen vorausgesagt, wobei die Teilnehmenden bei längerem Verbleib im Unternehmen Verhaltensweisen im Bereich *Führung älterer Mitarbeitender* angeben, die zuungunsten der altersgerechten Führung von älteren Mitarbeitenden interpretiert werden müssen. Das Regressionsmodell verliert 1% der Varianzaufklärung, wenn diese Variable ausgeschlossen wird. Die beiden Skalen der Wahrnehmung von älteren Mitarbeitenden WA1 (*Führungsfähigkeit & soziale Kompetenzen*) und WA3 (*Körperliche Leistungsfähigkeit, Anpassungs- & Lernfähigkeit*) sagen in signifikantem Ausmass die Ausprägung des Kriteriums voraus. Wird die Einstellung aus dem Regressionsmodell ausgeschlossen kommt der Einfluss noch deutlicher zum Ausdruck, so dass auch bei diesen beiden Variablen davon ausgegangen werden muss, dass ein Teil der Varianz des Verhaltens über die Einstellung erklärt wird und möglicherweise eine partielle Mediation vorliegt. Der Ausschluss der Variablen WA1 respektive WA3 aus dem umfassenden Regressionsmodell erzeugt eine Reduktion der Varianzaufklärung um 0.9% respektive 0.5%. Das Weglassen der Variablen EF1 oder EF2 führt jeweils zu einer um 0.7% tieferen Varianzaufklärung. Beim Geschlecht beträgt der Unterschied lediglich 0.2%. Die Einstellung wiederum wird in signifikantem Ausmass durch die Prädiktoren WA1, WA3, EF1, Anzahl Jahre im Unternehmen und das Geschlecht vorausgesagt, wobei hier alle Regressionskoeffizienten (auch derjenige von EF1) in Richtung und relativer Grösse mit der bivariaten Korrelation korrespondieren (vgl. Tabelle 23 und Anhang VII).

Zusammenfassend kann festgehalten werden, dass in Regressionsmodellen mit dem Verhalten als abhängiger Variablen, die jeweilige Einstellung als bester Prädiktor auffällt. Die Einstellung erklärt jeweils ein Vielfaches der Varianz im Vergleich mit den anderen Prädiktoren. Die Erklärungsmodelle für die Einstellung zeigen eine Varianzaufklärung R^2 von 10% - 18%. Trotz der tieferen Erklärungskraft ist die Effektstärke dieser Modelle signifikant und von moderater Grösse. Von einigen Prädiktoren kann zudem vermutet werden, dass sie über die Einstellung auf das Verhalten wirken. Diese Ergebnisse werden in den folgenden zwei Abschnitten diskutiert.

5.6 Diskussion der Ergebnisse

5.6.1 Inhaltliche Dimension

Es lässt sich festhalten, dass in allen Skalen der IAF die Einstellungen gegenüber älteren und älter werdenden Mitarbeitenden zumindest teils teils zustimmend und oft auch ziemlich zustimmend sind (vgl. 5.3.1). Drei der vier Einstellungsskalen und alle darin enthaltenen Einzelitems sind stärker ausgeprägt (das heisst positiver gestimmt in Bezug auf die individualisierte alternsgerechte Führung) als die entsprechenden Verhaltensskalen und -items. Einzige Ausnahmen sind zwei Einzelitems, bei welchen sich Einstellung und Verhalten nicht signifikant voneinander unterscheiden. Wären die Einstellungswerte nicht vorwiegend positiv oder zumindest neutral, würde eine wichtige Voraussetzung für einen entsprechenden Verhaltensaufbau fehlen, da eine positive Einstellung gegenüber dem Thema als notwendige aber nicht hinreichende Bedingung für den Aufbau entsprechender Verhaltensweisen gilt. Eine wichtige Voraussetzung der IAF kann mit diesen Ergebnissen also zumeist als gegeben betrachtet werden. Wenig ausgeprägt ist die Zustimmung beim Einzelitem „Neueinstellung älterer Arbeitnehmender" und tendenziell auch in der ganzen Skala *Individualisierte altersspezifische Führung*. Allerdings sind die Einstellungen immer noch im neutralen bis zustimmenden Bereich - und stärker ausgeprägt als die entsprechenden Verhaltensitems/-skalen - so dass auch hier, wenn auch nicht so ausgeprägt wie in den anderen Bereichen, die Voraussetzungen für einen entsprechenden Verhaltensaufbau als gegeben betrachtet werden können.

Die Skala *Frühzeitiger Austritt aus dem Erwerbsleben* zeigt im Gegensatz zu den anderen Skalen der individualisierten altersgerechten Führung höhere Werte im Führungsverhalten als in der Einstellung zum entsprechenden Führungsverhalten. Das Verhalten der Führungspersonen unterstützt den Verbleib älterer Mitarbeitender im Erwerbsleben also stärker als ihre diesbezügliche Einstellung. Wie lässt sich das erklären? Interessanterweise ist bei den Teilnehmenden mit Arbeitsland Deutschland kein signifikanter Unterschied zwischen der Einstellungs- und der Verhaltensskala *Frühzeitiger Austritt aus dem Erwerbsleben* auszumachen. Mit anderen Worten - es sind die Führungskräfte in der Schweiz, welche eine tiefere Einstellung zu Gunsten des Verbleibs im Erwerbsleben angeben, die zudem signifikant vom Verhalten abweicht, welches stärker zu Gunsten des Verbleibs der älteren Mitarbeitenden im Erwerbsleben ausgeprägt ist. Es kann sein, dass Führungskräfte in der Schweiz noch teilweise der Vorstellung anhaften, dass sie sich Frühpensionierungen leisten könnten und dies als eine Art „Geschenk" an ihre älteren Mitarbeitenden verstehen. Frühpensionierungen sind in grösseren Unternehmen, bei Männern, Personen mit einer Vorgesetztenfunktion und in der Kredit- und Versicherungsbranche nachgewiesenermassen stärker verbreitet (vgl. Abschnitt 2.3) und könnten eine einstellungswirksame Vorbildwirkung haben. Gruppenunterschiede hatten zudem gezeigt, dass die obere Führungsstufe den Verbleib ihrer Mitarbeitenden im Erwerbsleben stärker unterstützt, während in Grossunternehmen ein frühzeitiger Austritt aus dem Erwerbsleben tendenziell stärker unterstützt wird als in kleineren Unternehmen. In beiden Fällen wird jedoch gesamthaft dem Verbleib der Mitarbeitenden im Erwerbsleben zwischen teils teils und ziemlich zugestimmt. Von Führungspersonen wird ein zweckgebundenes Führungsverhalten erwartet. Es kann demnach vermutet werden, dass bei Führungspersonen die Einstellung verbreitet ist, dass die Entlassung älterer Mitarbeitender ein arbeitsmarktliches Instrumentarium ist, das sie auch nutzen können und sollen, sofern das von Nöten ist. In der praktischen Umsetzung wird das dann doch nicht so ausgiebig gemacht. Eine Überlegung ist, dass die Umsetzung bei ganz konkreten älteren Mitarbeitenden erfolgt, die in der Folge schlechte Perspektiven am Arbeitsmarkt haben. Diese Mitarbeitenden haben ihrerseits die Erwartung auf eine Beschäftigung bis zum gewünschten oder gesetzlich vorgeschriebenen Pensionierungszeitpunkt. Führungsentscheidungen basieren auf verschiedenen - oftmals nicht kompatiblen - Erwartungen, Einstellungen und Fakten. Bei einem Zielkonflikt scheint sich hier - wenn betrieblich keine Auflagen bestehen oder keine dringliche betriebliche Notwendigkeit gesehen wird - diese Einstellung weniger intensiv in Führungsverhalten umzusetzen.

Die Verhaltensitems zeigen nahezu durchgehend zustimmende Ausprägungen. Auffallend sind die Items der Skala *Individualisierte altersspezifische Führung* und das Item „aktive Unterstützung einer gesunden Lebensweise". Hier geben die Führungspersonen an, diese Verhalten nur teils teils zu zeigen. Sehr viel Zustimmung finden hingegen Führungsverhaltensweisen mit konkretem Bezug zum *Erhalt der Arbeitsfähigkeit* und damit auch konkreten Möglichkeiten zu Arbeitsgestaltung, Ergonomie oder Weiterbildung. Wenn sich die Aktivität auf das eigene individualisierte Führungsverhalten konkretisiert, bleibt die Frage offen, warum hier wenig altersspezifisches Verhalten gezeigt wird. Sind die strukturellen

Voraussetzungen nicht gegeben? Das würde bedeuten, dass die Führungsspannen zu gross sind, zu wenig Zeit für Individualisierung von Führung zur Verfügung steht oder die Führungskultur das nicht zulässt. Andererseits kann die Ursache der geringen Ausprägung bei den Führungspersonen direkt liegen: Fehlt es an Kenntnissen, die Situation spezifisch wahrzunehmen, einzuschätzen und zu reflektieren und zu beurteilen oder an der Fähigkeit den Führungsstil und das eigene Führungsverhalten spezifisch dieser Situation anzupassen? Bei der Frage nach der aktiven Unterstützung einer gesunden Lebensweise, welche innerhalb der Skala *Erhalt der Arbeitsfähigkeit* als aussergewöhnlich tief angegeben wird, bleibt offen, ob dieser Bereich (Ernährung/Bewegung) nicht kulturell bedingt - in der Schweiz und in Deutschland - eher der Privatsphäre der Geführten zugeordnet wird und dementsprechend nicht als Führungsaufgabe wahrgenommen wird.

Sehr hohe Werte erreicht auch die Skala *Führung älterer Mitarbeitender* (vgl. 5.3.1.3). Hier geht es vorwiegend darum, die positiven Eigenschaften der älteren Mitarbeitenden mit einzubeziehen und für das Unternehmen gewinnbringend einzusetzen. Die Führungskräfte geben zudem ein Verhalten an, welches nahezu der Einstellung entspricht und als trifft ziemlich zu eingeschätzt wird. Entspricht diese hohe Zustimmung der Realität oder ist sie eher als Wunschdenken einzuordnen? Ein Hinweis darauf könnte die Skala *Individualisierte altersspezifische Führung* sein, welche die Umsetzung stärker konkretisiert und entsprechend tiefer ausfällt. Auch innerhalb der Skala *Führung älterer Mitarbeitender* ist das Item, welches die Frage nach der Neueinstellung von älteren Arbeitnehmenden stellt, mit Abstand am tiefsten und klafft am stärksten zwischen Einstellung und Verhalten auseinander. Die etwas allgemeinere Formulierung der restlichen drei Items erlaubt es möglicherweise das Verhalten als ziemlich zutreffend einzuschätzen, da keine pointierten konkreten Verhaltensweisen abgefragt wurden.

Wird die Wahrnehmung der Fähigkeiten älterer Mitarbeitender und die Wahrnehmung der eigenen Fähigkeitsentwicklung betrachtet, lässt sich feststellen, dass die Ergebnisse sich mit den Erkenntnissen zur Entwicklung der kognitiven Fähigkeiten im Altersverlauf decken. Aspekte der Mechanik nehmen eher ab, während Aspekte der Pragmatik, z.B. das praktische Wissen, eher zunehmen. Diese Ergebnisse finden sich bei der Wahrnehmung der Fähigkeitsentwicklung bei den Führungspersonen selbst und bei den geführten Mitarbeitenden. Dies zeugt von einem realistischen Bild des Älterwerdens der beteiligten Führungspersonen. Es besteht kein Zusammenhang zwischen der Kontakthäufigkeit zu älteren Mitarbeitenden und der Einschätzung von deren Fähigkeiten. Auch das eigene Alter hat darauf keinen Einfluss. Die Entwicklung der Fähigkeiten bei den Geführten wird nahezu identisch eingeschätzt wie die eigene Fähigkeitsentwicklung. Eine übereinstimmende und auch realistische Selbst- und Fremdeinschätzung kann als gute Basis für eine entsprechende Anpassung der individualisierten altersgerechten Führung gewertet werden, da davon ausgegangen werden kann, dass es sich nicht um reine Altersstereotypen oder sogar Vorurteile handelt, sondern um eine realistische und differenzierte Einschätzung der Entwicklung der Fähigkeiten mit dem Älterwerden. Diese Interpretation kann zusätzlich durch die Ergebnisse der direkten Befragung der Altersstereotypen gestützt werden: Auch hier werden die älteren Mitarbeitenden als leistungsfähig und produktiv eingeschätzt. Zudem wird die eigene Fähigkeitsentwicklung und auch die Fähigkeitsentwicklung älterer Mitarbeitender differenziert eingeschätzt. Die wissenschaftliche Erkenntnis der differentiellen Entwicklung von Fähigkeiten mit dem Älterwerden ist in der Wahrnehmung der Führungskräfte abgebildet. Die teilnehmenden Führungskräfte erkennen richtig, dass biologisch determinierte Prozesse, bei denen die Erfahrung nicht genutzt werden kann, mit dem Alter schwieriger zu bewältigen sind (z.B. körperliche Leistungsfähigkeit und Dauerbelastbarkeit) und schätzen sie entsprechend niedriger ein. Die Unterschiede in den verschiedenen Wahrnehmungsskalen nach Gruppen sind durchwegs so gering, dass sie in Anbetracht der geringen Reliabilität der Skalen hier nicht diskutiert werden.

Die differenzierte Betrachtung der Unterschiede zwischen Führungspersonen in der Schweiz und in Deutschland muss in die jeweilige Führungssituation eingebettet werden. Die Schweiz hat im europäischen Vergleich einen Spitzenplatz, was den Verbleib der Altersgruppe zwischen 55 und 64 im Arbeitsprozess betrifft. Es gibt überdies eine grössere Anzahl an Personen, die sogar über das offizielle Pensionsalter hinaus arbeitstätig bleiben. In der Schweiz ist dieser Anteil mit knapp 14% beinahe doppelt so hoch wie in der Europäischen Union (Egger et al., 2007). Während in der Schweiz rund 70% der 55-64-Jährigen noch arbeitstätig sind, sind es in Deutschland nur noch 55% (Eurostat, 2010). Führungspersonen in beiden Arbeitsländern sind sich einig, dass psychische und physische Belastungen vermieden und die Mitarbeitenden nicht dauerhaft übermässigen Arbeitspensen ausgesetzt werden sollen und zeigen auch ein entsprechendes Führungsverhalten. In der Schweiz ist jedoch ein achtsamer Umgang mit dem Thema Belastung und Beanspruchung stärker ausgeprägt als in Deutschland. Ist das eine Frage der Führungskultur? Interessant ist das Ergebnis, dass schweizerische Führungspersonen in ihrer Einstellung (jedoch nicht in ihrem Verhalten) eher den frühzeitigen Übertritt in den Ruhestand unterstützen und Frühpensionierungen als sozialverträgliche Form der Restrukturierung akzeptieren. Das kann damit zusammenhängen, dass diese arbeitsmarktlichen Instrumentarien in der Schweiz weit weniger verbreitet sind und insofern mehr Akzeptanz erfahren.

Beim Vergleich zwischen den Geschlechtern lässt sich beobachten, dass Führungsfrauen eher der Aussage zustimmen, dass ältere Arbeitnehmende neu eingestellt werden sollen. Sie haben eine ausgeprägtere pro-soziale Einstellung und geben auch weitaus häufiger an, sich so zu verhalten, dass die Employability der Mitarbeitenden erhalten wird und Routinen vermieden werden. Tendenziell lassen sich diese Befunde in die vielzitierten Unterschiede zwischen weiblicher und männlicher Führung einordnen, Führungsfrauen zeigen mehr Elemente der mitarbeiterorientierten Führung. Zu berücksichtigen ist auch, dass Führungsfrauen tendenziell eher in Branchen mit einem hohen Anteil von älteren Mitarbeitenden beschäftigt sind (öffentliche Verwaltung, Unterrichtswesen, Gesundheits- und Sozialwesen) und sich in diesen Branchen bereits heute schon stärker ein Mangel an qualifizierten Arbeitskräften zeigt, es de facto einen erhöhten Handlungsbedarf gibt.

Eine Betrachtung der Unternehmensgrösse ergibt, dass Führungspersonen, die in Mikro- und Kleinunternehmen arbeiten häufiger angeben, ältere Arbeitnehmende neu einzustellen als Angehörige von Grossunternehmen. Ausserdem unterstützen sie auch das Ausscheiden älterer Mitarbeitender in den vorzeitigen Ruhestand weniger. Dieses Ergebnis lässt sich gut mit den von den Grossunternehmen in der Vergangenheit häufig eingesetzten Frühpensionierungsprogrammen erklären und auch mit der Professionalisierung und Standardisierung von HR-Prozessen, welche der Differenzierung im Vergleich zur Individualisierung Vorschub leistet. So wenden gerade Grossunternehmen E-Rekruting-Tools an, die bereits in der Selektion einen Filter einsetzen und das Alter der Bewerber/innen screenen. Unklar ist in diesem Zusammenhang auch die Frage nach zentralen Vorgaben und dem Einfluss von Führungskulturen in Grossunternehmen. Insgesamt ist gerade die Neueinstellung älterer Personen ein als kritisch zu wertendes Ergebnis dieser Studie. Dementsprechend sind die Chancen für die älteren Arbeitssuchenden und die Wahrnehmung der gesellschaftlichen Verantwortung der klein- und mittelständischen Unternehmen einzuordnen.

Interessant ist, dass lediglich das Top-Management, das heisst Führungspersonen der oberen Führungsebene, als einzige Führungsebene dem frühzeitigen Austritt aus dem Erwerbsleben noch weniger zustimmt als die anderen Führungsebenen und sich auch entsprechend verhält. Dies ist der einzige Hinweis dafür, dass der frühzeitige Austritt aus dem Erwerbsleben im Zusammenhang mit Führung steht. Unklar ist, warum gerade die untere und mittlere Führungsebene eher noch Frühpensionierungen zustimmt.

Der Vergleich der Aussagen nach verschiedenen Gruppen brachte insgesamt zu Tage, dass sich nur wenige bedeutende Unterschiede zwischen den Arbeitsländern, Geschlechtern, Unternehmensgrössen oder Branchen fanden. Die Unterschiede zwischen Einstellung und Verhalten sind bis auf wenige Ausnahmen grösser als Unterschiede zwischen den verschiedenen Gruppen.

Die Wahrnehmung und Stereotypenbildung kann zusammen mit der Einstellung als Erklärungsvariable für alternsgerechte Führung betrachtet werden. Aus der wissenschaftlichen Forschung ist bekannt, dass Wahrnehmung und Stereotypenbildung die Akzeptanz und Einflussoffenheit bei den Geführten erhöht (vgl. 3.5.2).

Die Überprüfung ausgewählter führungs- und sozialpsychologischer Hypothesen konnte verschiedene bivariate Zusammenhänge verifizieren. Die Betrachtung der Zusammenhänge von Verhalten, Einstellung und Wahrnehmung zeigt hohe Korrelationen zwischen Einstellung und Verhalten - je alternsgerechter die Einstellung zur Führung von älteren und älter werdenden Mitarbeitenden, desto alternsgerechter ist das Verhalten der Führungspersonen. Auch die Wahrnehmung der älteren Arbeitnehmenden und deren Fähigkeiten stehen in positivem Zusammenhang mit der Ausprägung der individualisierten alternsgerechten Führung. Je positiver die Führungspersonen ihr eigenes Älterwerden wahrnehmen, desto positiver wird auch die Entwicklung der Fähigkeiten der älteren Mitarbeitenden wahrgenommen und desto positiver ist das Führungsverhalten gegenüber älter werdenden und älteren Mitarbeitenden.

Diese vielfältigen bivariaten Zusammenhänge wurden in der Folge mit multivariaten Analysen vertieft und in ihrer relativen Wichtigkeit untersucht. Dazu wurden auch die Personen- und Unternehmensvariablen mit berücksichtigt, da die univariaten Analysen bereits Hinweise auf deren Einfluss aufgezeigt hatten. Die potenzielle Erklärungskraft dieser Variablen konnte zudem von bisherigen Erkenntnissen aus Theorie und Praxis abgeleitet werden. In erster Linie wurde untersucht inwiefern sich Verhalten und Einstellung durch die Variablen der Person und des Unternehmens vorhersagen lassen.

Es zeigt sich deutlich, dass das Verhalten in erster Linie durch die Einstellung vorausgesagt werden kann. Die Varianzaufklärung beträgt dabei mindestens hohe 36.7%. Interessant sind die Unterschiede zwischen den verschiedenen Verhaltensskalen. Bei den Verhaltensskalen *Erhalt der Arbeitsfähigkeit* und *Individualisierte altersspezifische Führung* ist die entsprechende Einstellungsskala der einzige signifikante Prädiktor, während bei der Skala *Frühzeitiger Austritt aus dem Erwerbsleben - Verhalten* das Arbeitsland und bei der Skala *Führung älterer Mitarbeitender - Verhalten* neben der Variable Anzahl Jahre im Unternehmen vorwiegend Wahrnehmungsskalen einen signifikanten Einfluss auf die Varianzaufklärung der jeweiligen Verhaltensskalen ausüben. Wird die Einstellung als Prädiktor für die Voraussage des Verhaltens ausgeschlossen, besteht die Möglichkeit, dass weitere Prädiktoren, welche über die Einstellung wirken, signifikant werden. In diesen Fällen kann postuliert werden, dass die Einstellung als Mediator wirkt - vorausgesetzt weitere Bedingungen sind erfüllt (methodische Diskussion: vgl. 5.6.2).

Die Skala *Erhalt der Arbeitsfähigkeit - Einstellung* lässt sich vom Arbeitsland und dem Geschlecht sowie EF1 (*Führungsfähigkeit & Problemlösefähigkeit*) in signifikantem Ausmass voraussagen. Das Regressionsmodell der Verhaltensskala hatte die Einstellung als einzigen signifikanten Prädiktor identifiziert. Wurde dort die Einstellung als Prädiktor ausgeschlossen, zeigten sowohl Arbeitsland als auch Geschlecht ein signifikantes Regressionsgewicht, nicht jedoch EF1. Es besteht also die Möglichkeit, dass der Einfluss von Arbeitsland und Geschlecht auf die Einstellung zum *Erhalt der Arbeitsfähigkeit* die Verbindung zum Verhalten *Erhalt der Arbeitsfähigkeit* (zumindest teilweise) erst herstellt. EF1 steht in keinem signifikanten Zusammenhang mit dem *Erhalt der Arbeitsfähigkeit - Verhalten*; im Gegensatz dazu klärt EF1 einen signifikanten Anteil der Varianz der Skala *Erhalt der Arbeitsfähigkeit - Einstellung* auf (β = .136*). Das Regressionsmodell zur Varianzaufklärung des Verhaltens verschlechtert sich um 0.5% wird EF1 weggelassen. Dies lässt vermuten, dass EF1 einen Anteil der Varianz der Einstellung aufklärt, welcher für die Varianzaufklärung des Verhaltens nicht relevant ist, wodurch das Modell insgesamt verbessert wird. Die Ergebnisse der multivariaten Analyse stehen im Einklang mit den bisherigen Ergebnissen. Weder Unternehmensvariablen noch die Wahrnehmung der älteren Mitarbeitenden und ihrer Fähigkeiten können die Voraussage von Verhalten oder Einstellung in Bezug auf den *Erhalt der Arbeitsfähigkeit* verbessern. Mit anderen Worten ist es die Person (mit den Variablen Arbeitsland und Geschlecht) und ihre Einstellung, welche das Verhalten bezüglich des *Erhalts der Arbeitsfähigkeit* am besten erklären kann. Dieses Ergebnis ist insofern überraschend, als die Unternehmensmerkmale wie Branche oder

Unternehmensgrösse keine Varianz erklären können. Eine Möglichkeit ist, dass die Führungskräfte das Niveau bezüglich der Förderung von Leistungsfähigkeit und Gesundheit sowie des Erhalts der beruflichen Qualifikation der Mitarbeitenden im Verhältnis gleich einschätzen und von daher keine Differenz generiert wird, welche eine genügende Erklärungskraft aufweisen könnte. Dass sich Einstellung und Verhalten in Bezug auf den *Erhalt der Arbeitsfähigkeit* von der Wahrnehmung der älteren Mitarbeitenden als unabhängig erweisen, weist in eine ähnliche Richtung und mag ebenfalls darauf zurückzuführen sein, dass das Thema unabhängig vom Alter als wichtig eingeschätzt und ein angemessener Standard als erreicht angesehen wird. Die Abhängigkeit vom Geschlecht kann auf die ausgeprägtere prosoziale Einstellung der weiblichen Führungskräfte zurückgeführt werden.

Die Skala *Individualisierte altersspezifische Führung - Einstellung* wird durch die Wahrnehmungsskalen WA1 (*Führungsfähigkeit & soziale Kompetenzen*), WA2 (*Loyalität & Zurückhaltung gegenüber Veränderungen*) und EF2 (Einschätzung der eigenen *geistigen Fitness & körperlichen Leistungsfähigkeit*) vorausgesagt. Die entsprechende Verhaltensskala *Individualisierte altersspezifische Führung - Verhalten* wird lediglich durch die Einstellung in signifikantem Mass erklärt. Von den drei Wahrnehmungsskalen erfüllt lediglich WA2 die Bedingungen für die Möglichkeit via Einstellung als Mediator indirekt auf das Verhalten einzuwirken. Da die Skala EF2 ein negatives Regressionsgewicht β und die anderen beiden Skalen WA1 und WA2 ein positives Regressionsgewicht β aufweisen, was die entsprechenden bivariaten Korrelationen bestätigt, kann die begründete Vermutung aufgestellt werden, dass eine realistische Sicht des eigenen Älterwerdens und eine ebenfalls realistische Wahrnehmung von älteren Mitarbeitenden und ihren Fähigkeiten eine positivere Einstellung in Bezug auf die *Individualisierte altersspezifische Führung* zur Folge haben. Das Verhalten in Bezug auf die *Individualisierte altersspezifische Führung* wird durch die Einstellung vorausgesagt und möglicherweise von der Einschätzung der *Loyalität & Zurückhaltung gegenüber Veränderungen* von älteren Mitarbeitenden (WA2) über die Einstellung leicht moduliert. Die Vorhersagekraft des Regressionsmodells für das Verhalten ist mit über 50% sehr hoch. Interessanterweise konnte trotz entsprechenden Hinweisen in der Literatur, dass beispielsweise das Alter oder das Geschlecht, respektive unternehmerische Rahmenbedingungen eine Rolle spielen könnten, für Personen- oder Unternehmensvariablen kein signifikanter Einfluss nachgewiesen werden. Bei dieser Skala ist folglich die Einstellung in noch stärkerem Ausmass als bei den anderen Skalen der Schlüssel zum Verhalten. Die Einstellung bezüglich der *individualisierten altersspezifischen Führung* wiederum wird am stärksten von einer realistischen Wahrnehmung geprägt.

Beim *Frühzeitigen Austritt aus dem Erwerbsleben - Verhalten* ist neben der Einstellung auch das Arbeitsland ein signifikanter Prädiktor. Bei der Einstellung sind das Arbeitsland und zusätzlich auch die Führungsstufe signifikant. Der Einfluss des Arbeitslandes ist insofern interessant, als mit Arbeitsland Deutschland ein vergleichsweise tieferer Wert für das Verhalten und ein vergleichsweise höherer Wert für die Einstellung in Bezug auf den *Früh-*

zeitigen Austritt aus dem Erwerbsleben vorausgesagt wird. Diese Werte bedeuten, dass Teilnehmende mit Arbeitsland Deutschland im Vergleich zu Teilnehmenden mit Arbeitsland Schweiz den Verbleib älterer Mitarbeitender im Erwerbsleben mit ihren Verhalten weniger unterstützen und in ihrer Einstellung stärker unterstützen. Dies ist insofern überraschend, als die bisherigen Resultate die Unterschiede im Verhalten zwischen den Ländern als nicht signifikant eingeschätzt hatten. Die Betrachtung des Regressionskoeffizienten B zeigt, dass der Unterschied zwischen der Schweiz und Deutschland in der Voraussage des Verhaltens 0.15 Punkte ausmacht, was die Bedeutung des Resultats wieder etwas relativiert. Wie oben ausgeführt (vgl. 5.5.3) ist das Erklärungsmodell zum Zusammenhang der Einstellung und des Verhaltens im Bereich *Frühzeitiger Austritt aus dem Erwerbsleben* mit dem Arbeitsland komplex. Die Ergebnisse legen nahe, dass das Arbeitsland keine direkte Erklärungskraft für das Verhalten hat, sondern lediglich die Einstellung beeinflusst, wodurch erst ein Zusammenhang von Verhalten und Arbeitsland in der multiplen linearen Regression entsteht. Es kann aber auch deswegen wenig Einfluss auf das Verhalten haben, weil in Deutschland im Vergleich zur Schweiz wesentlich weniger Personen im Alter zwischen 55 und 65 im Arbeitsprozess stehen. Die Einstellung kann teilweise als durch die Landeskultur geprägt definiert werden, wodurch letztere handlungswirksam werden kann.

Die Einstellung zum *Frühzeitigen Austritt aus dem Erwerbsleben* wird in etwa gleichem Ausmass von der Führungsstufe und vom Arbeitsland vorausgesagt. Die Voraussagekraft des Regressionsmodells für die Einstellung liegt dabei bei rund 10%. Je höher die Führungsstufe, desto stärker wird eine Einstellung zugunsten des Verbleibs der älteren Mitarbeitenden im Erwerbsleben vorhergesagt und so möglicherweise auch das Verhalten beeinflusst. Da die Führungsstufe einen signifikanten Anteil der Varianz der Skala *Frühzeitigen Austritt aus dem Erwerbsleben - Verhalten* erklären kann - vorausgesetzt die Einstellung ist nicht gleichzeitig ebenfalls ein Prädiktor im Regressionsmodell - besteht die Möglichkeit, dass die Führungsstufe via Einstellung als Mediator auf das Verhalten wirkt. Dass höhere Kader eher eine Einstellung zugunsten des Verbleibs von älteren Mitarbeitenden im Erwerbsleben haben, könnte darauf zurückzuführen sein, dass ältere Erwerbstätige - insbesondere diejenigen, die über das offizielle Rentenalter hinaus erwerbstätig bleiben - eine vergleichsweise höhere Ausbildung vorweisen und daher eher in den höheren Führungsstufen anzutreffen sind. Diese Personen dürften die Einstellung der Führungskräfte prägen. Je höher in der Hierarchie, desto eher liegt der frühzeitige Rücktritt in der Entscheidungsfreiheit des oder der Betroffenen. Eine individualisierte Sicht ist jedoch von Stereotypen und generalisierten Wahrnehmungsskalen unabhängig. Je tiefer in der Hierarchie, desto zunehmender dürfte die Entscheidung über eine frühzeitige Pensionierung von Konventionen und Stereotypen abhängig werden. So lassen sich möglicherweise auch die signifikanten Korrelationen der Wahrnehmungsskalen WA1 (*Führungsfähigkeit & soziale Kompetenzen*), WA3 (*Körperliche Leistungsfähigkeit, Anpassungs- & Lernfähigkeit*) und die Skala der eigenen Fähigkeitsentwicklung EF2 (*Geistige Fitness & körperliche Leistungsfähigkeit*) mit den Einstellungs- und Verhaltensskalen des Bereichs *Frühzeitiger Austritt aus dem Erwerbsleben* erklären, obwohl keine der Wahrnehmungsskalen einen

Beitrag zur Erklärung der Varianz in den entsprechenden multiplen Regressionsmodellen leisten kann.

Der Bereich *Führung älterer Mitarbeitender* wird von einer Vielzahl von Variablen in signifikantem Ausmass vorausgesagt. Dabei werden sowohl Verhalten wie auch Einstellung durch die drei Wahrnehmungsskalen WA1 (*Führungsfähigkeit & soziale Kompetenzen*), WA3 (*Körperliche Leistungsfähigkeit, Anpassungs- & Lernfähigkeit*) und EF1 (*Führungsfähigkeit & Problemlösefähigkeit*) sowie die Anzahl Jahre im Unternehmen vorausgesagt. Die Variable EF2 (*Geistige Fitness & körperliche Leistungsfähigkeit*) erklärt nur einen Teil der Varianz des Verhaltens, während dem das Geschlecht nur zur Varianzaufklärung der Einstellung mit beiträgt. Wird das Verhalten in einer Regressionsanalyse ohne den Prädiktor Einstellung untersucht, bleiben die Prädiktoren WA1, WA3 und Anzahl Jahre im Unternehmen signifikant. Zusätzlich wird das Geschlecht signifikant. Die Einschätzung der eigenen Fähigkeitsentwicklung in den Skalen EF1 und EF2 hat also keine direkte Erklärungskraft für das Verhalten. Der Einfluss des Geschlechts auf das Verhalten wird hingegen beim Einbezug der Einstellung hinfällig, was als Hinweis auf eine mögliche Mediation durch die Einstellung gelten kann. In den Regressionsmodellen sagen die Variablen männliches Geschlecht und zunehmende Anzahl Jahre im Unternehmen einen tieferen Skalenwert voraus, während die Variablen der Wahrnehmung von älteren Mitarbeitenden WA1, WA3 sowie die Wahrnehmung der eigenen Fähigkeitsentwicklung EF2 mit einem höheren Wert der Skalen einhergehen. EF1 zeigt im Regressionsmodell zur Erklärung des Verhaltens die typischen Merkmale für eine Net-Suppression und wird daher dort nicht diskutiert. Im Regressionsmodell zur Erklärung der Einstellung trägt es wie erwartet positiv zur Varianzaufklärung bei. Die Ergebnisse der anderen Variablen lassen sich mit den bisherigen Erkenntnissen vereinbaren. Die Einstellung wird vor allem durch die drei Wahrnehmungsskalen WA1 (*Führungsfähigkeit & soziale Kompetenzen*), WA3 (*Körperliche Leistungsfähigkeit, Anpassungs- & Lernfähigkeit*) und EF1 (*Führungsfähigkeit & Problemlösefähigkeit*) geprägt. Wie weiter oben ersichtlich, beschreibt die Skala *Führung älterer Mitarbeitender* eine Einstellung und ein Verhalten, welches darum bemüht ist, die positiven Eigenschaften der älteren Mitarbeitenden mit einzubeziehen und für das Unternehmen gewinnbringend einzusetzen. Dass dies eher gelingt, wenn die Fertigkeiten und Fähigkeiten der älteren Mitarbeitenden tatsächlich positiv wahrgenommen werden, ist selbsterklärend. Eine positive Einschätzung der Entwicklung der eigenen *Führungsfähigkeit & Problemlösefähigkeit* kann die positive Einstellung ebenfalls vorhersagen. Das weibliche Geschlecht sagt eine positivere Einstellung voraus, was durch die vergleichsweise prosozialere Orientierung erklärt werden kann. Schwieriger zu erklären ist der negative Einfluss der längeren Jahre des Verbleibs im Unternehmen. Bestätigt dieser Befund die Annahme, dass langjährige Mitarbeitende eine eher passive Rolle einnehmen und nicht an Innovation und Veränderung interessiert sind? Oder wird bei langem Verbleib im selben Unternehmen der Glaube an Einfluss- und Veränderungsmöglichkeiten der älteren Mitarbeitenden durch fehlende Wertschätzung nachhaltig erschüttert? Wie bei den anderen Bereichen, wird auch hier das Verhalten in erster Linie durch die Einstellung vorausgesagt. Beim Verhalten sagt ein längerer Verbleib im Unternehmen einen tieferen Skalenwert voraus. Die Wahrnehmungsskalen WA1 (*Führungsfähigkeit & soziale Kompetenzen*) und WA3 (*Körperliche Leistungsfähigkeit, Anpassungs- & Lernfähigkeit*) beeinflussen das Verhalten, wie schon die Einstellung positiv. Möglicherweise liegt hier eine partielle Mediation vor, verdoppelt sich doch jeweils der Regressionskoeffizient β beinahe, wenn die Einstellung aus der multiplen Regressionsanalyse zur Erklärung des Verhaltens ausgeschlossen wird. Die Einschätzung der eigenen Fähigkeitsentwicklung EF2 (*Geistige Fitness & körperliche Leistungsfähigkeit*) sagt erhöhte Werte der Verhaltensskala *Führung älterer Mitarbeitender* voraus. Wie schon erwähnt, kann die Wichtigkeit von EF1 an dieser Stelle nicht interpretiert werden. Diese Resultate unterstreichen die Wichtigkeit der Wahrnehmung bei der Einstellungs- und Verhaltenserklärung. Sogar eine eher unrealistische Eigenwahrnehmung kann sich positiv auf den Bereich *Führung älterer Mitarbeitender* auswirken: Je höher die Entwicklung der eigenen *Geistigen Fitness & körperlichen Leistungsfähigkeit* eingeschätzt wird, desto stärker wird ein Verhalten, welches darum bemüht ist die positiven Eigenschaften der älteren Mitarbeitenden mit einzubeziehen und für das Unternehmen gewinnbringend einzusetzen, gezeigt.

Als wichtigstes Ergebnis der multivariaten Analyse kann gelten, dass das Verhalten bei Weitem am besten durch die Einstellung vorausgesagt werden kann. Die Resultate der bivariaten Korrelationen konnten somit bestätigt werden. Die weiteren Variablengruppen Wahrnehmung, Person, Person im Unternehmen und Unternehmen spielen in den Erklärungsmodellen ebenfalls eine, wenn auch untergeordnete, Rolle. Die Ergebnisse für die vier Bereiche der individualisierten altersgerechten Führung wurden in diesem Abschnitt ausgiebig diskutiert.

5.6.2 Methodische Dimension

Die alternsgerechte individualisierte Führung IAF wurde 2005 in Deutschland erstmals von Braedel-Kühner erhoben. Zur vorliegenden Erhebung in der Schweiz und in Deutschland war der Fragebogen überarbeitet worden. Die Konstrukte Führungsverhalten Erhalt der Arbeitsfähigkeit und Einstellung zum Erhalt der Arbeitsfähigkeit wurden neu in die Dimensionen Verhalten und Einstellung aufgenommen. Für die Bewertung waren Skalen analog zu den Skalen von Braedel-Kühner verwendet worden. Es erwies sich als ungünstig, dass das Konstrukt Wahrnehmung der Fähigkeiten von älteren Mitarbeitenden in einer fünfstufigen Skala und das Konstrukt Wahrnehmung des eigenen Älterwerdens (eigene Fähigkeitsentwicklung) mit gespiegelten Items in einer dreistufigen Skala erhoben worden war. Die direkte Vergleichbarkeit ist dadurch eingeschränkt, lediglich die Korrelationen bleiben unbeeinflusst. Bei einer weiteren Verwendung sollte ebenfalls eine fünfstufige Ratingskala für das Konstrukt Wahrnehmung des eigenen Älterwerdens (eigene Fähigkeitsentwicklung) verwendet werden um eine bessere Vergleichbarkeit der inhaltlich gespiegelten Skalen zu gewährleisten.

Bei den Personenmerkmalen wurde im Vergleich mit Braedel-Kühner (2005) zusätzlich das Geschlecht erhoben. Eine weitere Variable, welche in dieser Arbeit und auch bei Braedel-Kühner nicht erhoben worden war, ist der höchste Bildungsabschluss, welcher nachgewiesenermassen einen Einfluss hat auf die Möglichkeit, den Zeitpunkt der Pensionierung selbst zu bestimmen. Es wäre interessant zu untersuchen, ob auch andere bildungsrelevante Inhalte abhängig von der eigenen Ausbildung beurteilt werden. Denkbar wäre beispielsweise ein Einfluss des höchsten Bildungsabschlusses auf die Beurteilung der Wichtigkeit von Weiterbildung. Bei weiteren Untersuchungen wäre es vorteilhaft diese Variable ebenfalls zu erheben.

Eine weitere Schwierigkeit war zu erheben, wie das demographische Profil der unmittelbar Geführten sowie der Organisationseinheit der befragten Führungskräfte aussieht. Es war darauf verzichtet worden eine Altersgrenze für ältere Mitarbeitende zu definieren. Um vergleichende Aussagen machen zu können, konnte folglich nicht nur auf ältere Mitarbeitende Bezug genommen werden, sondern es musste auch nach Mitarbeitenden über einer genauer definierten Altersgrenze gefragt werden. In dieser Arbeit wurde die Grenze bei 45 Jahren gesetzt. Aufgrund der erhaltenen Ergebnisse - die Führungskräfte zählen vor allem Mitarbeitende über 50 und 55 Jahren zu den älteren Mitarbeitenden - scheint es vorteilhaft diese Grenze bei 50 oder sogar 55 Jahren anzusiedeln.

Der Fragebogen beruht durchgehend auf einer Selbsteinschätzung der Führungskräfte. Es wurden keine weiteren Erhebungen gemacht, welche eine externe Validierung der Ergebnisse erlauben würden. Das Verhalten der Führungspersonen könnte zusätzlich zur Selbsteinschätzung durch eine Verhaltensbeobachtung oder eine Einschätzung durch die Geführten (Fremdbild) komplementiert und validiert werden. Es wäre zudem denkbar, den Work Ability Index (WAI) bei den Geführten zu erheben, als „objektives Mass" zur Erhebung des Zusammenhangs zwischen IAF und WAI.

Bei einer Selbsteinschätzung spielt bei der Beantwortung der Fragen immer auch die soziale Erwünschtheit eine Rolle. Um dem entgegenzuwirken wurde darauf hingewiesen, dass das gezeigte Verhalten auch von Rahmenbedingungen geprägt wird und nicht nur von der Führungsperson abhängig ist. Die Teilnehmenden wurden daraufhin gebeten möglichst das tatsächliche Führungsverhalten anzugeben. Bei der Beantwortung der Einstellungsitems ist davon auszugehen, dass die Teilnehmenden so antworten, wie sie es für wünschenswert halten, es wird also geradezu die persönliche Erwünschtheit abgefragt, welche von der sozialen Erwünschtheit geprägt sein dürfte. Im Fragebogen wurde der Themenbereich Erhalt der Arbeitsfähigkeit mit dem neutralen Namen Arbeitsgestaltung umschrieben, um zu vermeiden, dass die soziale Erwünschtheit zu verstärkt positiver Beantwortung der Items führt. Die bei nahezu allen Items signifikanten Unterschiede von Einstellung und Verhalten, weisen darauf hin, dass die Verhaltensitems unterschiedlich zur sozialen Erwünschtheit beantwortet wurden.

Die vorliegende Arbeit ist eine Querschnittuntersuchung und erlaubt keine Aussagen über die Entwicklung der IAF. Dazu wäre eine Längsschnittstudie nötig. Eine vergleichende Analyse der Ergebnisse mit der Arbeit von Braedel-Kühner (2005) könnte Hinweise auf eine mögliche Entwicklung der IAF geben. Aus methodischer Sicht ist zu bemerken, dass beide Untersuchungen keine repräsentativen Stichproben beschreiben und daher streng genommen ein direkter Vergleich der beiden Stichproben keine Aussage zur Entwicklung der Grundgesamtheit erlaubt. Es müsste zudem nachgewiesen werden, dass die Unterschiede nicht darauf zurückzuführen sind, dass die erste Erhebung in Deutschland und die zweite Erhebung sowohl in Deutschland als auch in der Schweiz durchgeführt wurde.

Für die Skalenbildung mittels Hauptkomponentenanalyse mussten einige Items umgepolt werden. Da die meisten Items zwar gleichartig verteilt aber nicht normalverteilt sind, muss davon ausgegangen werden, dass eine Umpolung die Korrelationen mit den anderen Items erniedrigt, was sich auf die Faktorextraktion auswirken kann. Der MSA-Koeffizient von zwei der umgepolten Items beträgt denn auch mehr als 0.5, was darauf hinweist, dass diese nicht für eine Hauptkomponentenanalyse geeignet sind. Aus inhaltlichen Gründen wurden sie jedoch beibehalten. In allen Fällen war der KMO-Koeffizient trotz umgepolter Items grösser als 0.8, was für eine gute Stichprobeneignung spricht. Auch bei der Bestimmung der Anzahl Komponenten bei der Hauptkomponentenanalyse galten inhaltliche Überlegungen als letzte Instanz.

Die Hauptkomponentenanalyse erlaubte es, die Konstrukte, welche bei der Fragebogenkonstruktion gebildet worden waren, zu überprüfen. Es zeigte sich, dass die Konstrukte zu Einstellung und Verhalten in ihren wesentlichen Inhalten in den extrahierten Komponenten wiederzufinden sind. Ein Konstrukt wurde in zwei Skalen aufgeteilt, die beiden anderen Konstrukte blieben mehrheitlich erhalten. Es zeigte sich, dass sowohl das Konstrukt Erhalt der Arbeitsfähigkeit, als auch das Konstrukt Führung von älteren Mitarbeitenden Items zu Weiterbildung und Qualifikationserhalt enthielten. Drei Items wurden in der Folge aus Gründen der Redundanz aus den Skalen ausgeschlossen. Ein Item wurde jeweils einer Skala zugeordnet, welche nicht dem ursprünglichen Konstrukt entsprach. Die Items zur Wahrnehmung konnten in jeweils drei Komponenten zusammengefasst werden. Es zeigte sich, dass die Wahrnehmung der Fähigkeiten älterer Mitarbeitender und die Wahrnehmung der eigenen Fähigkeitsentwicklung (Wahrnehmung des eigenen Älterwerdens) ähnliche, aber nicht identische Skalen generieren. Die einzelnen Items sollten mit mindestens 0.3 auf die ihnen zugeordneten Komponenten laden um psychologisch bedeutsam zu sein (Kline, 1994, S. 53). Dies ist mit zwei Ausnahmen bei allen Items gegeben. Die Items „Ich stelle ältere Arbeitnehmende neu ein" respektive „Eine Führungskraft sollte ältere Arbeitnehmende neu einstellen" laden lediglich mit .237 respektive mit .141 auf die jeweilig zugeordnete Skala. Aufgrund der inhaltlichen Relevanz der Items wurden sie trotzdem in den Skalen belassen.

Braedel-Kühner (2005) war bei der Skalenbildung rigoroser vorgegangen. Nach der Eliminierung aller Items mit einer Faktorenladung kleiner als 0.5 waren Items mit der kleinsten Item-to-Total Korrelation schrittweise ausgeschlossen worden, mit dem Ziel die Reliabilität der Skala zu erhöhen (Cronbachs α > 0.7) (Braedel-Kühner, 2005, S. 161). Ein Vergleich der resultierenden Skalen mit den vergleichbaren Skalen von Braedel-Kühner (2005) ergibt bis auf eine Ausnahme eine leicht bis deutlich höhere interne Konsistenz der Gesamtskalen (Einstellung von Führungskräften gegenüber der Führung älterer und älter werdender Mitarbeitender, Führungsverhalten gegenüber älteren und älter werdenden Mitarbeitenden, Wahrnehmung des eigenen Älterwerdens (eigene Fähigkeitsentwicklung) sowie Wahrnehmung von älteren Mitarbeitenden und ihren Fähigkeiten) (vgl. Tabelle 3 und Tabelle 15). Es darf also davon ausgegangen werden, dass das überarbeitete Erhebungsinstrument zumindest gleichwertig ist.

Die Datenerhebung ergab 395 vollständige Datensets. Für den deskriptiven Teil, wie auch für die statistischen Auswertungen und die Hypothesenprüfung, wurden jeweils immer nur die vollständigen Datensets verwendet.

Die Stichprobe besteht zu einem Drittel aus deutschen und zu zwei Dritteln aus schweizerischen Führungskräften. Die beiden Gruppen unterscheiden sich stark bezüglich der Branchen. Die Teilnehmenden aus Deutschland arbeiten oft in der Industrie, während das Sample der schweizerischen Führungskräfte einen hohen Anteil aus sozialen Berufen und der öffentlichen Verwaltung beinhaltet. Obwohl in der Schweiz prozentual mehr über 55-Jährige erwerbstätig sind als in Deutschland, ist dieses Verhältnis bei den teilnehmenden Führungskräften dieser Arbeit umgekehrt. Ansonsten sind die erhobenen Variablen bei beiden Ländern vergleichbar. Die Unterschiede zwischen den beiden Ländern müssen also mit grosser Vorsicht interpretiert werden.

Bei anderen Merkmalen entspricht die Stichprobe den Erwartungen: In den sozialen Berufen sind überdurchschnittlich viele ältere Führungskräfte beschäftigt und ältere Arbeitnehmende sind schon länger im gegenwärtigen Unternehmen tätig. In Bezug auf das Alter ist die Stichprobe beinahe ideal verteilt (Normalverteilung mit einem Mittelwert bei 45 Jahren). Die mittlere Führungsstufe ist am stärksten vertreten, während die obere und untere Führungsstufe jeweils mit knapp 20% immer noch gut vertreten sind.

Die deskriptive Analyse der Stichprobe zeigte bezüglich der meisten Merkmale eine ausgewogene Stichprobe. Es kann jedoch aus bereits erwähnten Gründen nicht von einer repräsentativen Stichprobe ausgegangen werden.

Die statistische Auswertung wurde, wie in der gängigen Forschungspraxis, unter der Annahme durchgeführt, dass die Ratingskalen annähernd intervallskaliert sind. Da bei den Variablen von einer gleichartigen Verteilung ausgegangen werden kann, wurden die gängigen statistischen Methoden verwendet. Nicht gleichartige Verteilungen wurden im Text berücksichtigt und kommentiert.

Vergleiche von Einstellung und Verhalten wurden mit T-Tests untersucht und die Unterschiede zwischen den Gruppen mittels ANOVA ermittelt. Die Zusammenhänge der Skalen wurden neben der Korrelation nach Pearson, auch mittels Rangkorrelation nach Spearman berechnet. Die Rangkorrelation setzt keine normalverteilten Daten voraus. Die Ergebnisse waren in allen Fällen vergleichbar, was aufzeigt, dass die Behandlung der Daten als intervallskaliert und normalverteilt legitim ist. Die spezifischen Hypothesen wurden mit denselben Methoden verifiziert.

Aufgrund der Gegebenheiten in der Praxis ist zu erwarten, dass die individualisierte altersgerechte Führung von verschiedenen Merkmalen beeinflusst wird. Verschiedene Branchen beispielsweise sind auf unterschiedliche Weise mit dem demographischen

Wandel konfrontiert. Frühpensionierungen sind je nach Unternehmensgrösse, Führungsstufe, Branche und Geschlecht mehr oder weniger verbreitet. Aufgrund sozialtheoretischer Modelle muss zudem ein Einfluss des eigenen Alters wie auch der Wahrnehmung auf die individualisierte alternsgerechte Führung postuliert werden. Einige dieser Hypothesen wurden in den bivariaten Analysen bereits bestätigt. Mit einer multiplen linearen Regression wurden die erhaltenen Ergebnisse in einem weiteren Schritt überprüft und in ihrer relativen Wichtigkeit untersucht. Auch die Voraussetzungen für die Durchführung dieser Analyse wurden überprüft und es kann davon ausgegangen werden, dass die erhaltenen Resultate interpretiert werden dürfen. In der multiplen linearen Regression wurden jeweils die vier Verhaltens- respektive Einstellungsskalen der IAF als abhängige Variablen untersucht. Als Prädiktoren wurden die Wahrnehmungsskalen sowie die Variablen der Person, der Unternehmung, wie auch der Person in der Unternehmung in die Analyse mit einbezogen. Bei den Verhaltensskalen wurde zudem die Vorhersagekraft der entsprechenden Einstellungsskalen untersucht.

Die Relevanz der Regressionsmodelle wurde mit Hilfe der Effektstärke f^2 abgeschätzt und der Effekt mit der Teststärke statistisch abgesichert. Dies erlaubt eine Einschätzung der praktischen Bedeutsamkeit. Alle Regressionsmodelle liegen in ihrer Teststärke über der Konvention von $1-\beta = 0.8$, so dass die statistische Bedeutsamkeit des Effekts in allen Fällen angenommen werden kann. Die Effekte sind zumindest als moderat und in den Modellen zur Vorhersage des Verhaltens durchgehend als stark einzuschätzen.

Die erhaltenen β-Gewichte aller Prädiktoren wurden mit der Korrelation nullter Ordnung zwischen Prädiktor und Kriterium verglichen. In einem Fall wurde ein Vorzeichenwechsel beobachtet. Da der Prädiktor EF1 sowohl mit der Einstellung als auch dem Verhalten der Skala *Führung älterer Mitarbeitender* signifikant korreliert (und auch die Einstellung mit dem Verhalten signifikant korreliert) wurde auf eine Net-Suppression geschlossen. In der Folge wurde darauf verzichtet das β-Gewicht von EF1 im betroffenen Regressionsmodell zu interpretieren. In allen anderen Fällen wurden keine unerwarteten Resultate beobachtet und die β-Gewichte wurden in die Interpretation der Ergebnisse mit einbezogen.

In einem weiteren Schritt wurde überprüft, ob die Einstellung möglicherweise als Mediator von potenziellen Prädiktoren des Verhaltens gelten kann. Man kann sich beispielsweise vorstellen, dass der Zusammenhang zwischen Prädiktor und Verhalten erst dadurch entsteht, dass sich ein Prädiktor auf die Einstellung auswirkt, welche ihrerseits das Verhalten beeinflusst und damit den Zusammenhang zwischen Prädiktor und Verhalten erst herstellt. Damit die Einstellung als Mediator gelten kann, muss der Prädiktor ohne die Einstellung als Co-Prädiktor ein signifikant reduziertes β-Gewicht aufweisen. Wird das β-Gewicht null oder nicht signifikant von null verschieden spricht man von vollständiger Mediation. Bleibt das β-Gewicht signifikant, muss nachgewiesen werden, dass tatsächlich eine signifikante Abnahme des β-Gewichts erfolgt ist (partielle Mediation). Zudem ist Bedingung, dass alle drei Variablen (Verhalten, Einstellung und Prädiktor) signifikant miteinander korrelieren. Ist die Erfassung des Mediators nur wenig messgenau (reliabel), wird er aus dem Zusammenhang von Kriterium und Prädiktor nur unvollständig entfernt. Aus diesem Grund ist eine vollständige Mediation sehr unwahrscheinlich. Um Hinweise auf eine mögliche Mediation durch die Einstellung zu erkennen, wurden β-Gewicht und Signifikanz der Prädiktoren in Regressionsmodellen zur Erklärung des Verhaltens mit und ohne Einstellung als Prädiktor miteinander verglichen und die Voraussetzung der Korrelation untereinander überprüft. Weitergehende Analysen zur Überprüfung einer allfälligen Mediation wurden nicht durchgeführt. Es kann daher lediglich - bei Erfüllung sämtlicher Kriterien - die Hypothese aufgestellt werden, dass eine Mediation durch die Einstellung eine Erklärung sein könnte. Für den statistischen Nachweis wären weitere Analysen notwendig.

Die erhaltenen Resultate der multivariaten Regressionsanalyse bestätigen die bisherigen Ergebnisse weitgehend.

Es darf davon ausgegangen werden, dass das weiterentwickelte Instrument, wie auch die verwendeten statistischen Methoden sowohl für die Testung der Hypothesen, als auch für die weitergehende Forschung als Grundlage verwendet werden können.

6 Schlussfolgerungen und Praxistransfer

6.1 Bewertung der Ergebnisse und Transfermöglichkeiten

In der vorliegenden Studie wurde detailliert erhoben, wie schweizerische und deutsche Führungspersonen ihre älter werdenden und älteren Mitarbeitenden wahrnehmen, welche Einstellungen sie zu verschiedenen Facetten der individualisierten altersgerechten Führung haben und welche Verhaltensweisen sie in der individualisierten altersspezifischen Führung zeigen. Durch die vertieften Kenntnisse von Wahrnehmung, Einstellung und Verhalten von Führungspersonen ist die Grundlage für die Gestaltung von Trainingsprogrammen und Rahmenbedingungen der Führung gegeben. Diese Studie liefert die notwendigen Grundlagen für die Gestaltung von Führung in Zeiten des demographischen Wandels.

Führungspersonen können den demographischen Wandel unterstützen, wenn sie durch ihre Art der Mitarbeiterführung Verhaltensweisen fördern oder Verhältnisse herstellen, die den Betroffenen eine aktive und dauerhafte Teilnahme am wirtschaftlichen und gesellschaftlichen Leben ermöglichen (vgl. hierzu auch Richenhagen, 2009).

Eine detaillierte Analyse von Wahrnehmung, Einstellung und Verhalten hat gezeigt, dass die schweizerischen und deutschen Führungspersonen dem Thema individualisierte alternsgerechte Führung positiv gegenüberstehen und dem entsprechend ihr Verhalten dem Alter der Geführten anpassen. Die Entwicklung der Fähigkeiten mit zunehmendem Alter wird bei sich selbst und den Mitarbeitenden realistisch, entsprechend der Erkenntnisse der Fähigkeitsentwicklung eingeschätzt. Die Einstellungen sind vorwiegend positiver als das gezeigte Verhalten. Das ist typisch für den Vergleich von Einstellung und Verhalten, denn es gibt immer Gründe dafür, dass ein entsprechendes Verhalten nicht gezeigt wird, obwohl man der Überzeugung ist, dass es sinnvoll wäre. Die positivere Einstellung als das tatsächlich gezeigte Verhalten bietet eine gute Grundlage für die weitergehende Unterstützung der Führungspersonen in diesem Bereich. Eine vertiefende Überprüfung konnte aufzeigen, dass ein positiver Zusammenhang zwischen einer altersgerechten Einstellung und dem entsprechenden altersspezifischen Verhalten besteht und dass das Verhalten in erster Linie durch die Einstellung erklärt werden kann. Für den Aufbau der individualisierten altersgerechten Führung hat dies zur Folge, dass nicht zuerst Überzeugungsarbeit geleistet werden muss, hier noch intensiver das eigene Führungsverhalten altersspezifisch anzupassen.

Gesamthaft sind die teilnehmenden Führungskräfte der Meinung, dass ältere Mitarbeitende im Erwerbsprozess verbleiben sollen. Als einzige Skala ist jedoch die Einstellung weniger stark zugunsten der älteren Mitarbeitenden ausgeprägt. Während bei den Teilnehmenden mit Arbeitsland Deutschland die Einstellung in etwa dem Verhalten entspricht, geben die Teilnehmenden mit Arbeitsland Schweiz eine Einstellung an, die vergleichsweise zum Verhalten einem frühzeitigen Austritt aus dem Erwerbsleben stärker zustimmt. Diese Einstellung muss im Auge behalten und wenn möglich durch entsprechende Sensibilisierung korrigiert werden.

Eine vertiefte Betrachtung verschiedener Wahrnehmungsaspekte bei der Führungsperson selbst ergibt, dass die Einschätzung der Leistungsfähigkeit älterer Mitarbeitender nicht von der Häufigkeit der Kontaktmöglichkeiten mit der Mitarbeitergruppe „Ältere" abhängt. Je positiver eine Führungsperson ihr eigenes Älterwerden wahrnimmt und die eigene Fähigkeitsentwicklung einstuft, desto positiver ist auch ihre Einstellung gegenüber der Fähigkeitsentwicklung älterer Mitarbeitender und das eigene Führungsverhalten gegenüber dieser Personengruppe. Die eigene Einstellung und das Verhalten gegenüber älteren Mitarbeitenden stehen in keinem Zusammenhang mit dem eigenen Alter der Führungspersonen. Zusammenfassend lässt sich daraus ableiten, dass keine Altersstereotype die IAF negativ beeinflussen. Ein positiver Umgang mit der eigenen Fähigkeitsentwicklung kommt der Führungsperson selbst und den geführten Mitarbeitenden zugute. Das sollte gerade mit Blick auf die Arbeitsbelastung in den oberen Führungsetagen beachtet werden. Wenn die Führungspersonen die eigenen Fähigkeiten weiterentwickeln und einsetzen können und das auch so wahrnehmen, begünstigt das schlussendlich den gesamten von ihnen verantworteten Führungsbereich.

Speziell zu erwähnen ist auch der von den Führungspersonen ausgeprägt wahrgenommene Vorteil, welcher der Förderung des Know-how-Transfers in altersgemischten Teams beigemessen wird. Und: Führungspersonen stimmen im Allgemeinen dem arbeitsmarktlichen Instrument der Frühpensionierung nicht zu und nutzen die Frühpensionierungen auch nicht aktiv. Allerdings sind hier Unterschiede zwischen den Angehörigen verschiedener Führungsebenen zu beobachten. Führungspersonen der oberen Führungsebene (z.B. Geschäftsleitungsmitglieder oder CEO) stimmen im Gegensatz zu Führungskräften der unteren oder mittleren Führungsebene einem frühzeitigen Austritt der älteren Mitarbeitenden aus dem Erwerbsleben noch weniger zu und verhalten sich auch entsprechend. Der allgemeine Trend, frühzeitig aus dem Erwerbsleben auszuscheiden - vor allem bei Personen, die sich dieses auf Grund ihrer beruflichen Stellung leisten können - scheint nicht von den Führungspersonen unterstützt zu werden. Da in der Praxis vor allem bei Personen mit

Vorgesetztenfunktion häufiger Frühpensionierungen zu beobachten sind als auf der Mitarbeiterstufe (Bundesamt für Statistik, 2008a), stellt sich hier die Frage, ob sie - trotz positiven Einstellung und Verhalten gegenüber einer Weiterbeschäftigung älterer Arbeitnehmender - unbeabsichtigt aufgrund ihrer Vorbildwirkung Zeichen setzen und damit das frühzeitige Ausscheiden bei ihren Mitarbeitenden unterstützen.

Etwas nachdenklicher stimmen Einzelergebnisse, die zwar noch als „intakt", da nicht ablehnend, beurteilt werden können. Zu dieser Rubrik zählen wir Ergebnisse, die keine besondere Zustimmung erhalten. In diesen Aspekten wird auf Seiten der Führung wenig Spezifisches unternommen und es zeigt sich auch eine gering ausgeprägte Einstellung der Führungspersonen hier aktiv zu werden. Spezifisch zu nennen ist der Aspekt der Unterstützung einer gesunden Lebensweise mit Blick auf gesunde Ernährung und ausreichend Bewegung. Hier liegt die Interpretation nahe, dass die Führungspersonen diesen Bereich als Privatsphäre der Geführten einstufen. Auch die Neueinstellung von älteren Arbeitnehmenden wird nicht forciert.

Bei konkreten Handlungsmöglichkeiten, z.B. im Bereich der Ergonomie, der Arbeitsgestaltung oder dem Besuch von Weiterbildungen sind die Einstellungen und Verhaltensweisen den älter werdenden und älteren Mitarbeitenden gegenüber als förderlich einzustufen. Auch die konkrete Unterstützung älterer Mitarbeitender, z.B. durch die Ermunterung zum Verbleib im Arbeitsleben, lässt sich hier zuordnen. Vermutlich werden diese Aktivitäten auch durch Programme und Unterstützungsangebote seitens des Human Resources Management unterstützt oder sind so konkret, dass sie für die Führungspersonen klar fassbar und nutzbar sind. Diese Aspekte können im Konzept der IAF für eine gesamte Personengruppe, die differentielle Gruppe älter werdender und älterer Personen, eingeordnet werden. Der differentielle Aspekt der IAF erhält eine breite Zustimmung und wird - nach eigenen Angaben der Führungspersonen - auch bereits auf der Verhaltensebene gut umgesetzt.

Eine gewisse Ratlosigkeit scheint sich bei den Führungspersonen zu zeigen, wenn es um das eigene individualisierte altersspezifische Führungsverhalten geht. Die Interpretation der Ergebnisse, die auf der Einstellungs- und Verhaltensebene zumeist nur eine teils teils Zustimmung erfahren haben, muss auf verschiedenen Ebenen ansetzen. Aufgrund der Ergebnisse der multivariaten Analyse scheint hier vor allem ein Vorgehen sinnvoll, welches die differenzierte und realistische Wahrnehmung älterer Mitarbeitender durch die Führungspersonen unterstützt (Mut zur Komplexität in der Führung).

Zunächst kann der Aspekt der strukturellen Führung betrachtet werden, in die diese Führungsbeziehung eingebettet ist und die häufig als Substitution von interaktioneller Führung gesehen wird. In der Praxis erhöhen vor allem grössere Unternehmen die Führungsspanne von Führungspersonen und implementieren Führungsprozesse, -hilfsmittel und -strukturen zur Unterstützung der Führungssituation. Das Führungsverhalten wird beispielsweise durch entsprechende Performance- und Reviewprozesse, durch Mitarbeitergespräche und Karrieremodelle oder spezifische Programme mit Fokusthemen angeleitet und aufeinander abgestimmt. Diese Strukturen, Abläufe oder auch vorstrukturierte Inhaltskategorien in Führungstools geben einerseits Orientierung und dienen dazu die Führung über alle Führungshierarchien und Führungspersonen hinweg zu fokussieren. Wenn sich die Möglichkeit bietet, nutzen die Führungspersonen nach eigenen Angaben diese Möglichkeiten, um hier auch dem Alter entsprechend zu führen. Durch eine gezielte Fokussierung altersspezifischer Aspekte, z.B. die Fokussierung auf altersgemischtes Arbeiten oder den gezielten Einsatz von Fähigkeiten, könnte dieser Aspekt der strukturellen Führung noch intensiver genutzt werden.

Zentraler Aspekt der Mitarbeiterführung ist die interaktionelle Führung, d.h. die direkte Gestaltung der Führungsbeziehung von Führungsperson und geführter Person. Alle Führungsmodelle und -theorien, die eine Individualisierung von Führung fordern, sehen in Führungspersonen im Grunde *„Diagnostiker"*, die in der Lage sind eine Führungssituation und die geführte Person genau einschätzen zu können, um daraufhin den eigenen Führungsstil, das eigene *Führungsverhalten flexibel* dieser Situation und Person *anzupassen*. Dies erfordert einerseits hohe analytische und reflexive Fähigkeiten und andererseits ein grosses Repertoire an Führungsverhaltensweisen. Die Individualisierung der altersspezifischen Führung wird zunächst konkretisiert durch ein individuelles und altersspezifisches Vorgehen. Hierzu gehört die Anpassung von Informationsverhalten, Leistungsbeurteilung, Aufgabenverteilung, konkretes Führungsverhalten, den Umgang mit Schwierigkeiten, die Nutzung von Produktivitätsvorteilen oder auch das Interesse an Weiterbildungen. Berücksichtigen und reflektieren die Führungspersonen bei der Einschätzung von Führungssituation und Person in diesen Fragestellungen das Alter der Geführten oder wird die Ausgangslage nicht reflektiert? Wird das Verhalten entsprechend dem Alter der geführten Person angepasst und z.B. bei Interesse an Weiterbildungen berücksichtigt, dass ältere Personen eher an direktem Know-how-Aufbau und wenig an beruflicher Qualifikation interessiert sind (Tippelt, 2010)? Wird berücksichtigt, dass sich die Fähigkeit zur Informationsverarbeitung verändert? Werden die individuellen Unterschiede - die sich mit zunehmendem Alter vergrössern - erkannt und sind diese dann die Grundlage von entsprechendem Führungsverhalten? Oder findet Führung einfach statt - ohne spezifische Reflexion von Situation/Person und ohne Individualisierung und Anpassung des Führungsverhaltens an das Alter der Geführten?

Die Entwicklung der Führungspersönlichkeit mit einer ausgeprägten Kompetenz zum Perspektivenwechsel und zur Reflexion und die Vermittlung von spezifischem Know-how bezüglich der Fähigkeiten, Präferenzen und Spezifika älterer und älter werdender Mitarbeitender kann den Auf- und Ausbau der individualisierten alternsgerechten Führungsfähigkeiten massiv unterstützen, da der Individualisierung von Führungsverhalten immer eine Einschätzung der Situation des geführten älteren Mitarbeitenden voraussetzt.

Eine differenzierte Betrachtung der Arbeitsländer, Branchen und Geschlechter lässt weitere Konkretisierungen bezüglich möglicher Handlungsfelder zu. Gerade die Rolle von Seniorität hat eine hohe sozio-kulturelle Dimension und ist bei der Anpassung des Führungsverhaltens zu beachten (Drumm, 2008). Es bleibt zu erwähnen, dass die älteren Mitarbeitenden aus einem anderen Kulturkreis entstammen können als die Führungsperson und - unabhängig von der sozio-kulturellen Perspektive des Arbeitgeberlandes - die Erwartungen vom geführten älteren Mitarbeitenden erheblich variieren können. Bei den geschlechtsspezifischen Unterschieden kommt die geringere Aufstiegsorientierung bei Frauen und bei Männern der ausgeprägtere Individualismus zum Tragen (Ivenz, 1984) ein Aspekt, der jeweils in Kombination mit dem Alter in der Praxis beachtet und individuell eingeschätzt werden sollte. Diese Unterscheidung findet sich auch bei Drumm (2008). Er belegt durch verschiedene Studien (z.B.Oshagbemi, 2004; oder Ivenz, 1984) Ansatzpunkte zur Berücksichtigung von Kultur oder Geschlecht in der individualisierten Führung.

Bei Beachtung der heutigen Praxis ist die Rolle der Grossunternehmen bei Frühpensionierungen und der Vermeidung von Neueinstellungen von älteren Mitarbeitenden zu hinterfragen. Selbst wenn aktuell Frühpensionierung in einigen Unternehmen nicht mehr aktiv betrieben wird, bleibt zu beachten, dass sich selbst ehemalige Frühpensionierungsprogramme noch heute auf das Verhalten der Führungspersonen und der Geführten auswirken: Der frühzeitige Austritt aus dem Erwerbsleben wird zum verallgemeinerbaren Verhalten und von immer mehr Personen forciert, es findet ein „Lernen am Modell" der Personengruppen statt, die zahlreich frühpensioniert wurden. Der Vergleich zwischen den Arbeitsländern Deutschland und Schweiz und zwischen den Geschlechtern lässt erste Rückschlüsse auf Landeskultur- oder geschlechtsspezifische Einstellungen und Verhalten zu. Diese können für eine Sensibilisierung von Führungspersonen in Trainings genutzt werden. Für die Entwicklung weitergehender Gestaltungsmassnahmen braucht es differenziertere Detailanalysen der jeweiligen Gruppenspezifika.

6.2 Erwartungen der Praxis

Die Ergebnisse der Umfrage bei 395 Führungspersonen wurden bei einer eintägigen Veranstaltung zum Thema Employability 25 teilnehmenden Experten aus dem Personalbereich (HRM und Bildungsmanagement/Personalentwicklung) sowie Führungspersonen vorgestellt und in einem moderierten Workshop diskutiert. Aus dieser Expertenrunde können weitergehende Anregungen entnommen werden, welche Erwartungen von der Praxis an das Thema IAF gestellt werden, welche Rollen verschiedenen Akteuren im Unternehmen zugeschrieben werden und von was die Entwicklung einer IAF bei Führungspersonen abhängt.

Die Praxis erwartet von der individualisierten altersgerechten Führung vor allem, dass dem Thema „Alter" Wertschätzung entgegengebracht wird. IAF soll eine Flexibilität in der Führung ermöglichen, stereotypes Denken verhindern, die Reflexionsfähigkeit erhöhen und die Bereitschaft erzeugen, eine individuelle sowie leistungs- und erfahrungsgerechte Arbeitsgestaltung vorzunehmen.

Verschiedenen Akteuren im Unternehmen kommen verschiedene Rollen zu: Die Führungspersonen haben in ihrer Führungsrolle die Aufgaben altersgemischte Teams aufzubauen, Wertschätzung zu zeigen, den Handlungsspielraum für die Geführten zu erhalten, die Integration verschiedener Lebensbereiche zu ermöglichen, altersgerecht zu kommunizieren, die älteren Mitarbeitenden mit ihren Erfahrungen einzubeziehen, die eigene Führung mit Blick auf die Fähigkeiten der Älteren zu flexibilisieren, ein altersgerechtes Weiterbildungsmanagement zu betreiben und schlussendlich die eigene Führung zu reflektieren. Die Anpassung der eigenen Führung und die Reflexion von Führung werden im direkten Austausch mit den Akteuren aus dem HRM und Bildungsmanagement gesehen. Dieser Personenkreis hat vor allem die Aufgabe, altersspezifisches Wissen zu vermitteln, altersgerechte Weiterbildungsangebote anzubieten und entsprechend in den Weiterbildungen die Methoden zu variieren und anzupassen. Die Mitarbeitenden selber haben eine Selbstverantwortung für ihre Gesundheit und den Erhalt und die Weiterentwicklung ihrer Arbeitsfähigkeit. Sie sollten ihr Wissen teilen und sich als Botschafter ihrer Anliegen einbringen.

Die Entwicklung der Fähigkeit zur individualisierten altersgerechten Führung wurde in Abhängigkeit von den Aspekten Leistungsbereitschaft - dem Wollen, Leistungsfähigkeit - dem Können und Leistungsmöglichkeit - dem Dürfen vertieft diskutiert.

Bei den Leistungsmöglichkeiten wurde als relevant eingestuft, dass ein Unternehmen eine Kompetenzkultur (anstelle einer Fehlerkultur) aufbaut, in der die verschiedenen Fähigkeiten und Möglichkeiten erkannt und geschätzt werden und den Führungspersonen genügend Handlungsspielraum überlassen wird, um altersgerecht und individualisiert zu führen.

Die Leistungsfähigkeit wurde intensiv diskutiert und ein kleiner „Können-Katalog" formuliert. Dieser beinhaltet: Grundlagen der Ergonomie, Empathie und Reflexionsfähigkeit, Sozialkompetenz und Fähigkeit zur Supervision, Wissen über die Fähigkeitsentwicklung, Kenntnisse zu gesundheitsfördernden Massnahmen, Korrektur des Unterschieds zwischen Fakten und Wahrnehmung zum Thema „Alter und Leistung", Wissen über den eigenen Führungsspielraum und die Rahmenbedingungen.

Die Leistungsbereitschaft oder das Wollen wird insbesondere in Abhängigkeit von einer Offenheit und Sensibilisierung gegenüber dem Thema Alter gesehen sowie mit Solidarität gegenüber älteren Mitarbeitenden gleichgesetzt.

6.3   Generelle Gestaltungsfelder der Praxis

Für die Praxis ergeben sich verschiedene Gestaltungsfelder, um die individualisierte alternsgerechte Führung umzusetzen. Verschiedene Ansatzpunkte, die sich direkt aus den Ergebnissen ableiten lassen, wurden diskutiert. Die Gestaltungsansätze lassen sich zusammenfassend in verschiedene Bereiche gruppieren.

Zunächst gilt es, die *organisatorischen Rahmenbedingungen und Facetten der strukturellen Führung* zu überprüfen und entsprechend den Aspekten der individualisierten alternsgerechten Führung anzupassen. Führungspersonen brauchen eine handhabbare Führungsspanne, um den einzelnen geführten Personen gerecht zu werden. Die bestmögliche Führungsspanne kann nicht in einer absoluten Zahl festgemacht werden, dies hängt von den zu erledigenden Aufgaben, der Selbstständigkeit und dem Bildungsstand der Mitarbeitenden und vielen weiteren Faktoren ab, z.B. auch von den Erwartungen der Geführten. Und diese können einer Führungsperson gegenüber unterschiedlich sein, auch in Abhängigkeit vom Alter. Bei Führungspersonen auf der ersten Führungsstufe („First-Liner") gilt es die Erwartung an die produktive Aufgabenbearbeitung entsprechend der Führungs-spanne anzupassen. Wenn die Führungsstrukturen, -prozesse und -hilfsmittel so gestaltet sind, dass den Führungspersonen genügend Handlungsspielraum eingeräumt wird, die individuelle Situation und die spezifischen Fähigkeiten der Mitarbeitenden zu verstehen und entsprechend zu nutzen/einzusetzen, sind diese Rahmenbedingungen gegeben.

Innerhalb eines Unternehmens braucht es eine Klärung des Stellenwerts der alternsge-rechten Führung als Teil einer *ausgewogenen HR-Demographie und der alternsgerechten Führungskultur.* Eine ausgewogene HR-Demographie kann die Leistungsvorteile ver-schiedener Altersgruppen kombinieren, soziale Spannungen verhindern (z.b. sind nicht alle Personen gleichzeitig aufgrund ihrer Lebensphase an einer Aufstiegskarriere interes-siert), verschiedene Kundengruppen ansprechen und schlussendlich auch zur Wahrneh-mung sozialer Verantwortung eines Unternehmens beitragen. Der Aufbau einer individualisierten alternsgerechten Führung kann durch die normative Verankerung des Themas (z.b. mit einer Diversity- oder Alterspolicy) zusätzlich unterstützt werden.

Diversity-Management kann nach Cox (1993) unterstützt werden, wenn eine Kultur aufge-baut und unterstützt wird, in der Vielfalt geschätzt und gefördert wird, alle Beschäftigten-gruppen vollständig integriert sind (d.h. in allen Positionen und auf allen Hierarchieebenen präsent sind), die Personalmanagementsysteme und -massnahmen frei von Diskriminie-rung und Vorurteilen sind und zwischen den Beschäftigtengruppen aufgrund von proakti-ven Diversity-Massnahmen wenig Konflikte vorhanden sind. Das alles sind Ansatzpunkte für den Aufbau einer alternssensitiven Unternehmung.

Die Veränderung oder der Aufbau einer spezifischen Unternehmenskultur dauert lange und ist durch verschiedene Aspekte sichtbar und steuerbar. Eine zentrale Rolle hierbei spielt das Top-Management. Wenn ausgehend von der Führungsspitze auf altersgemisch-te Teams gesetzt wird, Frühpensionierungen vermieden werden, lebenslanges Lernen gefördert wird, auf einen Ausgleich von Belastung/Beanspruchung/Erholung geachtet wird und der Führungsstil altersspezifisch und individualisiert eingesetzt wird, zeigt dies Vor-bildwirkung und hilft im Aufbau einer entsprechenden altersspezifischen Führungskultur. Im Alltag gilt es in den verschiedenen Rollen von Management, Führungspersonen und HRM entsprechend darauf zu achten, dass ältere Mitarbeitende im Arbeitsprozess bleiben, ältere wie jüngere Personen befördert oder zu Weiterbildungen zugelassen werden. Auf Seiten der Führungskräfte geht es aber nicht nur um den Erhalt der Arbeitsfähigkeit der alternden Mitarbeitenden, sondern auch um die altersneutrale Rekrutierung. Die vorlie-gende Studie dokumentiert, dass gerade die Rekrutierung älterer Mitarbeitender nicht stattfindet und auch keine Wertebasis vorhanden ist, dass Führungspersonen dies tun sollten. Egger et al. (2007) sehen in der Rekrutierung älterer Mitarbeitender unter anderem auch den Vorteil, dass diese einer Firma unter Umständen länger erhalten bleiben als jüngere, die nach durchschnittlich 7 bis 8 Jahren ihre Anstellung wechseln.

Eine gute und kooperative Zusammenarbeit zwischen dem Personalbereich und den Li-nienverantwortlichen und eine Klärung der Rollen der beiden Akteure mit Blick auf das Thema ermöglicht die praktische Nutzung altersspezifischen Wissens im Führungsalltag.

So können die Fragen in Mitarbeiterbeurteilungssystemen und Mitarbeitergesprächsbögen entsprechend ergänzt oder angepasst werden. Dies geschieht beispielsweise durch die Beurteilung von Fähigkeiten, die der fluiden und der kristallinen Intelligenz zugeordnet werden können, wie Flexibilität im Denken und Handeln und Anwendung von praktischem Wissen. Hilfsmittel, die im HRM eingesetzt werden, sind systematisch auf etwaige Bestandteile zur Altersdiskriminierung zu überprüfen und ggf. anzupassen. So sollten keine generellen Selektionsfilter mit dem Aspekt Alter in E-Rekruting-Tools integriert werden, ohne dass ein spezifisches Anforderungsprofil für die offene Stelle vorliegt, das aus nachvollziehbaren Gründen speziell nur einen jüngeren Mitarbeiter/eine jüngere Mitarbeiterin zulässt. Die individualisierte altersgerechte Führung enthält die Aspekte der differentiellen Behandlung der Gruppe älter werdende und ältere Mitarbeitende und die Individualisierung der Führung spezifisch auch für Themen, welche die Arbeitsfähigkeit erhalten/fördern oder ältere Mitarbeitende fördern. Das HRM und Bildungsmanagement grösserer Unternehmen und/oder externe Beratungs- und Trainingsunternehmen sind in der Lage auch spezifische Programme für den differentiellen Aspekt der IAF zu entwickeln und zu implementieren. Hierzu gehören Weiterbildungen zur IAF, Informationsveranstaltungen zur Fähigkeitsentwicklung, zur Ergonomie und Arbeitsgestaltung, zur Work - Life Balance und zur Handhabung von Belastungs-/Beanspruchungs-/Erholungszyklen, das Angebot an Weiterbildungen zu Themen wie Gesundheitsförderung, Stressmanagement etc.

Der Aufbau effektiver altersgemischter Teams kann durch Teamentwicklungsprogramme unterstützt werden, die in die Standortbestimmung der Teammitglieder die unterschiedlichen altersspezifischen Fähigkeiten und Kompetenzen und Netzwerke integriert und in der Zusammenarbeit auch die Altersthematik reflektiert und zum Nutzen des Teams aufnimmt.

Die Entwicklung von individualisierter altersgerechter Führungskompetenz bei Führungspersonen kann und sollte Bestandteil *umfassender Führungsausbildungen sein oder in spezifischen Programmen* vermittelt werden. Ergänzend und/oder alternativ unterstützt Coaching den Aufbau von IAF.

Leadership-Ausbildungen sind mehr als die effektive Handhabung von Tools und basieren auf verschiedenen Forschungsrichtungen innerhalb der Psychologie. Von zentraler Bedeutung in der Führungsentwicklung ist die Entwicklung der Führungspersönlichkeit. Nach Kegan (1982, 1994) entwickelt sich die Fähigkeit Perspektiven zu übernehmen aus drei Facetten der Entwicklung einer Führungsperson. Einerseits ist die kognitive Entwicklung relevant und für die IAF die Vermittlung von führungsspezifischem Wissen zur IAF (kognitiver Aspekt). Von weiterer zentraler Bedeutung ist die intrapersonelle Standortbestimmung (intrapersoneller Aspekt). Eine Führungsperson muss wissen, für was sie steht, um authentisch handeln zu können. In der Reflexion der eigenen Person, ihrer Wirkung und ihrer Haltung zum Thema (z.B. durch die Beantwortung des Instrumentes IAF und anschliessende Reflexion und Diskussion mit Peers oder einem Coach) können die eigene Position, die eigenen Werte geklärt, gefestigt und aufgebaut werden. Führungspersonen, die das eigene Älterwerden positiv beurteilen, nehmen die Fähigkeitsentwicklung der Geführten positiver war und verhalten sich auch entsprechend. Eine aktive Auseinandersetzung mit der eigenen Fähigkeitsentwicklung und eine differenzierte Kenntnis der Fähigkeitsentwicklung in verschiedenen Leistungsbereichen, eine aktive Auseinandersetzung mit dem eigenen Älterwerden ist ein relevanter Aspekt einer alternsgerechten Führungsausbildung. Hierbei kann vermittelt werden, welche besonderen Kompetenzbereiche bei älteren Mitarbeitenden speziell genutzt werden können und welche Kompensationsmöglichkeiten in anderen Bereichen bestehen. Dieses Know-how und die reflexive Auseinandersetzung kommen der Führungsperson selber zugute und haben zusätzlich einen positiven Effekt für die älteren Mitarbeitenden. Schlussendlich geht es aber auch um die interpersonelle Perspektive (interpersoneller Aspekt). Im Austausch mit anderen werden soziale Fähigkeiten genutzt, erweitert und schlussendlich entsteht im Austausch mit verschiedenen Führungspersonen einer Organisation kollektives Wissen über die Führung älter werdender Mitarbeitender. Ein solcher Austausch ist neben der Entwicklung der Führungsperson ein zentrales Element im Aufbau einer interaktiven und alterssensitiven Führungskultur.

Literaturverzeichnis

Adecco Institute. (2008). Sind Schweizer Unternehmen bereit für den demographischen Wandel? Demographische Fitness-Umfrage: Schweiz 2008, from http://institute.adecco.com/Research/Articles/Documents/2008_Switzerland_German_SindSchweizer.pdf

Adenauer, S. (2002a). Die Älteren und ihre Stärken - Unternehmen handeln. *Angewandte Arbeitswissenschaft, 174*, 36-52.

Adenauer, S. (2002b). Die Potentiale älterer Mitarbeiter im Betrieb erkennen und nutzen. *Angewandte Arbeitswissenschaft, 172*, 19-34.

Aronsson, G., Hallsten, L., Torgén, M. & Westerholm, P. (1998). Ältere Menschen im Berufsleben - Schlussfolgerungen und neue Fragen. In G. Aronson & A. Kilbom (Hrsg.), *Arbeit über 45: historische, psychologische und physiologische Perspektiven älterer Menschen im Berufsleben* (S. 228-240). Bremerhaven: Verlag für Neue Wissenschaft.

Ashforth, B. E. & Mael, F. (1989). Social identity theory and the organization. *Academy of Management Review, 20*, 20-39.

Baltes, P. B. & Baltes, M. M. (1990). Psychological perspectives on successful aging: The model of selective optimization with compensation. In P. B. Baltes & M. M. Baltes (Hrsg.), *Successful aging: Perspectives from the behavioral sciences*. New York: Cambridge University Press.

Bass, B. M. & Avolio, B. J. (1989). Potential biases in leadership measures: How prototypes, leniency, and general satisfaction relate to ratings and rankings of transformational and transactional leadership constructs. *Educational and Psychological Measurement, 49*, 509-527.

BAuA. (1994). *Aging and Working Capacity: Altern und Arbeit.* in: Schriftenreihe der Bundesanstalt für Arbeitsmedizin. Bremerhaven: Wirtschaftsverlag NW, Verlag für neue Wissenschaften.

BAuA. (2004). *Mit Erfahrung die Zukunft meistern! Altern und Ältere in der Arbeitswelt*. Dortmund: Scholz-Druck.

Bommer, W. H., Rubin, R. S. & Baldwin, T. T. (2004). Setting the stage for effective leadership: Antecedents of transformational leadership behavior. *Leadership Quarterly, 15*, 195-210.

Braedel-Kühner, C. (2005). *Individualisierte, alternsgerechte Führung*. Frankfurt am Main: Peter Lang.

Brown, D. J. & Lord, R. G. (2001). Leadership and perceiver cognition: Moving beyond first order constructs. In M. London (Hrsg.), *How people evaluate others in organizations* (S. 181-202). Mahwah, NJ: Lawrence Erlbaum Associates.

Bruggmann, M. (2000). *Die Erfahrung älterer Mitarbeiter als Ressource*. Wiesbaden: Deutscher Universitäts-Verlag.

Bühner, M. (2006). *Einführung in die Test- und Fragebogenkonstruktion* (2. aktualisierte und erweiterte Aufl.). München: Pearson Studium.

Bühner, M. & Ziegler, M. (2009). *Statistik für Psychologen und Sozialwissenschafter*. München: Pearson Studium.

Bundesamt für Statistik. (2002). *Betriebszählung 2001. Grundlagen und Methoden*. Neuchâtel: Bundesamt für Statistik.

Bundesamt für Statistik. (2008a). *Erwerbstätigkeit der Personen ab 50 Jahren. Eine Untersuchung zu den Ergebnissen der Schweizerischen Arbeitskräfteerhebung und der Lohnstrukturerhebung*. Neuchâtel: Bundesamt für Statistik.

Bundesamt für Statistik. (2008b). *NOGA 2008. Allgemeine Systematik der Wirtschaftszweige. Struktur*. Neuchâtel: Bundesamt für Statistik.

Bundesamt für Statistik. (2008c). *Panorama*. Neuchâtel: Bundesamt für Statistik.

Bundesamt für Statistik. (2010a). Erwerbsstatus nach Geschlecht, Nationalität, Altersgruppen, Familientyp. 1991-2009, from http://www.bfs.admin.ch/bfs/portal/de/index/themen/03/02/blank/data/03.html

Bundesamt für Statistik. (2010b). *Szenarien zur Bevölkerungsentwicklung der Schweiz. 2010-2060*. Neuchâtel: Bundesamt für Statistik.

Cox, T. (1993). *Cultural Diversity in Organizations. Theory, Research and Practice*. San Francisco: Berrett-Koehler.

Cuddy, A. J. C. & Fiske, S. T. (2002). Doddering but Dear: Process, Content, and Function in Stereotyping of Older Persons. In T. D. Nelson (Hrsg.), *Ageism. Stereotyping and Prejudice against Older Persons* (S. 3-26). Cambridge: MIT Press.

de Wall, B. & Yokoyama, M. (2009). Demografieprofil Schweiz: Interview Retrieved 29.09.2009, from http://knowledge.allianz.de/deutsch/content/demografie/laenderprofile/demografieprofil_schweiz_interview_wanner.html

Domres, A. (2003). *Führung älterer Mitarbeiter - Kriterien altersgerechter Führung und Entwicklung eines Erhebungsinstrumentes. (unveröffentlichte Diplomarbeit)*. Karlsruhe, Göttingen: Institut für

Industriebetriebslehre und Insustrielle Produktion, Universität Karlsruhe, Georg-Elias-Müller-Institut für Psychologie, Universität Göttingen.

Drumm, H. J. (1993). Personalführung. In W. Wittmann (Hrsg.), *Enzyklopädie der Betriebswirtschaftlehre* (Vol. 1, Handbuch der Betriebswirtschaft, S. 3099-3112). Stuttgart: Schäffer-Poeschel.

Drumm, H. J. (2008). *Personalwirtschaft* (6. Aufl.). Berlin: Springer.

Eberhardt, D. (2009). Gesundheitsförderlich führen. In W. Kromm & G. Frank (Hrsg.), *Unternehmensressource Gesundheit*. Düsseldorf: Symposion.

Eckloff, T. & van Quaquebeke, N. (2008). „Ich folge Dir, wenn Du in meinen Augen eine gute Führungskraft bist, denn dann kann ich mich auch mit Dir identifizieren". *Zeitschrift für Arbeits- und Organisationspsychologie, 52*, 169-181.

Egger, M., Moser, R. & Thom, N. (2007). *Arbeitsfähigkeit und Integration der älteren Arbeitskräfte in der Schweiz - Studie I*. Bern: SECO.

Egger, M., Moser, R. & Thom, N. (2008). Arbeitsfähigkeit und Integration älterer Arbeitskräfte in der Schweiz - Datenlage und Implikationen. *Die Volkswirtschaft. Das Magazin für Wirtschaftspolitik, 1/2*, 67-70.

Eidgenössische Volkszählung. (2000). *Alter und Generationen. Das Leben in der Schweiz ab 50 Jahren*. Neuchâtel: Bundesamt für Statistik.

Emrich, C. G. (1999). Context effects in leadership perceptions. *Personality and Social Psychology Bulletin, 25*, 991-1006.

Eurolink Age. (2001). Altern in der Arbeitswelt. Ein Vorschlag für europäische Leitlinien einer guten betrieblichen Praxis ("good practice") Retrieved 27.10.2010, from http://www.demographie-transfer.iao.fraunhofer.de/literatur/Code_of_Practice-German.pdf

Eurostat. (2010). Beschäftigungsquote älterer Arbeitnehmer 25.06.2010. Retrieved 28.06.2010, from http://epp.eurostat.ec.europa.eu/tgm/table.do?tab=table&plugin=0&language=de&pcode=tsdde100

Evans, M. G. (1970). The Effects of Supervisory Behavior on the Path-Goal Relationship. *Organizational Behavior and Human Performance, 5*, 277-298.

Faul, F., Erdfelder, E., Buchner, A. & Lang, A.-G. (2009). Statistical power analyses using G*Power 3.1: Tests for correlation and regression analyses. *Behavior Research Methods, 41*(4), 1149-1160.

Felfe, J. (2006). Transformationale und charismatische Führung: Stand der Forschung und aktuelle Entwicklungen. *Zeitschrift für Personalpsychologie, 5*, 163-176.

Fercher, V., Baumann, B. & Peter, C. (2009). *Makrostudie: Arbeitsqualität und Perspektiven in der späteren Berufsphase*. Luzern: Hochschule Luzern. Soziale Arbeit. Institut WDF.

Ferro Luzzi, G. & Sonnet, A. (2003). Arbeit nach dem 50. Altersjahr: die Schweiz im internationalen Vergleich. *Die Volkswirtschaft. Das Magazin für Wirtschaftspolitik, 8*, 4-9.

Fischer, L. & Wiswede, G. (2002). *Grundlagen der Sozialpsychologie*. München: Oldenbourg.

Fishbein, M. & Ajzen, I. (1975). *Belief, attitude, intention, and behaviour: An introduction to theory and research*. Reading Massachusetts: Addison-Wesley.

Fost, M. (2008). *Führen von älteren Mitarbeitern*. München: Grin Verlag.

Fritsch, S. (1994). *Differentielle Personalpolitik: Eignung zielgruppenspezifischer Weiterbildung für ältere Arbeitnehmer*. Wiesbaden: Deutscher Universitäts-Verlag.

Gasteiger, R. M., Lorson, H. & Leckebusch, H. (2008). Pro 50 – Arbeit mit Zukunft: Ist Ihr Unternehmen fit für den demografischen Wandel? Retrieved 03.11.2010, from http://www.pwc.de/fileserver/EmbeddedItem/PwC_Pro50.pdf?docId=e504480b63aba32&componentName=pubDownload_hd

Gawronski, B., Ehrenberg, K., Banse, R., Zukova, J. & Klauer, K. C. (2003). It's in the mind of the beholder: The impact of stereotypic associations on category-based and individuating impression formation. *Journal of Experimental Social Psychology, 39*, 16-30.

Götz, K. & Hilse, H. (1999). Führen über Fünfzig. Was jüngere Führungskräfte von älteren lernen können. In K. Götz (Hrsg.), *Führungskultur. Teil 1 Die individuelle Perspektive* (S. 75-91). München: Hampp.

Guillemard, A.-M. (2003). *L'âge de l'emploi. Les sociétés à l'épreuve du viellissement* Paris: Armand Colin.

Hacker, W. (2004). Leistungs- und Lernfähigkeit älterer Menschen. In M. Von Cranach, H.-D. Schneider, E. Ulich & R. Winkler (Hrsg.), *Ältere Menschen im Unternehmen. Chancen, Risiken, Modelle* (S. 163-172). Bern: Haupt.

Hersey, P. H. & Blanchard, K. H. (1969). Life cycle theory of leadership. *Training and Development Journal, 23*(5), 26-34.

Hersey, P. H., Blanchard, K. H. & Johnson, D. E. (2007). *Management of Organizational Behaviour: Leading Human Ressources*. New Jersey: Prentice Hall.

Hogg, M. A. (2001). A social identity theory of leadership. *Personality & Social Psychology Review, 5*, 184-200.

Hogg, M. A. (2003). Social identity. In M. R. Leary & J. P. Tangney (Hrsg.), *Handbook of self and identity* (S. 462-479). New York: The Guilford Press.

Höpflinger, F. (2006). Arbeit und Karriere: wie es nach 50 weitergeht: eine Befragung von Personalverantwortlichen in 804 Schweizer Unternehmen Retrieved 29.09.2009, from http://www.avenir-suisse.ch/en/viewPublication/content/themen/fruehere-themen/alternde-gesellschaft/arbeit-karriere.html

Höpflinger, F. (2008). Berufskarriere ist Langstreckenlauf, kein Sprint. Aufgaben und Ansätze der Betriebsgerontologie. *Personalführung, 41*(9), 26-31.

Höpflinger, F. (2009a). Ältere Arbeitnehmer und Arbeitnehmerinnen. Demographische Alterung und Strukturwandel - auch auf dem Arbeitsmarkt Retrieved 29.09.2009, from http://www.hoepflinger.com/fhtop/Arbeit50plus.pdf

Höpflinger, F. (2009b). Demographische Alterung - Trends und Perspektiven Retrieved 29.09.2009, from http://www.hoepflinger.com/fhtop/Demografische-Alterung.pdf

House, R. J. (1971). A Path-Goal Theory of Leader Effectiveness. *Administrative Science Quarterly, 16*, 321-338.

Ilmarinen, J. (2004). Älter werdende Arbeitnehmer und Arbeitnehmerinnen. In M. von Cranach, H.-D. Schneider, E. Ulich & R. Winkler (Hrsg.), *Ältere Menschen im Unternehmen. Chancen, Risiken, Modelle* (S. 29-47). Bern: Haupt.

Ilmarinen, J. & Tempel, J. (2002). *Arbeitsfähigkeit 2010. Was können wir tun, damit Sie gesund bleiben?* Hamburg: VSA-Verlag.

Ilmarinen, J. (2003). *How to promote the workability of an ageing workforce.* Paper presented at the RESPECT Workshop, Berlin.

Ivenz, B. (1984). *Probleme und Konzeptionen der Führung weiblicher Mitarbeiter. Eine Fallstudie.* Diplomarbeit, Regensburg.

Judge, T. A., Woolf, E. F., Hurst, C. & Livingston, B. (2006). Charismatic and transformational leadership. *Zeitschrift für Arbeits- und Organisationspsychologie, 50*, 203-214.

Kabacoff, R. I. & Stoffey, R. W. (2001). *Age differences in organizational leadership.* Paper presented at the 16th Annual Conference of the Society for Industrial and Organizational Psychology, San Diego, California.

Kegan, R. (1982). *The evolving self: Problem and process in human development.* Cambridge, MA: Harvard University Press.

Kegan, R. (1994). *In over our heads: the mental demands of modern life.* Cambridge, MA: Harvard University Press.

Kline, P. (1994). *Easy guide to factor analysis.* New York: Routledge.

Kluge, A. & Krings, F. (2007). Altersdiskriminierung – (k)ein Thema der deutschsprachigen Arbeits- und Organisationspsychologie? *Zeitschrift für Arbeits- und Organisationspsychologie, 51 (N.F. 25)*(4), 180-189.

Krey, K. & Meier, B. (2004). Innovationsfähigkeit. In Institut der deutschen Wirtschaft Köln (Hrsg.), *Perspektive 2050: Ökonomik des demografischen Wandels* (S. 145 - 172). Köln: Deutscher Instituts Verlag GmbH.

Lehr, U. M. & Niederfranke, A. (1995). Führung von älteren Mitarbeitern. In A. Kieser (Hrsg.), *Handwörterbuch der Führung* (S. 2-14). Stuttgart: Schäffer-Poeschel.

Li, S.-C. (2003). Biocultural orchestration of developmental plasticity across levels: The interplay of biology and culture in shaping the mind and behavior across the life span. *Psychological Bulletin, 129*(2), 171-194.

Lindenberger, U. (2007). Technologie im Alter: Chancen aus Sicht der Verhaltenswissenschaften. In P. Gruss (Hrsg.), *Die Zukunft des Alterns. Die Antwort der Wissenschaft* (S. 220 - 239). München: Verlag C. H. Beck.

Lois, D. (2007). Determinanten der Weiterbildungsbeteiligung älterer Erwerbstätiger. *Arbeit, 16*(1), 5-22.

Luisier, G., Cotter, S. & Gärtner, L. (2003). Chancen, Risiken und Herausforderungen der demografischen Entwicklung. Neuchâtel: Bundesamt für Statistik.

Maier, G. (1997). *Das Erleben der Berufssituation bei älteren Arbeitnehmern. Ein Beitrag zur differentiellen Gerontologie.* Frankfurt a. M.: Peter Lang.

Menges, U. (2000). *Der ältere Mitarbeiter als betriebliches Erfolgspotential.* Köln: Wirtschaftsverlag Bachem.

Mücke, A. (2008). *Personalführung und Alter. Ist Personalführung alterskritisch? Eine Studie zur Altersattribution und zum Führungshandeln von Linienvorgesetzten in Schweizer Unternehmen.* Hamburg: Verlag Dr. Kovac.

Nienhüser, W. (1998). *Ursachen und Wirkungen betrieblicher Personalstrukturen.* Stuttgart: Schäffer-Poeschel.

O'Connor, B. P. (2000). SPSS and SAS programs for determining the number of components using parallel analysis and Velicer's MAP test. *Behavior Research Methods, Instruments, & Computers, 32*(3), 396-402.

OECD. (2010) Retrieved 15.08.2010, from http://www.oecd.org/document/42/0,3343,en_2649_34747_40401454_1_1_1_1,00.html

Oshagbemi, T. (2004). Age influences on the leadership styles and behaviour of managers. *Employee Relations, 26*(1), 14-29.

Pervin, L. A. (1989). Persons, Situations, Interactions: The History of a Controversy and a Discussion of Theoretical Models. *The Academy of Management Review, 14*(3), 350-360.

Richenhagen, G. (2007). Beschäftigungsfähigkeit, gesundheitliche Potenziale und altersflexibles Führen. Personalarbeit und Führung im demografischen Wandel. *Personalführung, 40*(8), 44-51.

Rohrmann, B. (1978). Empirische Studien zur Entwicklung von Antwortskalen für die sozialwissenschaftliche Forschung. *Zeitschrift für Sozialpsychologie, 9*, 222-245.

Rosen, B. & Jerdee, T. H. (1988). Managing older workers' career. *Research in Personnel and Human Resource Management, 6*, 37-74.

Roth, C., Wegge, J. & Schmidt, K.-H. (2007). Konsequenzen des demografischen Wandels für das Management von Humanressourcen. *Zeitschrift für Personalforschung, 6*(3), 99-116.

Schyns, B. (2008). Einflussfaktoren auf die Wahrnehmung von Führung. *Zeitschrift für Arbeits- und Organisationspsychologie, 52*(4), 182-190.

Schyns, B. & Sanders, K. (2007). In the eyes of the beholder: Personality and the perception of leadership. *Journal of Applied Social Psychology, 37*(10), 2345-2363.

Sieber, G. (1975). *Die Altersrevolution* (2. Aufl.). Rhauderfen: Ostendorp.

Stahlberg, D. & Frey, D. (1996). Einstellungen: Struktur, Messung und Funktion. In W. Stroebe, M. Hewstone & G. M. Stephenson (Hrsg.), *Sozialpsychologie: eine Einführung* (S. 219-252). Berlin: Springer.

Statistisches Bundesamt. Destatis. (2009). Bevölkerung Deutschlands bis 2060. 12. koordinierte Bevölkerungsvorausberechnung. Berlin: Statistisches Bundesamt.

Staudinger, U. M. & Baumert, J. (2007). Bildung und Lernen jenseits der 50: Plastizität und Realität. In P. Gruss (Hrsg.), *Die Zukunft des Alterns. Die Antwort der Wissenschaft* (S. 240-257). München: Verlag C. H. Beck.

Tippelt, R. (2010). *Bildung Älterer: Ergebnisse aus der EdAge-Studie.* Paper presented at the Jahrestagung der DGWF 2010: Szenarien der wissenschaftlichen Weiterbildung für Ältere 2020, Ulm.

Tulloch, J. (2009). Arbeitsmärkte: Mehr Arbeiter oder mehr arbeiten? Retrieved 29.09.2009, from http://knowledge.allianz.de/deutsch/content/demografie/strategien/arbeitsmaerkte.html

Tuomi, K., Ilmarinen, J., Martikainen, R., Aalto, L. & Klockars, M. (1997). Ageing, work, life-style and work ability index among Finnish municipal workers in 1981-1992. *Scandinavian Journal of Work, Environment & Health, 23*, suppl 1, 58-65.

von Cranach, M. (2004). Die Beschäftigung älterer Menschen im Unternehmen. Die Verantwortung der Unternehmen im Kontext gesellschaftlicher Zusammenhänge. In M. von Cranach, H.-D. Schneider, E. Ulich & R. Winkler (Hrsg.), *Ältere Menschen im Unternehmen* (S. 13 - 28). Bern: Haupt.

WHO. (1991). *Ziele zur "Gesundheit für alle" : die Gesundheitspolitik für Europa.* Kopenhagen: WHO, Regionalbüro für Europa.

Winkler, R. (2008). Von der Frühverrentung zum langen Erwerbsleben: Rentenalter 70 als Perspektive. *Schweizer Arbeitgeberverband, 22*, 2-5.

Wish, V. (2009a). Demografieprofil Deutschland Teil 1: Die Bevölkerung schrumpft Retrieved 29.09.2009, from http://knowledge.allianz.de/deutsch/content/demografie/laenderprofile/deutschland_demografieprofil_teil1.html

Wish, V. (2009b). Demografieprofil Deutschland Teil 2: Daten und Fakten Retrieved 29.09.2009, from http://knowledge.allianz.de/deutsch/content/demografie/laenderprofile/demografieprofil_deutschland_teil2.html

Wish, V. (2009c). Im Alter nicht allein: Überalterung in Europa und weltweit Retrieved 20.09.2009, from http://knowledge.allianz.de/deutsch/content/demografie/altern/ueberalterung_in_europa.html

Wunderer, R. (2001). *Führung und Zusammenarbeit: eine unternehmerische Führungslehre.* Neuwied, Kriftel: Luchterhand.

Yokoyama, M. (2009). Demografieprofil Schweiz Teil 2: Daten und Fakten Retrieved 29.09.2009, from http://knowledge.allianz.de/deutsch/content/demografie/laenderprofile/demografieprofil_schweiz_teil2.html

Zölch, M. (2006). Zum wirksamen Einsatz von Instrumenten und Massnahmen eines alternsgerechten Personalmanagements. In Schweizerischer Arbeitgeberverband (Hrsg.), *Altersstrategie* (S. 28-32). Zürich: SAGV.

Zwick, W. R. & Velicer, W. F. (1986). Comparison of five rules for determining the number of components to retain. *Psychological Bulletin, 99*(3), 432 - 442.

Abbildungsverzeichnis

Abbildung 1. Konzeptionelle Weiterentwicklung des Erhebungsinstruments zur IAF   6

Abbildung 2. Weiterentwicklung des Instrumentariums IAF und empirische Überprüfung der IAF in der Schweiz und in Deutschland   7

Abbildung 3. Systematik der Themenbearbeitung und Design der Studie   8

Abbildung 4. Altersaufbau der ständigen Wohnbevölkerung in Tausend nach Geschlecht um 1900 und 2006 (Bundesamt für Statistik, 2008c, S. 15)   10

Abbildung 5. Erwerbsquote der 55-64-Jährigen im Ländervergleich im Jahr 2009 (Eurostat, 2010).   11

Abbildung 6. Anteil Personen mit verschiedenen Erwerbsstati je Altersklasse 2009 (nach Zahlen vom Bundesamt für Statistik, 2010a)   13

Abbildung 7. Kontinuum und Entwicklung von der Generalisierung zur Individualisierung (nachFritsch, 1994, S. 4)   22

Abbildung 8. Alter der Teilnehmenden (N = 394) mit Normalverteilungskurve   51

Abbildung 9. Teilnehmende nach Branche   52

Abbildung 10. Teilnehmende nach Branche und Altersstruktur   53

Abbildung 11. Dauer der Betriebszugehörigkeit   54

Abbildung 12. Dauer der Betriebszugehörigkeit nach Alter der Teilnehmenden   55

Abbildung 13. „Ab welchem Alter gehören für Sie persönlich Mitarbeitende zu den älteren Mitarbeitenden?"   56

Abbildung 14. Mittelwerte aller Items des Konstrukts Führungsverhalten gegenüber älteren Mitarbeitenden   57

Abbildung 15. Mittelwerte aller Items des Konstrukts Einstellung zur Führung von älteren Mitarbeitenden   58

Abbildung 16. Mittelwerte aller Items des Konstrukts individualisiertes altersspezifisches Führungsverhalten   59

Abbildung 17. Mittelwerte aller Items des Konstrukts Einstellung zur altersspezifischen individualisierten Führung   59

Abbildung 18. Mittelwerte aller Items des Konstrukts Führungsverhalten Erhalt der Arbeitsfähigkeit   60

Abbildung 19. Mittelwerte aller Items des Konstrukts Einstellung zum Erhalt der Arbeitsfähigkeit   61

Abbildung 20. Mittelwerte aller Items des Konstrukts Wahrnehmung von älteren Mitarbeitenden   61

Abbildung 21. Mittelwerte aller Items des Konstrukts Wahrnehmung älterer Mitarbeitender   62

Abbildung 22. Mittelwerte aller Items des Konstrukts Wahrnehmung des eigenen Älterwerdens (eigene Fähigkeitsentwicklung)   63

Abbildung 23. Mittelwerte aller Items der Skalen Einstellung (oben) und Verhalten (unten) zum Erhalt der Arbeitsfähigkeit   64

Abbildung 24. Mittelwerte aller Items der Skalen Einstellung (oben) und Verhalten (unten) zur individualisierten altersspezifischen Führung   65

Abbildung 25. Mittelwerte aller Items der Skalen Einstellung (oben) und Verhalten (unten) zur Führung von älteren Mitarbeitenden   66

Abbildung 26. Mittelwerte aller Items der Skalen Einstellung (oben) und Verhalten (unten) zum frühzeitigen Austritt aus dem Erwerbsleben   67

Abbildung 27. Mittelwerte der Verhaltens- und Einstellungsskalen nach Branchengruppe   75

Abbildung 28. Frühzeitiger Austritt aus dem Erwerbsleben, Einstellungs- und Verhaltensskalenmittelwerte nach Unternehmensgrösse   76

Abbildung 29. Mittelwerte der Verhaltens- und Einstellungsskalen Frühzeitiger Austritt aus dem Erwerbsleben nach Stellung im Unternehmen   79

Abbildung 30. Skalenmittelwerte von *Körperliche Leistungsfähigkeit & Lernfähigkeit* (AF2) und *Führungsfähigkeit & Problemlösefähigkeit* (EF1) nach Anzahl Jahre im Unternehmen   80

Abbildung 31. Skalenmittelwerte von Einstellung und Verhalten nach Geschlecht   81

Abbildung 32. Skalenmittelwerte der Skalen AF2, AF3 und WA3 nach Altersgruppe   83

Tabellenverzeichnis

Tabelle 1. Entwicklung arbeitsplatzrelevanter Fähigkeiten im Altersverlauf (in Anlehnung an Adenauer (2002a, S. 29 - 30) und Bruggmann (2000, S. 25)).   25

Tabelle 2. Konstrukte und Subkonstrukte individualisierter, alternsgerechter Führung (IAF) von Braedel-Kühner (2005, S. 130)   30

Tabelle 3. Schätzung der internen Konsistenz der Gesamtskalen von Braedel-Kühner anhand von Reliabilitätsschätzungen (Cronbachs Alpha) (2005, S. 163).   30

Tabelle 4. Konstrukte der konzeptionellen Weiterentwicklung der IAF   31

Tabelle 5. Auflistung der im Fragebogen verwendeten Ratingskalen   33

Tabelle 6. Stichprobeneignung für die Hauptkomponentenanalyse   35

Tabelle 7. Vorgehensweisen zur Bestimmung der Anzahl Komponenten (K) und ihre Ergebnisse   35

Tabelle 8. Mustermatrix mit Komponentenladungen der Items zum Führungsverhalten nach Oblimin Hauptkomponentenanalyse mit 4 vorgegebenen Faktoren   37

Tabelle 9. Mustermatrix mit Komponentenladungen der Items zur Einstellung in Bezug auf Führung nach Oblimin Hauptkomponentenanalyse mit 4 vorgegebenen Faktoren   40

Tabelle 10. Zusammenfassung der Reliabilitätsanalyse der Einstellungs- und Verhaltensskalen   42

Tabelle 11. Mustermatrix der Hauptkomponentenanalyse aller Items der beiden Konstrukte Wahrnehmung von älteren Arbeitnehmenden und Wahrnehmung der Fähigkeiten älterer Mitarbeitender   44

Tabelle 12. Mustermatrix der Hauptkomponentenanalyse aller Items des Konstrukts Wahrnehmung des eigenen Älterwerdens (eigene Fähigkeitsentwicklung)   46

Tabelle 13. Zusammenfassung der Reliabilitätsanalyse der Skalen der Dimension Wahrnehmung   48

Tabelle 14. Reliabilitäten der Gesamtskalen und Skalen   49

Tabelle 15. Vergleich der Wahrnehmung der Fähigkeiten von älteren Mitarbeitenden und der Wahrnehmung des eigenen Älterwerdens (eigene Fähigkeitsentwicklung)   69

Tabelle 16. Korrelationsmatrix (Pearson) der Skalen zu Einstellung und Verhalten (N = 395)   70

Tabelle 17. Korrelationsmatrix (Pearson) der Skalen zur Wahrnehmung von älteren Mitarbeitenden und ihren Fähigkeiten (WA, AF) sowie zur Wahrnehmung des eigenen Älterwerdens (eigene Fähigkeitsentwicklung, EF)   71

Tabelle 18. Signifikante Mittelwertunterschiede zwischen den Gruppen Nationalität und Arbeitsland   74

Tabelle 19. Mittelwerte von Skalen mit signifikanten Unterschieden nach Arbeitsland und Nationalität   75

Tabelle 20. Signifikante Mittelwertunterschiede nach Unternehmensgrösse   78

Tabelle 21. Signifikante Mittelwertunterschiede nach Führungsstufe   80

Tabelle 22. Signifikante Mittelwertunterschiede nach Geschlecht   82

Tabelle 23. Korrelationen (Spearman Rho) der Wahrnehmungsskalen mit den Verhaltens- und Einstellungsskalen   84

Tabelle 24. Mittelwerte und Standardabweichung der Einstellungs- und Verhaltensskalen   86

Tabelle 25: Korrelation der Gesamtskala Wahrnehmung von älteren Mitarbeitenden und ihren Fähigkeiten (WA) mit den Einstellungs- und Verhaltensskalen.   87

Tabelle 26. Korrelation der Skalen der Wahrnehmung des eigenen Älterwerdens (eigene Fähigkeits-entwicklung, EF1 - EF3) mit den Skalen der Wahrnehmung der Fähigkeiten älterer Mitarbeitender (AF1 - AF3)   89

Tabelle 27. Korrelation der Skalen der Wahrnehmung des eigenen Älterwerdens (eigene Fähigkeits-entwicklung) mit den Verhaltensskalen zur alternsgerechten individualisierten Führung   90

Tabelle 28. Korrelation der Skalen der Wahrnehmung des eigenen Älterwerdens (eigene Fähigkeits-entwicklung) mit den Verhaltensskalen zur alternsgerechten individualisierten Führung   92

Tabelle 29. Eigene Fähigkeitsentwicklung und Fähigkeiten der Mitarbeitenden: Pragmatik und Mechanik   93

Tabelle 30. Multiple lineare Regression mit Verhaltensskalen als abhängigen Variablen   96

Tabelle 31. Signifikante Regressionskoeffizienten der Prädiktoren für die Verhaltensskalen   98

Tabelle 32. Multiple lineare Regression mit Einstellungsskalen als abhängigen Variablen   100

Tabelle 33. Signifikante Regressionskoeffizienten der Prädiktoren für die Einstellungsskalen   102

Anhangsverzeichnis

Anhang I   Fragebogenentwicklung: Individualisiertes alternsgerechtes Führen   137

Anhang II   Skalenstatistiken aller Verhaltens-, Einstellungs- und Wahrnehmungsskalen   146

Anhang III   Hauptkomponentenanalyse Wahrnehmung der Fähigkeiten älterer Mitarbeitender   152

Anhang IV   Korrelationsmatizen nach Spearman   153

Anhang V   ANOVA Skalen nach Gruppen   155

Anhang VI   T-Tests von Einzelitems nach Gruppen   167

Anhang VII   Multiple Regression mit Einstellung und Verhalten als abhängigen Variablen   176

Individualisiertes altersgerechtes Führen

Ältere Mitarbeitende

| 1 | Ab welchem Alter gehören für Sie persönlich Mitarbeitende zu den älteren Mitarbeitenden? | ab 35 Jahren
ab 40 Jahren
ab 45 Jahren
ab 50 Jahren
ab 55 Jahren
ab 60 Jahren | Angelehnt an Braedel-Kühner (2005) (Item 56: Bitte geben Sie an, ab welchem Alter Sie einen Mitarbeiter zur Gruppe der älteren Mitarbeitern zählen? Beziehen Sie sich im Folgenden jeweils auf Mitarbeiter ab diesem Alter) |

Führungsverhalten

Bitte beantworten Sie alle nun folgenden Fragen im Sinne der von Ihnen anfangs gewählten Alterskategorie, wenn es um ältere Mitarbeitende geht.

Im Alltag ist unterschiedlichstes Führungsverhalten anzutreffen. Das beobachtete Führungsverhalten hängt nicht nur von der Führungskraft selber ab. Oft wird es auch stark von den Gegebenheiten in der Unternehmung und anderen externen Einflüssen geprägt.

Im folgenden Teil möchten wir Sie zu Ihrem **tatsächlichen Führungsverhalten** befragen. Bitte bearbeiten Sie alle Aussagen und entscheiden Sie sich jeweils spontan für eine der fünf Antwortmöglichkeiten. Es gibt keine „richtigen" oder „falschen" Antworten.

Bitte geben Sie jeweils an, inwieweit die Aussagen für **Ihre Arbeit als Führungskraft** zutreffend sind.

Führungsverhalten bei älteren Mitarbeitenden

		Trifft gar nicht zu	Trifft wenig zu	Trifft teils teils zu	Trifft ziemlich zu	Trifft völlig zu	
2	Ich motiviere meine älteren Mitarbeitenden, bis zu ihrem offiziellen Rentenalter im Erwerbsleben zu verbleiben.						Angelehnt an Braedel-Kühner (2005) (Item 17: Ich motiviere gezielt meine älteren Mitarbeiter, bis zum Erreichen des Rentenalters im Erwerbsleben zu verbleiben)
3	Ich beziehe die Erfahrungen meiner älteren Mitarbeitenden in meine Entscheidungen mit ein.						Angelehnt an Braedel-Kühner (2005) (Item 2: Ich beziehe bei allen Entscheidungen, die meine Mitarbeiter betreffen, die betroffenen Mitarbeiter vorher mit ein)
4	Ich stelle ältere Arbeitnehmende neu ein.						Neu
5	Ich unterstütze aktiv das Ausscheiden älterer Mitarbeitender in den vorzeitigen Ruhestand.						Angelehnt an das entsprechende Einstellungsitem nach Braedel-Kühner (2005) (Item 60: Es ist sinnvoll, das frühe Ausscheiden älterer Mitarbeiter in den Ruhestand zu fördern.)
6	Ich unterstütze meine älteren Mitarbeitenden aktiv, sich an neue Situationen und Technologien anzupassen.						(Egger, Moser, & Thom, 2007, S. 97)
7	Ich nutze Frühpensionierungen als eine sozialverträgliche Form von Restrukturierung.						(Egger et al., 2007, S. 97)
8	Ich entlasse eher ältere Mitarbeitende, da diese ein vergleichsweise schlechteres Lohn-/ Arbeitswertverhältnis aufweisen.						(Egger et al., 2007, S. 97)
9	Ich motiviere meine älteren Mitarbeitenden gezielt, bestehende Weiterbildungsangebote wahrzunehmen.						Nach Braedel-Kühner (2005) (Item 7: Ich motiviere meine älteren Mitarbeiter bestehende Weiterbildungsangebote wahrzunehmen)
10	Ich setze die speziellen Fähigkeiten meiner älteren Mitarbeitenden gezielt für die Erreichung der Unternehmensziele ein.						(Egger et al., 2007, S. 101)

Individualisiertes Führungsverhalten

Im nun folgenden Teil geht es insbesondere darum, ob das Alter der Mitarbeitenden einen Einfluss auf Ihr Führungsverhalten hat. Hier geht es sowohl um jüngere als auch ältere Mitarbeitende.

Bitte geben Sie jeweils an, inwieweit die folgenden Aussagen für **Ihre Arbeit als Führungskraft** zutreffend sind.

Individualisiertes Führungsverhalten		Trifft gar nicht zu	Trifft wenig zu	Trifft teils teils zu	Trifft ziemlich zu	Trifft völlig zu
11	Ich passe mein Informationsverhalten dem Alter meiner Mitarbeitenden an.	Angelehnt an Braedel-Kühner (2005), jedoch altersspezifisch umformuliert (Item 6: Ich gehe auf spezielle Informationsbedürfnisse einzelner Mitarbeitergruppen ein)				
12	Ich fördere die Arbeit und den Know how-Transfer in altersgemischten Teams.	Angelehnt an Braedel-Kühner (2005) (Item 10: Ich fördere die Arbeit in altersgemischten Teams)				
13	Ich beziehe bei der Leistungsbeurteilung das Alter meiner Mitarbeitenden mit ein.	Nach Braedel-Kühner (2005) (Item 16)				
14	Ich berücksichtige bei der Verteilung von Arbeitsaufgaben das Alter meiner Mitarbeitenden.	Angelehnt an Braedel-Kühner (2005), jedoch altersspezifisch umformuliert (Item 19: Ich berücksichtige bei der Verteilung von Arbeitsaufgaben die individuellen Bedürfnisse meiner Mitarbeiter)				
15	Ich passe mein Führungsverhalten dem Alter meiner Mitarbeitenden an.	Angelehnt an Braedel-Kühner (2005), jedoch altersspezifisch umformuliert (Item 14: Ich berücksichtige bei meinen Führungsaufgaben individuelle Unterschiede der Mitarbeiter oder Item 8: Ich differenziere mein Führungsverhalten gezielt nach einzelnen Mitarbeitergruppen)				
16	Ich setze die altersspezifischen Fähigkeiten meiner Mitarbeitenden gezielt für die Erreichung der Unternehmensziele ein.	(Egger et al., 2007, S. 101)				
17	Bei Schwierigkeiten im Arbeitsprozess richte ich die Unterstützung auf das Alter meiner Mitarbeitenden aus.	Angelehnt an Braedel-Kühner (2005) (Item 4: Ich bemühe mich, Mitarbeiter, die Schwierigkeiten im Arbeitsprozess haben, zu grösseren Leistungen zu motivieren)				
18	Bei Interesse an Weiterbildungsangeboten richte ich meine Unterstützung auf das Alter meiner Mitarbeitenden aus.	Angelehnt an Braedel-Kühner (2005) (Item 7: Ich motiviere meine älteren Mitarbeiter bestehende Weiterbildungsangebote wahrzunehmen)				
19	Ich erreiche durch eine dem Alter der Mitarbeitenden angepasste Führung Produktivitätsvorteile.	(Egger et al., 2007, S. 101)				

Führungsverhalten Arbeitsgestaltung

Bitte geben Sie jeweils an, inwieweit die folgenden Aussagen für **Ihre Arbeit als Führungskraft** zutreffend sind.

Führungsverhalten Arbeitsgestaltung		Trifft gar nicht zu	Trifft wenig zu	Trifft teils teils zu	Trifft ziemlich zu	Trifft völlig zu
20	Ich stelle sicher, dass meine Mitarbeitenden nicht wiederholt oder dauerhaft übermässige Arbeitspensen leisten.	(Egger et al., 2007, S. 93 und 102)				
21	Ich stelle sicher, dass meine Mitarbeitenden nicht übermässigem psychischem Druck / übermässiger nervlicher Belastung ausgesetzt sind.	(Egger et al., 2007, S. 93 und 102)				

22	Ich unterstütze aktiv eine gesunde Lebensweise (gesunde Ernährung / ausreichend Bewegung) meiner Mitarbeitenden.	(Egger et al., 2007, S. 93 und 102)
23	Ich stelle eine ergonomische Arbeitsplatz- und Arbeitsumfeldgestaltung sicher.	(Egger et al., 2007, S. 93 und 102)
24	Ich unterstütze aktiv die kontinuierliche Weiterbildung meiner Mitarbeitenden durch learning-on-the-job (Job-Rotation, Job-enlargement etc.).	(Egger et al., 2007, S. 95)
25	Ich unterstütze meine Mitarbeitenden bei der kontinuierlichen Weiterbildung durch interne und externe Schulungen.	(Egger et al., 2007, S. 95)
26	Ich engagiere mich aktiv dafür, dass meine Mitarbeitenden arbeitsmarktfähig bleiben.	(Egger et al., 2007, S. 95)
27	Ich vermeide, dass am Arbeitsplatz meiner Mitarbeitenden langjährige Routine eintritt.	(Egger et al., 2007, S. 95)

Einschätzung der Fähigkeiten älterer Mitarbeitender

Inhalt des folgenden Teils sind Fragen nach **Ihrer Einschätzung der Fähigkeiten älterer Mitarbeitender** im Sinne der von Ihnen anfangs gewählten Alterskategorie.

Wie schätzen Sie die Fähigkeiten älterer Mitarbeitender im Vergleich zum Durchschnitt aller Mitarbeitenden ein?	Unterdurchschnittlich	Eher unterdurchschnittlich	Durchschnittlich	Eher überdurchschnittlich	Überdurchschnittlich	
28	Anpassungsfähigkeit						Nach Braedel-Kühner (2005) Item 23
29	Geistige Leistungsfähigkeit						Nach Braedel-Kühner (2005) Item 24
30	Zuverlässigkeit						Nach Braedel-Kühner (2005) Item 25
31	Lernbereitschaft						Nach Braedel-Kühner (2005) Item 26
32	Lernfähigkeit						Nach Braedel-Kühner (2005) Item 27
33	Urteilsvermögen						Nach Braedel-Kühner (2005) Item 28
34	Risikobereitschaft						Nach Braedel-Kühner (2005) Item 29
35	Praktisches Wissen						Nach Braedel-Kühner (2005) Item 31
36	Arbeitsmoral						Nach Braedel-Kühner (2005) Item 32
37	Körperliche Leistungsfähigkeit						Nach Braedel-Kühner (2005) Item 33
38	Problemlösefähigkeit						Nach Braedel-Kühner (2005) Item 35
39	Einfühlungsvermögen						Soziale Fähigkeiten aufgeteilt (Braedel-Kühner, 2005) (Item 36)
40	Kommunikationsfähigkeit						Soziale Fähigkeiten aufgeteilt (Braedel-Kühner, 2005) (Item 36)
41	Gedächtnis						Gespiegelt von der Selbsteinschätzung (Braedel-Kühner, 2005) (Item 79)
42	Dauerbelastbarkeit						Fost (2008)
43	Konzentrationsfähigkeit						Fost (2008)
44	Verantwortungsbewusstsein						Fost (2008)

45	Führungsfähigkeit	Angelehnt an Fost (2008)
46	Emotionale Stabilität	Angelehnt an Bruggmann (2000, S. 25)
47	Sozialkompetenz	Nach Egger et al. (2007, S. 91)
48	Strategisches Denkvermögen	Angelehnt an Bruggmann (2000, S. 25)

Einstellung zur Führung von älteren Mitarbeitenden

Bitte beantworten Sie auch alle weiteren Fragen im Sinne der von Ihnen anfangs gewählten Alterskategorie, wenn es um ältere Mitarbeitende geht.

Es gibt unterschiedliche Einstellungen, wie sich eine Führungskraft gegenüber Ihren Mitarbeitenden verhalten **sollte**. Diese Einstellungen können durchaus von dem in der Praxis möglichen Führungsverhalten abweichen.

Bitte geben Sie jeweils an, inwieweit Sie den Aussagen zustimmen oder sie ablehnen.

Eine Führungskraft sollte …	Stimme gar nicht zu	Stimme wenig zu	Stimme teils teils zu	Stimme ziemlich zu	Stimme völlig zu	
49	… gezielt ihre älteren Mitarbeitenden motivieren, bis zu ihrem offiziellen Rententalter im Erwerbsleben zu verbleiben.						Angelehnt an Braedel-Kühner (2005) (Item 63: Es ist sinnvoll, ältere Mitarbeiter zum Verbleib im Erwerbsleben (bis zum Erreichen des Rentenalters) zu motivieren)
50	… die Erfahrungen ihrer älteren Mitarbeitenden in ihre Entscheidungen mit einbeziehen.						Angelehnt an Braedel-Kühner (2005) (Item 38: Eine Führungskraft sollte bei allen Entscheidungen, die ihre Mitarbeiter betreffen, diese vorher mit einbeziehen)
51	… ältere Arbeitnehmende neu einstellen.						Neu
52	… das Ausscheiden älterer Mitarbeitender in den vorzeitigen Ruhestand aktiv unterstützen.						Angelehnt an Braedel-Kühner (2005) (Item 60: Es ist sinnvoll, das frühe Ausscheiden älterer Mitarbeiter in den Ruhestand zu fördern)
53	… ihre älteren Mitarbeitenden aktiv unterstützen, sich an neue Situationen und Technologien anzupassen.						(Egger et al., 2007, S. 97)
54	… Frühpensionierungen als eine sozialverträgliche Form von Restrukturierung nutzen.						(Egger et al., 2007, S. 97)
55	… eher ältere Mitarbeitende entlassen, da diese ein vergleichsweise schlechteres Lohn-/ Arbeitswertverhältnis aufweisen.						(Egger et al., 2007, S. 97)
56	… ihre älteren Mitarbeitenden gezielt motivieren, bestehende Weiterbildungsangebote wahrzunehmen.						Angelehnt an Braedel-Kühner (2005) (Item 68: Es ist sinnvoll, ältere Mitarbeiter zur Inanspruchnahme von Weiterbildungsangeboten zu motivieren)
57	… die speziellen Fähigkeiten ihrer älteren Mitarbeitenden gezielt für die Erreichung der Unternehmensziele einsetzen.						(Egger et al., 2007, S. 101)

Einstellung zu individualisierter Führung

Im nun folgenden Teil geht es insbesondere darum, ob das Alter der Mitarbeitenden einen Einfluss auf das Verhalten einer Führungskraft **haben sollte**. Hier geht es sowohl um jüngere als auch ältere Mitarbeitende.

Bitte geben Sie jeweils an, inwieweit Sie den Aussagen zustimmen oder sie ablehnen.

	Eine Führungskraft sollte ...		Stimme gar nicht zu	Stimme wenig zu	Stimme teils teils zu	Stimme ziemlich zu	Stimme völlig zu
58	... ihr Informationsverhalten dem Alter ihrer Mitarbeitenden anpassen.	Angelehnt an Braedel-Kühner (2005), jedoch altersspezifisch umformuliert (Item 42: ...auf spezielle Informationsbedürfnisse einzelner Mitarbeitergruppen eingehen)					
59	... die Arbeit und den Know how-Transfer in altersgemischten Teams fördern.	Angelehnt an Braedel-Kühner (2005) (Item 47: ...die Arbeit in altersgemischten Teams fördern)					
60	... bei der Leistungsbeurteilung das Alter ihrer Mitarbeitenden mit einbeziehen.	Nach Braedel-Kühner (2005) (Item 53: ... bei der Leistungsbeurteilung das Alter der Mitarbeiter mit einbeziehen)					
61	... bei der Verteilung von Arbeitsaufgaben das Alter ihrer Mitarbeitenden berücksichtigen.	Angelehnt an Braedel-Kühner (2005), jedoch altersspezifisch umformuliert (Item 55: ...bei der Verteilung von Arbeitsaufgaben die individuellen Bedürfnisse ihrer Mitarbeiter berücksichtigen) oder (Item 46: ...die Arbeitsgebiete genau den Fähigkeiten und Leistungsmöglichkeiten ihrer unterstellten Mitarbeiter anpassen)					
62	... ihr Führungsverhalten dem Alter ihrer Mitarbeitenden anpassen.	Angelehnt an Braedel-Kühner (2005), jedoch altersspezifisch umformuliert (Item 14: ...individuelle Unterschiede der Mitarbeiter berücksichtigen) oder (Item 44: ...ihr Führungsverhalten gezielt nach einzelnen Mitarbeitergruppen differenzieren)					
63	... die altersspezifischen Fähigkeiten ihrer Mitarbeitenden gezielt für die Erreichung der Unternehmensziele einsetzen.	(Egger et al., 2007, S. 101)					
64	... bei Schwierigkeiten im Arbeitsprozess ihre Unterstützung auf das Alter ihrer Mitarbeitenden ausrichten.	Angelehnt an Braedel-Kühner (2005) (Item 41: sich bemühen, Mitarbeiter, die Schwierigkeiten im Arbeitsprozess haben, zu grösseren Leistungen zu motivieren)					
65	... bei Interesse an Weiterbildungsangeboten ihre Unterstützung auf das Alter ihrer Mitarbeitenden ausrichten.	Angelehnt an Braedel-Kühner (2005) (Item 51: ...ihre Mitarbeiter motivieren, bestehende Weiterbildungsangebote wahrzunehmen)					
66	... durch eine dem Alter der Mitarbeitenden angepasste Führung Produktivitätsvorteile erreichen.	(Egger et al., 2007, S. 101)					

Einstellung zur Arbeitsgestaltung

Bitte geben Sie jeweils an, inwieweit Sie den Aussagen zustimmen oder sie ablehnen.

Eine Führungskraft sollte …	Stimme gar nicht zu	Stimme wenig zu	Stimme teils teils zu	Stimme ziemlich zu	Stimme völlig zu
67	… sicherstellen, dass ihre Mitarbeitenden nicht wiederholt oder dauerhaft übermässige Arbeitspensen leisten.	(Egger et al., 2007, S. 93 und 102)			
68	…sicherstellen, dass ihre Mitarbeitenden nicht dauerhaft übermässigem psychischem Druck / übermässiger nervlicher Belastung ausgesetzt sind.	(Egger et al., 2007, S. 93 und 102)			
69	… aktiv eine gesunde Lebensweise (gesunde Ernährung / ausreichend Bewegung) ihrer Mitarbeitenden unterstützen.	(Egger et al., 2007, S. 93 und 102)			
70	… eine ergonomische Arbeitsplatz- und Arbeitsumfeldgestaltung sicherstellen.	(Egger et al., 2007, S. 93 und 102)			
71	… aktiv die kontinuierliche Weiterbildung ihrer Mitarbeitenden durch learning-on-the-job (Job-Rotation, Job-enlargement etc.) unterstützen.	(Egger et al., 2007, S. 95)			
72	…ihre Mitarbeitenden bei der kontinuierlichen Weiterbildung durch interne und externe Schulungen unterstützen.	(Egger et al., 2007, S. 95)			
73	… sich aktiv dafür engagieren, dass ihre Mitarbeitenden arbeitsmarktfähig bleiben.	(Egger et al., 2007, S. 95)			
74	… vermeiden, dass am Arbeitsplatz ihrer Mitarbeitenden langjährige Routine eintritt.	(Egger et al., 2007, S. 95)			

Ältere Mitarbeitende

Bitte beantworten Sie die folgenden Fragen im Sinne der von Ihnen anfangs gewählten Alterskategorie, wenn es um ältere Mitarbeitende geht.

Geben Sie jeweils an, inwieweit Sie den Aussagen grundsätzlich zustimmen oder sie ablehnen.	Stimme gar nicht zu	Stimme wenig zu	Stimme teils teils zu	Stimme ziemlich zu	Stimme völlig zu
75	Die Leistungsfähigkeit älterer Mitarbeitender ist insgesamt geringer als diejenige jüngerer Mitarbeiter.	Nach Braedel-Kühner (2005) Item 58: Die Leistungsfähigkeit älterer Mitarbeiter ist insgesamt geringer als diejenige jüngerer.			
76	Ältere Mitarbeitende wechseln weniger oft die Stelle als jüngere Mitarbeitende.	(Egger et al., 2007, S. 101)			
77	Ältere Mitarbeitende weisen keine gesundheitsbedingt schlechtere Produktivität auf als jüngere Mitarbeitende.	(Egger et al., 2007, S. 101)			
78	Ältere Mitarbeitende benötigen mehr Zeit, sich auf Veränderungen einzustellen.	Nach Braedel-Kühner (2005) Item 65: Ältere Mitarbeiter benötigen oft mehr Zeit, sich auf Veränderungen einzustellen			
79	Ältere Mitarbeitende fehlen weniger oft bei der Arbeit.	(Egger et al., 2007, S. 101)			

80	Individuelle Unterschiede zwischen den Mitarbeitenden nehmen mit dem Alter zu.	(Egger et al., 2007, S. 87)
81	Ältere Mitarbeitende stehen Neuerungen zurückhaltender gegenüber.	Nach Braedel-Kühner (2005) Item 59: Ältere Mitarbeiter stehen Neuerungen oft zurückhaltend gegenüber
82	Die Loyalität älterer Mitarbeitender gegenüber dem Unternehmen ist höher.	(Egger et al., 2007, S. 101)
83	Ältere Mitarbeitende äussern seltener den Wunsch nach Weiterbildung als jüngere Mitarbeitende.	Nach Braedel-Kühner (2005) Item 66: Jüngere Mitarbeiter äussern häufiger den Wunsch nach Weiterbildung als ältere Mitarbeiter

Einschätzung der eigenen Fähigkeiten

Das Älterwerden ist ein individueller Prozess, der höchst unterschiedlich erlebt werden kann. Welche Veränderungen verbinden Sie mit **Ihrem eigenen Älterwerden?**

	Bitte geben Sie für die genannten Eigenschaften an, ob diese bei Ihnen eher abnehmen, gleich bleiben oder zunehmen.	eher abnehmend	gleichbleibend	eher zunehmend	
84	Anpassungsfähigkeit				Nach Braedel-Kühner (2005) Item 76
85	Geistige Leistungsfähigkeit				Nach Braedel-Kühner (2005) Item 73
86	Zuverlässigkeit				Gespiegelt von Einschätzung älterer MA (Braedel-Kühner, 2005) (Item 25)
87	Lernbereitschaft				Gespiegelt von Einschätzung älterer MA (Braedel-Kühner, 2005) (Item 26)
88	Lernfähigkeit				Gespiegelt von Einschätzung älterer MA (Braedel-Kühner, 2005) (Item 27)
89	Urteilsvermögen				Nach Braedel-Kühner (2005) Item 82
90	Risikobereitschaft				Nach Braedel-Kühner (2005) Item 72
91	Praktisches Wissen				Nach Braedel-Kühner (2005) Item 78
92	Arbeitsmoral				Gespiegelt von Einschätzung älterer MA (Braedel-Kühner, 2005) (Item 32)
93	Körperliche Leistungsfähigkeit				Nach Braedel-Kühner (2005) Item 80
94	Problemlösefähigkeit				Nach Braedel-Kühner (2005) Item 81
95	Einfühlungsvermögen				Soziale Fähigkeiten aufgeteilt (Braedel-Kühner, 2005) (Item 83)
96	Kommunikationsfähigkeit				Soziale Fähigkeiten aufgeteilt (Braedel-Kühner, 2005) (Item 83)
97	Gedächtnis				Nach Braedel-Kühner (2005) Item 79
98	Dauerbelastbarkeit				Fost (2008)
99	Konzentrationsfähigkeit				Fost (2008)
100	Verantwortungsbewusstsein				Fost (2008)
101	Führungsfähigkeit				Angelehnt an Fost (2008)
102	Emotionale Stabilität				Angelehnt an Bruggmann (2000, S. 25)
103	Sozialkompetenz				Nach Egger et al. (2007, S. 91)
104	Strategisches Denkvermögen				Angelehnt an Bruggmann (2000, S. 25)

Angaben zur Person und zum Unternehmen

Zum Abschluss bitten wir Sie um einige Angaben zu Ihrer Person und Ihrem Unternehmen.

Nr.	Frage	Antwortoptionen	Quelle
105	Ihr Alter in Jahren?		Angelehnt an Braedel-Kühner (2005) Item 94
106	Ihr Geschlecht?	weiblich: / männlich:	Neu
107	Ihre Nationalität?	Schweiz: / Deutschland: / Andere Nationalität, bitte angeben:	Neu
108	In welchem Land sind Sie als Führungskraft tätig?	Schweiz: / Deutschland: / Andere Nationalität, bitte angeben:	Neu
109	In welcher Branche ist Ihr Unternehmen / das Unternehmen, in dem Sie beschäftigt sind tätig?	Maschinenbau / Chemische Industrie / Verarbeitendes Gewerbe, übrige Industrie / Handel / Gesundheits- und Sozialwesen / Unternehmensbezogene Dienstleistungen / Baugewerbe / Verkehr, Nachrichtenübermittlung / Hotel, Beherbergung und Gaststätten / Kredit- und Versicherungsgewerbe / IT-Tätigkeiten, Forschung und Entwicklung / Öffentliche Verwaltung / Erziehung und Unterricht / Energie- und Wasserversorgung / Sonstige, bitte angeben:..............	Angelehnt an Braedel-Kühner (2005) Item 87
110	Wie viele Mitarbeitende hat Ihr Unternehmen / das Unternehmen in dem Sie beschäftigt sind?	Mikrounternehmen (0-9 Vollzeitäquivalente) / Kleinunternehmen (10-49 VZÄ) / Mittelunternehmen (50-249 VZÄ) / Grossunternehmen (250 und mehr VZÄ)	Angelehnt an Braedel-Kühner (2005) Item 85 (kategorial)
111	Wie lange sind Sie schon in diesem Unternehmen tätig? (Anzahl Jahre)	Anzahl Jahre:	Angelehnt an Braedel-Kühner (2005) Item 88
112	Welche Stellung haben Sie im Unternehmen?	Untere Führungsstufe (z. B. Teamleitung) / Mittlere Führungsstufe (z. B. Abteilungs- / Bereichsleitung) / Obere Führungsstufe (z. B. Geschäftsleitung, CEO) / Andere Führungsfunktion, bitte angeben:	Angelehnt an Braedel-Kühner (2005) Item 89
113	Anzahl der Ihnen direkt unterstellten Mitarbeitenden.		Angelehnt an Braedel-Kühner (2005) Item 90
114	Anzahl der Ihnen direkt unterstellten älteren Mitarbeitenden, nach der von Ihnen anfangs gewählten Definition.		Neu

115	Anzahl der Ihnen direkt unterstellten Mitarbeitenden ab 45 Jahren.		Neu
X	Führen Ihnen direkt unterstellte Mitarbeitende noch weitere Mitarbeitende?	Ja: weiter bei 116 Nein: weiter zu 119	
116*	Anzahl aller Mitarbeitenden in der von Ihnen geführten Organisationseinheit.		Angelehnt an Braedel-Kühner (2005) Item 92
117*	Anzahl aller älteren Mitarbeitenden in der von Ihnen geführten Organisationseinheit, nach der von Ihnen anfangs gewählten Definition.		Neu
118*	Anzahl aller Mitarbeitenden in der von Ihnen geführten Organisationseinheit ab 45 Jahren.		Angelehnt an Braedel-Kühner (2005) Item 93

* Fragen 116-118 werden nur Personen gestellt, die bei X ja angekreuzt haben.

Ende des Fragebogens

Ganz herzlichen Dank für Ihre Teilnahme!

Sollten Sie Fragen oder Kommentare haben, senden Sie bitte ein Email an: umfrage.iap@zhaw.ch

Hinweis: Dieser Fragebogen zum Thema Führung von älteren Mitarbeitenden wurde am Institut für Angewandte Psychologie der Zürcher Hochschule für angewandte Wissenschaften auf Grundlage eines Fragebogens von Cordula Braedel-Kühner (2005) zum Thema individualisiertes altersgerechtes Führen entwickelt. Das Thema Erhalt der Arbeitsfähigkeit wurde zusätzlich aufgenommen.

Braedel-Kühner, C. (2005). *Individualisierte, altersgerechte Führung*. Frankfurt am Main: Peter Lang.

Skalenstatistiken Verhaltens-, Einstellungs- und Wahrnehmungsskalen

Individualisierte altersspezifische Führung – Verhalten	Mittel-wert	Standard-abweichung	N	Korrigierte Item-Skala-Korrelation	Cronbachs Alpha, wenn Item weggelas-sen
Ich passe mein Informationsverhalten dem Alter meiner Mitarbeitenden an.	2.82	1.128	395	.496	.794
Ich beziehe bei der Leistungsbeurteilung das Alter meiner Mitarbeitenden mit ein.	2.87	1.148	395	.555	.783
Ich berücksichtige bei der Verteilung von Arbeits-aufgaben das Alter meiner Mitarbeitenden.	2.84	1.125	395	.655	.765
Ich passe mein Führungsverhalten dem Alter meiner Mitarbeitenden an.	3.02	1.094	395	.542	.786
Bei Schwierigkeiten im Arbeitsprozess richte ich die Unterstützung auf das Alter meiner Mitarbeitenden aus.	2.88	1.061	395	.546	.785
Bei Interesse an Weiterbildungsangeboten richte ich meine Unterstützung auf das Alter meiner Mitarbeitenden aus.	2.84	1.106	395	.523	.789
Ich erreiche durch eine dem Alter der Mitarbeitenden angepasste Führung Produktivitätsvorteile.	3.18	1.088	395	.504	.792

Individualisierte altersspezifische Führung – Einstellung. Eine Führungskraft sollte…	Mittel-wert	Standard-abweichung	N	Korrigierte Item-Skala-Korrelation	Cronbachs Alpha, wenn Item weggelas-sen
… ihr Informationsverhalten dem Alter ihrer Mitar-beitenden anpassen.	3.02	1.022	395	.577	.816
… bei der Leistungsbeurteilung das Alter ihrer Mit-arbeitenden mit einbeziehen.	3.04	1.076	395	.578	.816
… bei der Verteilung von Arbeitsaufgaben das Alter ihrer Mitarbeitenden berücksichtigen.	3.15	.989	395	.622	.809
… ihr Führungsverhalten dem Alter ihrer Mitarbei-tenden anpassen.	3.09	1.054	395	.689	.797
… bei Schwierigkeiten im Arbeitsprozess ihre Un-terstützung auf das Alter ihrer Mitarbeitenden aus-richten.	3.30	.911	395	.598	.813
… bei Interesse an Weiterbildungsangeboten ihre Unterstützung auf das Alter ihrer Mitarbeitenden ausrichten.	3.44	1.014	395	.492	.829
… durch eine dem Alter der Mitarbeitenden ange-passte Führung Produktivitätsvorteile erreichen.	3.70	.944	395	.558	.818

Erhalt der Arbeitsfähigkeit – Verhalten	Mittel-wert	Standard-abweichung	N	Korrigierte Item-Skala-Korrelation	Cronbachs Alpha, wenn Item weggelassen
Ich stelle sicher, dass meine Mitarbeitenden nicht wiederholt oder dauerhaft übermässige Arbeitspensen leisten.	3.60	.954	395	.445	.741
Ich stelle sicher, dass meine Mitarbeitenden nicht übermässigem psychischem Druck / übermässiger nervlicher Belastung ausgesetzt sind.	3.61	.879	395	.440	.742
Ich unterstütze aktiv eine gesunde Lebensweise (gesunde Ernährung / ausreichend Bewegung) meiner Mitarbeitenden.	3.02	1.257	395	.438	.748
Ich stelle eine ergonomische Arbeitsplatz- und Arbeitsumfeldgestaltung sicher.	3.61	1.016	395	.437	.743
Ich unterstütze aktiv die kontinuierliche Weiterbildung meiner Mitarbeitenden durch learning-on-the-job (Job-Rotation, Job-enlargement etc.).	3.79	.980	395	.490	.733
Ich unterstütze meine Mitarbeitenden bei der kontinuierlichen Weiterbildung durch interne und externe Schulungen.	4.12	.816	395	.475	.738
Ich engagiere mich aktiv dafür, dass meine Mitarbeitenden arbeitsmarktfähig bleiben.	3.84	.932	395	.569	.720
Ich vermeide, dass am Arbeitsplatz meiner Mitarbeitenden langjährige Routine eintritt.	3.48	.965	395	.441	.742

Erhalt der Arbeitsfähigkeit – Einstellung Eine Führungskraft sollte…	Mittel-wert	Standard-abweichung	N	Korrigierte Item-Skala-Korrelation	Cronbachs Alpha, wenn Item weggelassen
… sicherstellen, dass ihre Mitarbeitenden nicht wiederholt oder dauerhaft übermässige Arbeitspensen leisten.	4.12	.785	395	.432	.778
… sicherstellen, dass ihre Mitarbeitenden nicht dauerhaft übermässigem psychischem Druck / übermässiger nervlicher Belastung ausgesetzt sind.	4.29	.736	395	.536	.763
… aktiv eine gesunde Lebensweise (gesunde Ernährung / ausreichend Bewegung) ihrer Mitarbeitenden unterstützen.	3.74	1.062	395	.457	.782
… eine ergonomische Arbeitsplatz- und Arbeitsumfeldgestaltung sicherstellen.	4.26	.763	395	.499	.768
… aktiv die kontinuierliche Weiterbildung ihrer Mitarbeitenden durch learning-on-the-job (Job-Rotation, Job-enlargement etc.) unterstützen.	4.15	.740	395	.542	.762
… ihre Mitarbeitenden bei der kontinuierlichen Weiterbildung durch interne und externe Schulungen unterstützen.	4.32	.679	395	.562	.761
… sich aktiv dafür engagieren, dass ihre Mitarbeitenden arbeitsmarktfähig bleiben.	4.07	.795	395	.578	.755
… vermeiden, dass am Arbeitsplatz ihrer Mitarbeitenden langjährige Routine eintritt.	3.89	.807	395	.439	.777

Frühzeitiger Austritt aus dem Erwerbsleben – Verhalten	Mittel-wert	Standard-abweichung	N	Korrigierte Item-Skala-Korrelation	Cronbachs Alpha, wenn Item weggelas-sen
Ich motiviere meine älteren Mitarbeitenden, bis zu ihrem offiziellen Rentenalter im Erwerbsleben zu verbleiben.	3.6582	1.04573	395	.149	.477
* Ich unterstütze aktiv das Ausscheiden älterer Mitarbeitender in den vorzeitigen Ruhestand.	3.3519	1.04964	395	.380	.236
* Ich nutze Frühpensionierungen als eine sozialverträgliche Form von Restrukturierung.	3.3899	1.13768	395	.408	.188
* Ich entlasse eher ältere Mitarbeitende, da diese ein vergleichsweise schlechteres Lohn-/ Arbeitswertverhältnis aufweisen.	4.4759	.81627	395	.085	.505

* umgepolte Items

Frühzeitiger Austritt aus dem Erwerbsleben – Einstellung Eine Führungskraft sollte…	Mittel-wert	Standard-abweichung	N	Korrigierte Item-Skala-Korrelation	Cronbachs Alpha, wenn Item weggelas-sen
… gezielt ihre älteren Mitarbeitenden motivieren, bis zu ihrem offiziellen Rentenalter im Erwerbsleben zu verbleiben.	3.4481	1.03208	395	.219	.597
* … das Ausscheiden älterer Mitarbeitender in den vorzeitigen Ruhestand aktiv unterstützen.	3.1949	.95587	395	.532	.336
* … Frühpensionierungen als eine sozialverträgliche Form von Restrukturierung nutzen.	3.1443	1.14081	395	.506	.334
* … eher ältere Mitarbeitende entlassen, da diese ein vergleichsweise schlechteres Lohn-/ Arbeitswertverhältnis aufweisen.	4.3063	.79646	395	.169	.607

* umgepolte Items

Führung älterer Mitarbeitender – Verhalten	Mittel-wert	Standard-abweichung	N	Korrigierte Item-Skala-Korrelation	Cronbachs Alpha, wenn Item weggelas-sen
Ich beziehe die Erfahrungen meiner älteren Mitarbeitenden in meine Entscheidungen mit ein.	4.21	.739	395	.359	.481
Ich stelle ältere Arbeitnehmende neu ein.	3.01	1.047	395	.222	.610
Ich setze die speziellen Fähigkeiten meiner älteren Mitarbeitenden gezielt für die Erreichung der Unternehmensziele ein.	4.06	.841	395	.434	.412
Ich fördere die Arbeit und den Know how-Transfer in altersgemischten Teams.	3.99	.875	395	.397	.440

Führung älterer Mitarbeitender – Einstellung	Mittelwert	Standardabweichung	N	Korrigierte Item-Skala-Korrelation	Cronbachs Alpha, wenn Item weggelassen
… die Erfahrungen ihrer älteren Mitarbeitenden in ihre Entscheidungen mit einbeziehen.	4.21	.743	395	.485	.534
… ältere Arbeitnehmende neu einstellen.	3.40	.856	395	.324	.653
… die speziellen Fähigkeiten ihrer älteren Mitarbeitenden gezielt für die Erreichung der Unternehmensziele einsetzen.	4.27	.751	395	.495	.526
… die Arbeit und den Know how-Transfer in altersgemischten Teams fördern.	4.21	.750	395	.409	.586

WA1 = AF1 N = 395 Cronbachs Alpha der Skala: .842	Mittelwert	Standardabweichung	Korrigierte Item-Skala-Korrelation	Cronbachs Alpha, wenn Item weggelassen
Urteilsvermögen	3.92	.654	.515	.830
Praktisches Wissen	4.36	.651	.401	.839
Problemlösefähigkeit	3.51	.826	.563	.826
Einfühlungsvermögen	3.61	.748	.480	.833
Kommunikationsfähigkeit	3.30	.776	.557	.826
Verantwortungsbewusstsein	4.15	.657	.532	.829
Führungsfähigkeit	3.48	.791	.600	.822
Emotionale Stabilität	3.68	.752	.576	.824
Sozialkompetenz	3.72	.753	.635	.818
Strategisches Denkvermögen	3.25	.768	.514	.830

WA2 N = 395 Cronbachs Alpha der Skala: .685	Mittelwert	Standardabweichung	Korrigierte Item-Skala-Korrelation	Cronbachs Alpha, wenn Item weggelassen
Ältere Mitarbeitende wechseln weniger oft die Stelle als jüngere Mitarbeitende.	4.15	.778	.344	.662
Ältere Mitarbeitende benötigen mehr Zeit, sich auf Veränderungen einzustellen.	3.46	.861	.409	.649
Ältere Mitarbeitende fehlen weniger oft bei der Arbeit.	3.17	.969	.333	.666
Individuelle Unterschiede zwischen den Mitarbeitenden nehmen mit dem Alter zu.	3.09	.994	.389	.653
Ältere Mitarbeitende stehen Neuerungen zurückhaltender gegenüber.	3.34	.902	.443	.641
Die Loyalität älterer Mitarbeitender gegenüber dem Unternehmen ist höher.	3.87	.845	.464	.637
*Ältere Mitarbeitende äussern seltener den Wunsch nach Weiterbildung als jüngere Mitarbeitende.	3.51	.938	.335	.664
Zuverlässigkeit	4.09	.662	.288	.672
Arbeitsmoral	3.90	.757	.227	.683

WA3 N = 395 Cronbachs Alpha der Skala: .732	Mittel-wert	Standard-abweichung	Korrigierte Item-Skala-Korrelation	Cronbachs Alpha, wenn Item weggelas-sen
* Die Leistungsfähigkeit älterer Mitarbeitender ist insgesamt geringer als diejenige jüngerer Mitarbeitender. umcodiert	3.70	.860	.354	.719
Ältere Mitarbeitende weisen keine gesundheitsbedingt schlechtere Produktivität auf als jüngere Mitarbeitende.	3.52	.916	.232	.745
Anpassungsfähigkeit	2.60	.801	.437	.703
Geistige Leistungsfähigkeit	3.12	.585	.403	.711
Lernbereitschaft	2.84	.707	.407	.708
Lernfähigkeit	2.77	.590	.484	.700
Körperliche Leistungsfähigkeit	2.72	.672	.464	.700
Gedächtnis	2.98	.592	.376	.714
Dauerbelastbarkeit	2.68	.733	.413	.707
Konzentrationsfähigkeit	2.95	.579	.480	.701

* umgepoltes Item

EF1 N = 395 Cronbachs Alpha der Skala: .789	Mittel-wert	Standard-abweichung	Korrigierte Item-Skala-Korrelation	Cronbachs Alpha, wenn Item weggelas-sen
Eigenes Urteilsvermögen	2.73	.448	.479	.768
Eigenes praktisches Wissen	2.84	.404	.377	.782
Eigene Problemlösefähigkeit	2.66	.511	.562	.754
Eigene Kommunikationsfähigkeit	2.54	.529	.502	.764
Eigene Führungsfähigkeit	2.63	.504	.543	.757
Eigene emotionale Stabilität	2.48	.525	.514	.762
Eigene Sozialkompetenz	2.59	.507	.500	.765
Eigenes strategisches Denkvermögen	2.53	.534	.472	.769

EF2 N = 395 Cronbachs Alpha der Skala: .746	Mittel-wert	Standard-abweichung	Korrigierte Item-Skala-Korrelation	Cronbachs Alpha, wenn Item weggelas-sen
Eigene Anpassungsfähigkeit	1.83	.642	.317	.747
Eigene geistige Leistungsfähigkeit	1.88	.578	.487	.711
Eigene Lernbereitschaft	2.00	.554	.355	.735
Eigene Lernfähigkeit	1.69	.579	.499	.709
Eigene körperliche Leistungsfähigkeit	1.48	.544	.434	.721
Eigenes Gedächtnis	1.63	.558	.533	.703
Eigene Dauerbelastbarkeit	1.53	.584	.435	.721
Eigene Konzentrationsfähigkeit	1.75	.513	.489	.712

EF3

EF3 N = 395 Cronbachs Alpha der Skala: .665	Mittel- wert	Standard- abweichung	Korrigierte Item-Skala- Korrelation	Cronbachs Alpha, wenn Item weggelas- sen
Eigene Zuverlässigkeit	2.43	.511	.488	.569
Eigene Arbeitsmoral	2.25	.534	.449	.596
Eigenes Einfühlungsvermögen	2.53	.539	.355	.659
Eigenes Verantwortungsbewusstsein	2.59	.498	.498	.564

AF1 = WA1 N = 395 Cronbachs Alpha der Skala: .842	Mittel- wert	Standard- abweichung	Korrigierte Item-Skala- Korrelation	Cronbachs Alpha, wenn Item weggelas- sen
Urteilsvermögen	3.92	.654	.515	.830
Praktisches Wissen	4.36	.651	.401	.839
Problemlösefähigkeit	3.51	.826	.563	.826
Einfühlungsvermögen	3.61	.748	.480	.833
Kommunikationsfähigkeit	3.30	.776	.557	.826
Verantwortungsbewusstsein	4.15	.657	.532	.829
Führungsfähigkeit	3.48	.791	.600	.822
Emotionale Stabilität	3.68	.752	.576	.824
Sozialkompetenz	3.72	.753	.635	.818
Strategisches Denkvermögen	3.25	.768	.514	.830

AF2 N = 395 Cronbachs Alpha der Skala: .748	Mittel- wert	Standard- abweichung	Korrigierte Item-Skala- Korrelation	Cronbachs Alpha, wenn Item weggelas- sen
Anpassungsfähigkeit	2.60	.801	.429	.728
Geistige Leistungsfähigkeit	3.12	.585	.386	.732
Lernbereitschaft	2.84	.707	.442	.723
Lernfähigkeit	2.77	.590	.477	.717
Körperliche Leistungsfähigkeit	2.73	.672	.503	.711
Gedächtnis	2.98	.592	.410	.728
Dauerbelastbarkeit	2.68	.733	.420	.728
Konzentrationsfähigkeit	2.95	.579	.512	.712

AF3 N = 395 Cronbachs Alpha der Skala: .586	Mittel- wert	Standard- abweichung	Korrigierte Item-Skala- Korrelation	Cronbachs Alpha, wenn Item weggelas- sen
Zuverlässigkeit	4.09	.662	.418	
Arbeitsmoral	3.90	.757	.418	

Mustermatrix der Hauptkomponentenanalyse aller Items des Konstrukts Wahrnehmung der Fähigkeiten älterer Mitarbeitender (AF)

	Komponente		
	AF1	AF2	AF3
Führungsfähigkeit	.742	-.087	-.089
Sozialkompetenz	.693	-.014	.201
Emotionale Stabilität	.692	-.117	.128
Strategisches Denkvermögen	.653	.035	-.306
Urteilsvermögen	.645	-.055	-.102
Problemlösefähigkeit	.638	.198	-.238
Kommunikationsfähigkeit	.620	.093	-.051
Verantwortungsbewusstsein	.584	.124	.309
Praktisches Wissen	.524	-.062	.073
Einfühlungsvermögen	.498	.084	.372
Körperliche Leistungsfähigkeit	-.183	.712	-.049
Lernfähigkeit	-.071	.640	.227
Lernbereitschaft	-.061	.632	.291
Konzentrationsfähigkeit	.126	.618	-.264
Anpassungsfähigkeit	-.086	.616	.241
Dauerbelastbarkeit	.058	.557	-.290
Gedächtnis	.144	.517	-.122
Geistige Leistungsfähigkeit	.224	.455	-.095
Arbeitsmoral	.340	.213	.512
Zuverlässigkeit	.429	.114	.497
*, a Risikobereitschaft	-.111	-.347	.456

Extraktionsmethode: Hauptkomponentenanalyse. Rotationsmethode: Oblimin mit Kaiser-Normalisierung. Die Rotation ist in 12 Iterationen konvergiert. 3 Faktoren wurden vorgegeben.

*umgepoltes Item   a Item von weiteren Analysen ausgeschlossen

Korrelationen nach Spearman

Verhaltens- und Einstellungsskalen

Spearman-Rho		Erhalt der Arbeitsfähigkeit - Verhalten	Erhalt der Arbeitsfähigkeit - Einstellung	Individualisierte altersspezifische Führung - Verhalten	Individualisierte altersspezifische Führung - Einstellung	Frühzeitiger Austritt aus dem Erwerbsleben - Verhalten	Frühzeitiger Austritt aus dem Erwerbsleben - Einstellung	Führung älterer Mitarbeitender - Verhalten	Führung älterer Mitarbeitender - Einstellung
Erhalt der Arbeitsfähigkeit - Verhalten	Korrelationskoeffizient	1.000							
	Sig. (2-seitig)	.							
Erhalt der Arbeitsfähigkeit - Einstellung	Korrelationskoeffizient	.598**	1.000						
	Sig. (2-seitig)	.000	.						
Individualisierte altersspezifische Führung - Verhalten	Korrelationskoeffizient	.151**	.141**	1.000					
	Sig. (2-seitig)	.003	.005	.					
Individualisierte altersspezifische Führung - Einstellung	Korrelationskoeffizient	.162**	.252**	.710**	1.000				
	Sig. (2-seitig)	.001	.000	.000	.				
Frühzeitiger Austritt aus dem Erwerbsleben - Verhalten	Korrelationskoeffizient	-.011	.102*	.054	.018	1.000			
	Sig. (2-seitig)	.834	.042	.285	.714	.			
Frühzeitiger Austritt aus dem Erwerbsleben - Einstellung	Korrelationskoeffizient	.078	.146**	.053	.055	.656**	1.000		
	Sig. (2-seitig)	.120	.004	.294	.279	.000	.		
Führung älterer Mitarbeitender - Verhalten	Korrelationskoeffizient	.359**	.285**	.217**	.164**	.144**	.210**	1.000	
	Sig. (2-seitig)	.000	.000	.000	.001	.004	.000	.	
Führung älterer Mitarbeitender - Einstellung	Korrelationskoeffizient	.295**	.500**	.227**	.316**	.146**	.235**	.613**	1.000
	Sig. (2-seitig)	.000	.000	.000	.000	.004	.000	.000	.

**. Die Korrelation ist auf dem 0,01 Niveau signifikant (einseitig). *. Die Korrelation ist auf dem 0,05 Niveau signifikant (einseitig). N=395.

Wahrnehmungsskalen

Spearman-Rho		WA1	WA2	WA3	AF1	AF2	AF3	EF1	EF2	EF3
WA1	Korrelationskoeffizient	1.000								
	Sig. (2-seitig)	.								
WA2	Korrelationskoeffizient	.248**	1.000							
	Sig. (2-seitig)	.000	.							
WA3	Korrelationskoeffizient	.285**	-.139**	1.000						
	Sig. (2-seitig)	.000	.006	.						
AF1	Korrelationskoeffizient	1.000**	.248**	.285**	1.000					
	Sig. (2-seitig)	.	.000	.000	.					
AF2	Korrelationskoeffizient	.274**	-.136**	.924**	.274**	1.000				
	Sig. (2-seitig)	.000	.007	.000	.000	.				
AF3	Korrelationskoeffizient	.487**	.482**	.280**	.487**	.274**	1.000			
	Sig. (2-seitig)	.000	.000	.000	.000	.000	.			
EF1	Korrelationskoeffizient	.234**	.135**	.015	.234**	-.014	.103*	1.000		
	Sig. (2-seitig)	.000	.007	.768	.000	.783	.040	.		
EF2	Korrelationskoeffizient	-.012	-.117*	.322**	-.012	.332**	.063	.178**	1.000	
	Sig. (2-seitig)	.810	.020	.000	.810	.000	.213	.000	.	
EF3	Korrelationskoeffizient	.308**	.285**	.045	.308**	.056	.285**	.451**	.109*	1.000
	Sig. (2-seitig)	.000	.000	.374	.000	.268	.000	.000	.031	.

**. Die Korrelation ist auf dem 0,01 Niveau signifikant (einseitig).   *. Die Korrelation ist auf dem 0,05 Niveau signifikant (einseitig).   N=395.

ANOVA aller Skalen nach Gruppen

ONEWAY ANOVA	Nationalität	Quadrat-summe	df	Mittel der Quadrate	F	Signifikanz
Erhalt der Arbeitsfähigkeit - Verhalten	Zwischen den Gruppen	3.888	2	1.944	5.471	.005
	Innerhalb der Gruppen	139.294	392	.355		
	Gesamt	143.182	394			
Erhalt der Arbeitsfähigkeit - Einstellung	Zwischen den Gruppen	2.205	2	1.102	4.281	.014
	Innerhalb der Gruppen	100.935	392	.257		
	Gesamt	103.140	394			
Individualisierte altersspezifische Führung - Verhalten	Zwischen den Gruppen	.748	2	.374	.652	.522
	Innerhalb der Gruppen	225.080	392	.574		
	Gesamt	225.828	394			
Individualisierte altersspezifische Führung - Einstellung	Zwischen den Gruppen	.068	2	.034	.067	.935
	Innerhalb der Gruppen	199.882	392	.510		
	Gesamt	199.950	394			
Frühzeitiger Austritt aus dem Erwerbsleben - Verhalten	Zwischen den Gruppen	.654	2	.327	.837	.434
	Innerhalb der Gruppen	153.154	392	.391		
	Gesamt	153.808	394			
Frühzeitiger Austritt aus dem Erwerbsleben - Einstellung	Zwischen den Gruppen	3.383	2	1.692	4.054	.018
	Innerhalb der Gruppen	163.588	392	.417		
	Gesamt	166.971	394			
Führung älterer Mitarbeitender - Verhalten	Zwischen den Gruppen	.362	2	.181	.538	.584
	Innerhalb der Gruppen	131.611	392	.336		
	Gesamt	131.972	394			
Führung älterer Mitarbeitender - Einstellung	Zwischen den Gruppen	.092	2	.046	.157	.855
	Innerhalb der Gruppen	114.805	392	.293		
	Gesamt	114.897	394			
WA1	Zwischen den Gruppen	.356	2	.178	.786	.456
	Innerhalb der Gruppen	88.832	392	.227		
	Gesamt	89.189	394			
WA2	Zwischen den Gruppen	.283	2	.142	.669	.513
	Innerhalb der Gruppen	82.933	392	.212		
	Gesamt	83.217	394			
WA3	Zwischen den Gruppen	.336	2	.168	1.127	.325
	Innerhalb der Gruppen	58.384	392	.149		
	Gesamt	58.719	394			
AF1	Zwischen den Gruppen	.356	2	.178	.786	.456
	Innerhalb der Gruppen	88.832	392	.227		
	Gesamt	89.189	394			
AF2	Zwischen den Gruppen	.542	2	.271	1.714	.182
	Innerhalb der Gruppen	61.961	392	.158		
	Gesamt	62.503	394			
AF3	Zwischen den Gruppen	.275	2	.138	.383	.682
	Innerhalb der Gruppen	140.715	392	.359		
	Gesamt	140.990	394			

EF1	Zwischen den Gruppen	.356	2	.178	1.792	.168
	Innerhalb der Gruppen	38.894	392	.099		
	Gesamt	39.250	394			
EF2	Zwischen den Gruppen	.128	2	.064	.544	.581
	Innerhalb der Gruppen	45.972	392	.117		
	Gesamt	46.100	394			
EF3	Zwischen den Gruppen	.095	2	.048	.351	.704
	Innerhalb der Gruppen	53.105	392	.135		
	Gesamt	53.200	394			

ONEWAY ANOVA	Arbeitsland	Quadrat-summe	df	Mittel der Quadrate	F	Signifikanz
Erhalt der Arbeitsfähigkeit - Verhalten	Zwischen den Gruppen	3.213	2	1.606	4.499	.012
	Innerhalb der Gruppen	139.969	392	.357		
	Gesamt	143.182	394			
Erhalt der Arbeitsfähigkeit - Einstellung	Zwischen den Gruppen	2.297	2	1.149	4.465	.012
	Innerhalb der Gruppen	100.843	392	.257		
	Gesamt	103.140	394			
Individualisierte altersspezifische Führung - Verhalten	Zwischen den Gruppen	3.219	2	1.610	2.834	.060
	Innerhalb der Gruppen	222.609	392	.568		
	Gesamt	225.828	394			
Individualisierte altersspezifische Führung - Einstellung	Zwischen den Gruppen	.539	2	.270	.530	.589
	Innerhalb der Gruppen	199.411	392	.509		
	Gesamt	199.950	394			
Frühzeitiger Austritt aus dem Erwerbsleben - Verhalten	Zwischen den Gruppen	1.156	2	.578	1.485	.228
	Innerhalb der Gruppen	152.651	392	.389		
	Gesamt	153.808	394			
Frühzeitiger Austritt aus dem Erwerbsleben - Einstellung	Zwischen den Gruppen	2.811	2	1.405	3.356	.036
	Innerhalb der Gruppen	164.160	392	.419		
	Gesamt	166.971	394			
Führung älterer Mitarbeitender - Verhalten	Zwischen den Gruppen	.335	2	.168	.499	.607
	Innerhalb der Gruppen	131.637	392	.336		
	Gesamt	131.972	394			
Führung älterer Mitarbeitender - Einstellung	Zwischen den Gruppen	.026	2	.013	.045	.956
	Innerhalb der Gruppen	114.870	392	.293		
	Gesamt	114.897	394			
WA1	Zwischen den Gruppen	.562	2	.281	1.242	.290
	Innerhalb der Gruppen	88.627	392	.226		
	Gesamt	89.189	394			
WA2	Zwischen den Gruppen	.014	2	.007	.034	.967
	Innerhalb der Gruppen	83.202	392	.212		
	Gesamt	83.217	394			
WA3	Zwischen den Gruppen	.383	2	.192	1.288	.277
	Innerhalb der Gruppen	58.336	392	.149		
	Gesamt	58.719	394			

AF1	Zwischen den Gruppen	.562	2	.281	1.242	.290
	Innerhalb der Gruppen	88.627	392	.226		
	Gesamt	89.189	394			
AF2	Zwischen den Gruppen	.691	2	.345	2.190	.113
	Innerhalb der Gruppen	61.812	392	.158		
	Gesamt	62.503	394			
AF3	Zwischen den Gruppen	.747	2	.373	1.043	.353
	Innerhalb der Gruppen	140.243	392	.358		
	Gesamt	140.990	394			
EF1	Zwischen den Gruppen	.980	2	.490	5.019	.007
	Innerhalb der Gruppen	38.270	392	.098		
	Gesamt	39.250	394			
EF2	Zwischen den Gruppen	.193	2	.097	.825	.439
	Innerhalb der Gruppen	45.907	392	.117		
	Gesamt	46.100	394			
EF3	Zwischen den Gruppen	.435	2	.217	1.616	.200
	Innerhalb der Gruppen	52.765	392	.135		
	Gesamt	53.200	394			

ONEWAY ANOVA	Führungsstufe	Quadrat-summe	df	Mittel der Quadrate	F	Signifikanz
Erhalt der Arbeitsfähigkeit - Verhalten	Zwischen den Gruppen	1.024	3	.341	.939	.422
	Innerhalb der Gruppen	142.158	391	.364		
	Gesamt	143.182	394			
Erhalt der Arbeitsfähigkeit - Einstellung	Zwischen den Gruppen	.490	3	.163	.622	.601
	Innerhalb der Gruppen	102.650	391	.263		
	Gesamt	103.140	394			
Individualisierte altersspezifische Führung - Verhalten	Zwischen den Gruppen	.577	3	.192	.334	.801
	Innerhalb der Gruppen	225.251	391	.576		
	Gesamt	225.828	394			
Individualisierte altersspezifische Führung - Einstellung	Zwischen den Gruppen	.239	3	.080	.156	.926
	Innerhalb der Gruppen	199.711	391	.511		
	Gesamt	199.950	394			
Frühzeitiger Austritt aus dem Erwerbsleben - Verhalten	Zwischen den Gruppen	4.782	3	1.594	4.182	.006
	Innerhalb der Gruppen	149.025	391	.381		
	Gesamt	153.808	394			
Frühzeitiger Austritt aus dem Erwerbsleben - Einstellung	Zwischen den Gruppen	4.572	3	1.524	3.669	.012
	Innerhalb der Gruppen	162.399	391	.415		
	Gesamt	166.971	394			
Führung älterer Mitarbeitender - Verhalten	Zwischen den Gruppen	.510	3	.170	.506	.679
	Innerhalb der Gruppen	131.462	391	.336		
	Gesamt	131.972	394			
Führung älterer Mitarbeitender - Einstellung	Zwischen den Gruppen	.459	3	.153	.523	.667
	Innerhalb der Gruppen	114.437	391	.293		
	Gesamt	114.897	394			

WA1	Zwischen den Gruppen	.165	3	.055	.242	.867
	Innerhalb der Gruppen	89.023	391	.228		
	Gesamt	89.189	394			
WA2	Zwischen den Gruppen	.280	3	.093	.440	.725
	Innerhalb der Gruppen	82.937	391	.212		
	Gesamt	83.217	394			
WA3	Zwischen den Gruppen	.087	3	.029	.193	.901
	Innerhalb der Gruppen	58.632	391	.150		
	Gesamt	58.719	394			
AF1	Zwischen den Gruppen	.165	3	.055	.242	.867
	Innerhalb der Gruppen	89.023	391	.228		
	Gesamt	89.189	394			
AF2	Zwischen den Gruppen	.073	3	.024	.152	.929
	Innerhalb der Gruppen	62.430	391	.160		
	Gesamt	62.503	394			
AF3	Zwischen den Gruppen	.481	3	.160	.446	.720
	Innerhalb der Gruppen	140.509	391	.359		
	Gesamt	140.990	394			
EF1	Zwischen den Gruppen	.340	3	.113	1.140	.333
	Innerhalb der Gruppen	38.910	391	.100		
	Gesamt	39.250	394			
EF2	Zwischen den Gruppen	.457	3	.152	1.304	.273
	Innerhalb der Gruppen	45.643	391	.117		
	Gesamt	46.100	394			
EF3	Zwischen den Gruppen	.138	3	.046	.339	.797
	Innerhalb der Gruppen	53.062	391	.136		
	Gesamt	53.200	394			

ONEWAY ANOVA	Geschlecht	Quadrat-summe	df	Mittel der Quadrate	F	Signifikanz
Erhalt der Arbeitsfähigkeit - Verhalten	Zwischen den Gruppen	2.295	1	2.295	6.401	.012
	Innerhalb der Gruppen	140.887	393	.358		
	Gesamt	143.182	394			
Erhalt der Arbeitsfähigkeit - Einstellung	Zwischen den Gruppen	2.548	1	2.548	9.954	.002
	Innerhalb der Gruppen	100.592	393	.256		
	Gesamt	103.140	394			
Individualisierte altersspezifische Führung - Verhalten	Zwischen den Gruppen	.198	1	.198	.345	.557
	Innerhalb der Gruppen	225.630	393	.574		
	Gesamt	225.828	394			
Individualisierte altersspezifische Führung - Einstellung	Zwischen den Gruppen	.220	1	.220	.433	.511
	Innerhalb der Gruppen	199.730	393	.508		
	Gesamt	199.950	394			
Frühzeitiger Austritt aus dem Erwerbsleben - Verhalten	Zwischen den Gruppen	.040	1	.040	.102	.749
	Innerhalb der Gruppen	153.768	393	.391		
	Gesamt	153.808	394			

		Quadrat-summe	df	Mittel der Quadrate	F	Signifikanz
Frühzeitiger Austritt aus dem Erwerbsleben - Einstellung	Zwischen den Gruppen	1.650	1	1.650	3.921	.048
	Innerhalb der Gruppen	165.321	393	.421		
	Gesamt	166.971	394			
Führung älterer Mitarbeitender - Verhalten	Zwischen den Gruppen	3.470	1	3.470	10.612	.001
	Innerhalb der Gruppen	128.502	393	.327		
	Gesamt	131.972	394			
Führung älterer Mitarbeitender - Einstellung	Zwischen den Gruppen	2.563	1	2.563	8.968	.003
	Innerhalb der Gruppen	112.333	393	.286		
	Gesamt	114.897	394			
WA1	Zwischen den Gruppen	.573	1	.573	2.540	.112
	Innerhalb der Gruppen	88.616	393	.225		
	Gesamt	89.189	394			
WA2	Zwischen den Gruppen	.459	1	.459	2.181	.140
	Innerhalb der Gruppen	82.757	393	.211		
	Gesamt	83.217	394			
WA3	Zwischen den Gruppen	1.119	1	1.119	7.633	.006
	Innerhalb der Gruppen	57.601	393	.147		
	Gesamt	58.719	394			
AF1	Zwischen den Gruppen	.573	1	.573	2.540	.112
	Innerhalb der Gruppen	88.616	393	.225		
	Gesamt	89.189	394			
AF2	Zwischen den Gruppen	.949	1	.949	6.057	.014
	Innerhalb der Gruppen	61.554	393	.157		
	Gesamt	62.503	394			
AF3	Zwischen den Gruppen	.053	1	.053	.148	.700
	Innerhalb der Gruppen	140.937	393	.359		
	Gesamt	140.990	394			
EF1	Zwischen den Gruppen	.060	1	.060	.597	.440
	Innerhalb der Gruppen	39.190	393	.100		
	Gesamt	39.250	394			
EF2	Zwischen den Gruppen	.244	1	.244	2.089	.149
	Innerhalb der Gruppen	45.856	393	.117		
	Gesamt	46.100	394			
EF3	Zwischen den Gruppen	.217	1	.217	1.612	.205
	Innerhalb der Gruppen	52.983	393	.135		
	Gesamt	53.200	394			

ONEWAY ANOVA	Unternehmensgrösse	Quadrat-summe	df	Mittel der Quadrate	F	Signifikanz
Erhalt der Arbeitsfähigkeit - Verhalten	Zwischen den Gruppen	.487	3	.162	.444	.721
	Innerhalb der Gruppen	142.696	391	.365		
	Gesamt	143.182	394			
Erhalt der Arbeitsfähigkeit - Einstellung	Zwischen den Gruppen	.966	3	.322	1.232	.298
	Innerhalb der Gruppen	102.174	391	.261		
	Gesamt	103.140	394			

Individualisierte altersspezifische Führung - Verhalten	Zwischen den Gruppen	.744	3	.248	.431	.731
	Innerhalb der Gruppen	225.084	391	.576		
	Gesamt	225.828	394			
Individualisierte altersspezifische Führung - Einstellung	Zwischen den Gruppen	.180	3	.060	.117	.950
	Innerhalb der Gruppen	199.770	391	.511		
	Gesamt	199.950	394			
Frühzeitiger Austritt aus dem Erwerbsleben - Verhalten	Zwischen den Gruppen	2.776	3	.925	2.395	.068
	Innerhalb der Gruppen	151.032	391	.386		
	Gesamt	153.808	394			
Frühzeitiger Austritt aus dem Erwerbsleben - Einstellung	Zwischen den Gruppen	3.626	3	1.209	2.893	.035
	Innerhalb der Gruppen	163.345	391	.418		
	Gesamt	166.971	394			
Führung älterer Mitarbeitender - Verhalten	Zwischen den Gruppen	2.100	3	.700	2.107	.099
	Innerhalb der Gruppen	129.873	391	.332		
	Gesamt	131.972	394			
Führung älterer Mitarbeitender - Einstellung	Zwischen den Gruppen	.882	3	.294	1.009	.389
	Innerhalb der Gruppen	114.014	391	.292		
	Gesamt	114.897	394			
WA1	Zwischen den Gruppen	.349	3	.116	.513	.674
	Innerhalb der Gruppen	88.839	391	.227		
	Gesamt	89.189	394			
WA2	Zwischen den Gruppen	.846	3	.282	1.339	.261
	Innerhalb der Gruppen	82.370	391	.211		
	Gesamt	83.217	394			
WA3	Zwischen den Gruppen	.128	3	.043	.284	.837
	Innerhalb der Gruppen	58.592	391	.150		
	Gesamt	58.719	394			
AF1	Zwischen den Gruppen	.349	3	.116	.513	.674
	Innerhalb der Gruppen	88.839	391	.227		
	Gesamt	89.189	394			
AF2	Zwischen den Gruppen	.060	3	.020	.126	.945
	Innerhalb der Gruppen	62.442	391	.160		
	Gesamt	62.503	394			
AF3	Zwischen den Gruppen	.625	3	.208	.580	.628
	Innerhalb der Gruppen	140.365	391	.359		
	Gesamt	140.990	394			
EF1	Zwischen den Gruppen	.048	3	.016	.159	.924
	Innerhalb der Gruppen	39.202	391	.100		
	Gesamt	39.250	394			
EF2	Zwischen den Gruppen	.051	3	.017	.144	.933
	Innerhalb der Gruppen	46.049	391	.118		
	Gesamt	46.100	394			
EF3	Zwischen den Gruppen	.956	3	.319	2.386	.069
	Innerhalb der Gruppen	52.244	391	.134		
	Gesamt	53.200	394			

ONEWAY ANOVA	Unternehmensklasse	Quadrat-summe	df	Mittel der Quadrate	F	Signifikanz
Erhalt der Arbeitsfähigkeit - Verhalten	Zwischen den Gruppen	.007	1	.007	.018	.893
	Innerhalb der Gruppen	143.176	393	.364		
	Gesamt	143.182	394			
Erhalt der Arbeitsfähigkeit - Einstellung	Zwischen den Gruppen	.051	1	.051	.196	.658
	Innerhalb der Gruppen	103.088	393	.262		
	Gesamt	103.140	394			
Individualisierte altersspezifische Führung - Verhalten	Zwischen den Gruppen	.018	1	.018	.032	.859
	Innerhalb der Gruppen	225.810	393	.575		
	Gesamt	225.828	394			
Individualisierte altersspezifische Führung - Einstellung	Zwischen den Gruppen	.173	1	.173	.340	.560
	Innerhalb der Gruppen	199.777	393	.508		
	Gesamt	199.950	394			
Frühzeitiger Austritt aus dem Erwerbsleben - Verhalten	Zwischen den Gruppen	1.497	1	1.497	3.862	.050
	Innerhalb der Gruppen	152.311	393	.388		
	Gesamt	153.808	394			
Frühzeitiger Austritt aus dem Erwerbsleben - Einstellung	Zwischen den Gruppen	.604	1	.604	1.427	.233
	Innerhalb der Gruppen	166.367	393	.423		
	Gesamt	166.971	394			
Führung älterer Mitarbeitender - Verhalten	Zwischen den Gruppen	1.623	1	1.623	4.895	.028
	Innerhalb der Gruppen	130.349	393	.332		
	Gesamt	131.972	394			
Führung älterer Mitarbeitender - Einstellung	Zwischen den Gruppen	.705	1	.705	2.426	.120
	Innerhalb der Gruppen	114.192	393	.291		
	Gesamt	114.897	394			
WA1	Zwischen den Gruppen	.133	1	.133	.586	.445
	Innerhalb der Gruppen	89.056	393	.227		
	Gesamt	89.189	394			
WA2	Zwischen den Gruppen	.041	1	.041	.192	.662
	Innerhalb der Gruppen	83.176	393	.212		
	Gesamt	83.217	394			
WA3	Zwischen den Gruppen	.011	1	.011	.071	.790
	Innerhalb der Gruppen	58.709	393	.149		
	Gesamt	58.719	394			
AF1	Zwischen den Gruppen	.133	1	.133	.586	.445
	Innerhalb der Gruppen	89.056	393	.227		
	Gesamt	89.189	394			
AF2	Zwischen den Gruppen	.015	1	.015	.091	.763
	Innerhalb der Gruppen	62.488	393	.159		
	Gesamt	62.503	394			
AF3	Zwischen den Gruppen	.204	1	.204	.570	.451
	Innerhalb der Gruppen	140.786	393	.358		
	Gesamt	140.990	394			
EF1	Zwischen den Gruppen	.007	1	.007	.072	.789
	Innerhalb der Gruppen	39.243	393	.100		
	Gesamt	39.250	394			

		Quadrat-summe	df	Mittel der Quadrate	F	Signifikanz
EF2	Zwischen den Gruppen	.001	1	.001	.007	.934
	Innerhalb der Gruppen	46.099	393	.117		
	Gesamt	46.100	394			
EF3	Zwischen den Gruppen	.557	1	.557	4.159	.042
	Innerhalb der Gruppen	52.643	393	.134		
	Gesamt	53.200	394			

ONEWAY ANOVA	Unternehmen	Quadrat-summe	df	Mittel der Quadrate	F	Signifikanz
Erhalt der Arbeitsfähigkeit - Verhalten	Zwischen den Gruppen	.336	1	.336	.925	.337
	Innerhalb der Gruppen	142.846	393	.363		
	Gesamt	143.182	394			
Erhalt der Arbeitsfähigkeit - Einstellung	Zwischen den Gruppen	.002	1	.002	.006	.938
	Innerhalb der Gruppen	103.138	393	.262		
	Gesamt	103.140	394			
Individualisierte altersspezifische Führung - Verhalten	Zwischen den Gruppen	.099	1	.099	.173	.678
	Innerhalb der Gruppen	225.729	393	.574		
	Gesamt	225.828	394			
Individualisierte altersspezifische Führung - Einstellung	Zwischen den Gruppen	.029	1	.029	.057	.811
	Innerhalb der Gruppen	199.921	393	.509		
	Gesamt	199.950	394			
Frühzeitiger Austritt aus dem Erwerbsleben - Verhalten	Zwischen den Gruppen	2.637	1	2.637	6.855	.009
	Innerhalb der Gruppen	151.171	393	.385		
	Gesamt	153.808	394			
Frühzeitiger Austritt aus dem Erwerbsleben - Einstellung	Zwischen den Gruppen	3.460	1	3.460	8.315	.004
	Innerhalb der Gruppen	163.511	393	.416		
	Gesamt	166.971	394			
Führung älterer Mitarbeitender - Verhalten	Zwischen den Gruppen	.037	1	.037	.112	.738
	Innerhalb der Gruppen	131.935	393	.336		
	Gesamt	131.972	394			
Führung älterer Mitarbeitender - Einstellung	Zwischen den Gruppen	.028	1	.028	.096	.757
	Innerhalb der Gruppen	114.868	393	.292		
	Gesamt	114.897	394			
WA1	Zwischen den Gruppen	.340	1	.340	1.504	.221
	Innerhalb der Gruppen	88.849	393	.226		
	Gesamt	89.189	394			
WA2	Zwischen den Gruppen	.146	1	.146	.691	.406
	Innerhalb der Gruppen	83.071	393	.211		
	Gesamt	83.217	394			
WA3	Zwischen den Gruppen	.015	1	.015	.098	.754
	Innerhalb der Gruppen	58.705	393	.149		
	Gesamt	58.719	394			
AF1	Zwischen den Gruppen	.340	1	.340	1.504	.221
	Innerhalb der Gruppen	88.849	393	.226		
	Gesamt	89.189	394			

		Quadrat-summe	df	Mittel der Quadrate	F	Signifikanz
AF2	Zwischen den Gruppen	.040	1	.040	.252	.616
	Innerhalb der Gruppen	62.463	393	.159		
	Gesamt	62.503	394			
AF3	Zwischen den Gruppen	.055	1	.055	.153	.696
	Innerhalb der Gruppen	140.935	393	.359		
	Gesamt	140.990	394			
EF1	Zwischen den Gruppen	.033	1	.033	.329	.567
	Innerhalb der Gruppen	39.217	393	.100		
	Gesamt	39.250	394			
EF2	Zwischen den Gruppen	.008	1	.008	.069	.793
	Innerhalb der Gruppen	46.092	393	.117		
	Gesamt	46.100	394			
EF3	Zwischen den Gruppen	.878	1	.878	6.595	.011
	Innerhalb der Gruppen	52.322	393	.133		
	Gesamt	53.200	394			

ONEWAY ANOVA	Altersgruppen	Quadrat-summe	df	Mittel der Quadrate	F	Signifikanz
Erhalt der Arbeitsfähigkeit - Verhalten	Zwischen den Gruppen	.039	1	.039	.107	.744
	Innerhalb der Gruppen	143.077	392	.365		
	Gesamt	143.116	393			
Erhalt der Arbeitsfähigkeit - Einstellung	Zwischen den Gruppen	.001	1	.001	.005	.941
	Innerhalb der Gruppen	102.867	392	.262		
	Gesamt	102.869	393			
Individualisierte altersspezifische Führung - Verhalten	Zwischen den Gruppen	.631	1	.631	1.099	.295
	Innerhalb der Gruppen	225.064	392	.574		
	Gesamt	225.695	393			
Individualisierte altersspezifische Führung - Einstellung	Zwischen den Gruppen	.568	1	.568	1.117	.291
	Innerhalb der Gruppen	199.164	392	.508		
	Gesamt	199.732	393			
Frühzeitiger Austritt aus dem Erwerbsleben - Verhalten	Zwischen den Gruppen	.557	1	.557	1.426	.233
	Innerhalb der Gruppen	153.202	392	.391		
	Gesamt	153.760	393			
Frühzeitiger Austritt aus dem Erwerbsleben - Einstellung	Zwischen den Gruppen	.009	1	.009	.021	.886
	Innerhalb der Gruppen	166.887	392	.426		
	Gesamt	166.896	393			
Führung älterer Mitarbeitender - Verhalten	Zwischen den Gruppen	.005	1	.005	.014	.907
	Innerhalb der Gruppen	131.867	392	.336		
	Gesamt	131.871	393			
Führung älterer Mitarbeitender - Einstellung	Zwischen den Gruppen	.177	1	.177	.606	.437
	Innerhalb der Gruppen	114.719	392	.293		
	Gesamt	114.896	393			
WA1	Zwischen den Gruppen	.045	1	.045	.200	.655
	Innerhalb der Gruppen	88.650	392	.226		
	Gesamt	88.695	393			

		Quadratsumme	df	Mittel der Quadrate	F	Signifikanz
WA2	Zwischen den Gruppen	.269	1	.269	1.279	.259
	Innerhalb der Gruppen	82.437	392	.210		
	Gesamt	82.706	393			
WA3	Zwischen den Gruppen	1.685	1	1.685	11.603	.001
	Innerhalb der Gruppen	56.938	392	.145		
	Gesamt	58.623	393			
AF1	Zwischen den Gruppen	.045	1	.045	.200	.655
	Innerhalb der Gruppen	88.650	392	.226		
	Gesamt	88.695	393			
AF2	Zwischen den Gruppen	1.716	1	1.716	11.096	.001
	Innerhalb der Gruppen	60.614	392	.155		
	Gesamt	62.330	393			
AF3	Zwischen den Gruppen	2.940	1	2.940	8.348	.004
	Innerhalb der Gruppen	138.050	392	.352		
	Gesamt	140.990	393			
EF1	Zwischen den Gruppen	.014	1	.014	.144	.704
	Innerhalb der Gruppen	39.095	392	.100		
	Gesamt	39.109	393			
EF2	Zwischen den Gruppen	.031	1	.031	.269	.604
	Innerhalb der Gruppen	45.843	392	.117		
	Gesamt	45.874	393			
EF3	Zwischen den Gruppen	.354	1	.354	2.629	.106
	Innerhalb der Gruppen	52.756	392	.135		
	Gesamt	53.110	393			

ONEWAY ANOVA	Branchengruppen	Quadratsumme	df	Mittel der Quadrate	F	Signifikanz
Erhalt der Arbeitsfähigkeit - Verhalten	Zwischen den Gruppen	1.067	2	.533	1.471	.231
	Innerhalb der Gruppen	142.116	392	.363		
	Gesamt	143.182	394			
Erhalt der Arbeitsfähigkeit - Einstellung	Zwischen den Gruppen	.458	2	.229	.874	.418
	Innerhalb der Gruppen	102.682	392	.262		
	Gesamt	103.140	394			
Individualisierte altersspezifische Führung - Verhalten	Zwischen den Gruppen	1.544	2	.772	1.350	.261
	Innerhalb der Gruppen	224.284	392	.572		
	Gesamt	225.828	394			
Individualisierte altersspezifische Führung - Einstellung	Zwischen den Gruppen	.317	2	.159	.311	.733
	Innerhalb der Gruppen	199.633	392	.509		
	Gesamt	199.950	394			
Frühzeitiger Austritt aus dem Erwerbsleben - Verhalten	Zwischen den Gruppen	1.455	2	.727	1.871	.155
	Innerhalb der Gruppen	152.353	392	.389		
	Gesamt	153.808	394			
Frühzeitiger Austritt aus dem Erwerbsleben - Einstellung	Zwischen den Gruppen	.890	2	.445	1.050	.351
	Innerhalb der Gruppen	166.081	392	.424		
	Gesamt	166.971	394			

		Quadrat-summe	df	Mittel der Quadrate	F	Signifikanz
Führung älterer Mitarbeitender - Verhalten	Zwischen den Gruppen	1.128	2	.564	1.690	.186
	Innerhalb der Gruppen	130.844	392	.334		
	Gesamt	131.972	394			
Führung älterer Mitarbeitender - Einstellung	Zwischen den Gruppen	1.185	2	.593	2.043	.131
	Innerhalb der Gruppen	113.711	392	.290		
	Gesamt	114.897	394			
WA1	Zwischen den Gruppen	.138	2	.069	.305	.737
	Innerhalb der Gruppen	89.050	392	.227		
	Gesamt	89.189	394			
WA2	Zwischen den Gruppen	.353	2	.176	.834	.435
	Innerhalb der Gruppen	82.864	392	.211		
	Gesamt	83.217	394			
WA3	Zwischen den Gruppen	.289	2	.144	.969	.380
	Innerhalb der Gruppen	58.431	392	.149		
	Gesamt	58.719	394			
AF1	Zwischen den Gruppen	.138	2	.069	.305	.737
	Innerhalb der Gruppen	89.050	392	.227		
	Gesamt	89.189	394			
AF2	Zwischen den Gruppen	.226	2	.113	.712	.492
	Innerhalb der Gruppen	62.277	392	.159		
	Gesamt	62.503	394			
AF3	Zwischen den Gruppen	3.224	2	1.612	4.586	.011
	Innerhalb der Gruppen	137.766	392	.351		
	Gesamt	140.990	394			
EF1	Zwischen den Gruppen	.300	2	.150	1.509	.222
	Innerhalb der Gruppen	38.950	392	.099		
	Gesamt	39.250	394			
EF2	Zwischen den Gruppen	.136	2	.068	.580	.560
	Innerhalb der Gruppen	45.964	392	.117		
	Gesamt	46.100	394			
EF3	Zwischen den Gruppen	.003	2	.001	.010	.990
	Innerhalb der Gruppen	53.197	392	.136		
	Gesamt	53.200	394			

ONEWAY ANOVA	Anzahl Jahre im Unter-nehmen (Gruppen)	Quadrat-summe	df	Mittel der Quadrate	F	Signifikanz
Erhalt der Arbeitsfähigkeit - Verhalten	Zwischen den Gruppen	.191	1	.191	.527	.468
	Innerhalb der Gruppen	141.669	390	.363		
	Gesamt	141.860	391			
Erhalt der Arbeitsfähigkeit - Einstellung	Zwischen den Gruppen	.097	1	.097	.372	.542
	Innerhalb der Gruppen	101.684	390	.261		
	Gesamt	101.781	391			
Individualisierte altersspezifische Führung - Verhalten	Zwischen den Gruppen	.248	1	.248	.431	.512
	Innerhalb der Gruppen	223.782	390	.574		
	Gesamt	224.029	391			

Individualisierte altersspezifische Führung - Einstellung	Zwischen den Gruppen	.025	1	.025	.048	.826
	Innerhalb der Gruppen	198.679	390	.509		
	Gesamt	198.704	391			
Frühzeitiger Austritt aus dem Erwerbsleben - Verhalten	Zwischen den Gruppen	.121	1	.121	.309	.579
	Innerhalb der Gruppen	153.322	390	.393		
	Gesamt	153.444	391			
Frühzeitiger Austritt aus dem Erwerbsleben - Einstellung	Zwischen den Gruppen	.004	1	.004	.010	.921
	Innerhalb der Gruppen	166.664	390	.427		
	Gesamt	166.668	391			
Führung älterer Mitarbeitender - Verhalten	Zwischen den Gruppen	.891	1	.891	2.676	.103
	Innerhalb der Gruppen	129.805	390	.333		
	Gesamt	130.696	391			
Führung älterer Mitarbeitender - Einstellung	Zwischen den Gruppen	.820	1	.820	2.831	.093
	Innerhalb der Gruppen	112.975	390	.290		
	Gesamt	113.794	391			
WA1	Zwischen den Gruppen	.194	1	.194	.868	.352
	Innerhalb der Gruppen	87.143	390	.223		
	Gesamt	87.337	391			
WA2	Zwischen den Gruppen	.013	1	.013	.063	.802
	Innerhalb der Gruppen	82.898	390	.213		
	Gesamt	82.912	391			
WA3	Zwischen den Gruppen	.549	1	.549	3.713	.055
	Innerhalb der Gruppen	57.701	390	.148		
	Gesamt	58.251	391			
AF1	Zwischen den Gruppen	.194	1	.194	.868	.352
	Innerhalb der Gruppen	87.143	390	.223		
	Gesamt	87.337	391			
AF2	Zwischen den Gruppen	.797	1	.797	5.065	.025
	Innerhalb der Gruppen	61.393	390	.157		
	Gesamt	62.191	391			
AF3	Zwischen den Gruppen	1.124	1	1.124	3.168	.076
	Innerhalb der Gruppen	138.373	390	.355		
	Gesamt	139.497	391			
EF1	Zwischen den Gruppen	.489	1	.489	4.979	.026
	Innerhalb der Gruppen	38.337	390	.098		
	Gesamt	38.826	391			
EF2	Zwischen den Gruppen	.008	1	.008	.068	.794
	Innerhalb der Gruppen	46.071	390	.118		
	Gesamt	46.079	391			
EF3	Zwischen den Gruppen	.016	1	.016	.119	.730
	Innerhalb der Gruppen	52.750	390	.135		
	Gesamt	52.766	391			

T-Tests von Einzelitems nach Gruppen

Nationalität		N	Mittelwert	Sig. (2-seitig)	Mittlere Differenz
Ich stelle sicher, dass meine Mitarbeitenden nicht wiederholt oder dauerhaft übermässige Arbeitspensen leisten.	Schweiz	250	3.70	.008	.269
	Deutschland	130	3.43		
Ich stelle sicher, dass meine Mitarbeitenden nicht übermässigem psychischem Druck / übermässiger nervlicher Belastung ausgesetzt sind.	Schweiz	250	3.70	.004	.269
	Deutschland	130	3.43		
Ich unterstütze aktiv eine gesunde Lebensweise (gesunde Ernährung / ausreichend Bewegung) meiner Mitarbeitenden.	Schweiz	250	3.16	.004	.387
	Deutschland	130	2.78		
Ich stelle eine ergonomische Arbeitsplatz- und Arbeitsumfeldgestaltung sicher.	Schweiz	250	3.55	.212	-.137
	Deutschland	130	3.68		
Ich unterstütze aktiv die kontinuierliche Weiterbildung meiner Mitarbeitenden durch learning-on-the-job (Job-Rotation, Job-enlargement etc.).	Schweiz	250	3.89	.008	.280
	Deutschland	130	3.61		
Ich unterstütze meine Mitarbeitenden bei der kontinuierlichen Weiterbildung durch interne und externe Schulungen.	Schweiz	250	4.20	.004	.258
	Deutschland	130	3.95		
Ich engagiere mich aktiv dafür, dass meine Mitarbeitenden arbeitsmarktfähig bleiben.	Schweiz	250	3.90	.042	.204
	Deutschland	130	3.70		
Ich vermeide, dass am Arbeitsplatz meiner Mitarbeitenden langjährige Routine eintritt.	Schweiz	250	3.55	.118	.163
	Deutschland	130	3.38		

Nationalität		N	Mittelwert	Sig. (2-seitig)	Mittlere Differenz
... sicherstellen, dass ihre Mitarbeitenden nicht wiederholt oder dauerhaft übermässige Arbeitspensen leisten.	Schweiz	250	4.26	.000	.418
	Deutschland	130	3.84		
... sicherstellen, dass ihre Mitarbeitenden nicht dauerhaft übermässigem psychischem Druck / übermässiger nervlicher Belastung ausgesetzt sind.	Schweiz	250	4.40	.000	.327
	Deutschland	130	4.08		
... aktiv eine gesunde Lebensweise (gesunde Ernährung / ausreichend Bewegung) ihrer Mitarbeitenden unterstützen.	Schweiz	250	3.80	.187	.150
	Deutschland	130	3.65		
... eine ergonomische Arbeitsplatz- und Arbeitsumfeldgestaltung sicherstellen.	Schweiz	250	4.23	.406	-.068
	Deutschland	130	4.30		
... aktiv die kontinuierliche Weiterbildung ihrer Mitarbeitenden durch learning-on-the-job (Job-Rotation, Job-enlargement etc.) unterstützen.	Schweiz	250	4.18	.270	.088
	Deutschland	130	4.09		
... ihre Mitarbeitenden bei der kontinuierlichen Weiterbildung durch interne und externe Schulungen unterstützen.	Schweiz	250	4.36	.078	.129
	Deutschland	130	4.23		
... sich aktiv dafür engagieren, dass ihre Mitarbeitenden arbeitsmarktfähig bleiben.	Schweiz	250	4.12	.132	.128
	Deutschland	130	3.99		
... vermeiden, dass am Arbeitsplatz ihrer Mitarbeitenden langjährige Routine eintritt.	Schweiz	250	3.93	.226	.109
	Deutschland	130	3.82		

Nationalität		N	Mittelwert	Sig. (2-seitig)	Mittlere Differenz
Ich motiviere meine älteren Mitarbeitenden, bis zu ihrem offiziellen Rentenalter im Erwerbsleben zu verbleiben.	Schweiz	250	3.62	.617	-.057
	Deutschland	130	3.68		
Ich unterstütze aktiv das Ausscheiden älterer Mitarbeitender in den vorzeitigen Ruhestand.	Schweiz	250	2.66	.957	.006
	Deutschland	130	2.65		
Ich nutze Frühpensionierungen als eine sozialverträgliche Form von Restrukturierung.	Schweiz	250	2.57	.345	-.117
	Deutschland	130	2.68		
Ich entlasse eher ältere Mitarbeitende, da diese ein vergleichsweise schlechteres Lohn-/ Arbeitswertverhältnis aufweisen.	Schweiz	250	1.52	.670	-.038
	Deutschland	130	1.55		

Nationalität		N	Mittelwert	Sig. (2-seitig)	Mittlere Differenz
... gezielt ihre älteren Mitarbeitenden motivieren, bis zu ihrem offiziellen Rentenalter im Erwerbsleben zu verbleiben.	Schweiz	250	3.36	.018	-.267
	Deutschland	130	3.62		
... das Ausscheiden älterer Mitarbeitender in den vorzeitigen Ruhestand aktiv unterstützen.	Schweiz	250	2.92	.001	.335
	Deutschland	130	2.58		
... Frühpensionierungen als eine sozialverträgliche Form von Restrukturierung nutzen.	Schweiz	250	2.96	.015	.298
	Deutschland	130	2.66		
... eher ältere Mitarbeitende entlassen, da diese ein vergleichsweise schlechteres Lohn-/ Arbeitswertverhältnis aufweisen.	Schweiz	250	1.66	.214	-.106
	Deutschland	130	1.76		

Nationalität		N	Mittelwert	Sig. (2-seitig)	Mittlere Differenz
Ich stelle ältere Arbeitnehmende neu ein.	Schweiz	250	3.14	.002	.344
	Deutschland	130	2.80		
... ältere Arbeitnehmende neu einstellen.	Schweiz	250	3.48		
	Deutschland	130	3.28	.023	.203

Nach Arbeitsland

Arbeitsland		N	Mittelwert	Sig. (2-seitig)	Mittlere Differenz
Ich stelle sicher, dass meine Mitarbeitenden nicht wiederholt oder dauerhaft übermässige Arbeitspensen leisten.	Schweiz	275	3.71	.001	.341
	Deutschland	114	3.37		
Ich stelle sicher, dass meine Mitarbeitenden nicht übermässigem psychischem Druck / übermässiger nervlicher Belastung ausgesetzt sind.	Schweiz	275	3.67	.029	.213
	Deutschland	114	3.46		
Ich unterstütze aktiv eine gesunde Lebensweise (gesunde Ernährung / ausreichend Bewegung) meiner Mitarbeitenden.	Schweiz	275	3.13	.011	.354
	Deutschland	114	2.78		
Ich stelle eine ergonomische Arbeitsplatz- und Arbeitsumfeldgestaltung sicher.	Schweiz	275	3.55	.165	-.158
	Deutschland	114	3.71		
Ich unterstütze aktiv die kontinuierliche Weiterbildung meiner Mitarbeitenden durch learning-on-the-job (Job-Rotation, Job-enlargement etc.).	Schweiz	275	3.85	.057	.207
	Deutschland	114	3.64		
Ich unterstütze meine Mitarbeitenden bei der kontinuierlichen Weiterbildung durch interne und externe Schulungen.	Schweiz	275	4.19	.010	.233
	Deutschland	114	3.96		
Ich engagiere mich aktiv dafür, dass meine Mitarbeitenden arbeitsmarktfähig bleiben.	Schweiz	275	3.91		
	Deutschland	114	3.66	.026	.251
Ich vermeide, dass am Arbeitsplatz meiner Mitarbeitenden langjährige Routine eintritt.	Schweiz	275	3.52	.199	.138
	Deutschland	114	3.39		

Arbeitsland		N	Mittelwert	Sig. (2-seitig)	Mittlere Differenz
... sicherstellen, dass ihre Mitarbeitenden nicht wiederholt oder dauerhaft übermässige Arbeitspensen leisten.	Schweiz	275	4.25	.000	.465
	Deutschland	114	3.79		
... sicherstellen, dass ihre Mitarbeitenden nicht dauerhaft übermässigem psychischem Druck / übermässiger nervlicher Belastung ausgesetzt sind.	Schweiz	275	4.38	.000	.299
	Deutschland	114	4.08		
... aktiv eine gesunde Lebensweise (gesunde Ernährung / ausreichend Bewegung) ihrer Mitarbeitenden unterstützen.	Schweiz	275	3.76	.553	.071
	Deutschland	114	3.69		
... eine ergonomische Arbeitsplatz- und Arbeitsumfeldgestaltung sicherstellen.	Schweiz	275	4.23	.171	-.117
	Deutschland	114	4.34		
... aktiv die kontinuierliche Weiterbildung ihrer Mitarbeitenden durch learning-on-the-job (Job-Rotation, Job-enlargement etc.) unterstützen.	Schweiz	275	4.19	.255	.093
	Deutschland	114	4.10		
... ihre Mitarbeitenden bei der kontinuierlichen Weiterbildung durch interne und externe Schulungen unterstützen.	Schweiz	275	4.36	.081	.132
	Deutschland	114	4.23		
... sich aktiv dafür engagieren, dass ihre Mitarbeitenden arbeitsmarktfähig bleiben.	Schweiz	275	4.13	.060	.166
	Deutschland	114	3.96		
... vermeiden, dass am Arbeitsplatz ihrer Mitarbeitenden langjährige Routine eintritt.	Schweiz	275	3.93		
	Deutschland	114	3.81	.190	.124

Arbeitsland		N	Mittelwert	Sig. (2-seitig)	Mittlere Differenz
Ich motiviere meine älteren Mitarbeitenden, bis zu ihrem offiziellen Rentenalter im Erwerbsleben zu verbleiben.	Schweiz	275	3.67	.554	.069
	Deutschland	114	3.60		
Ich unterstütze aktiv das Ausscheiden älterer Mitarbeitender in den vorzeitigen Ruhestand.	Schweiz	275	2.66	.914	.013
	Deutschland	114	2.65		
Ich nutze Frühpensionierungen als eine sozialverträgliche Form von Restrukturierung.	Schweiz	275	2.57	.282	-.136
	Deutschland	114	2.71		
Ich entlasse eher ältere Mitarbeitende, da diese ein vergleichsweise schlechteres Lohn-/ Arbeitswertverhältnis aufweisen.	Schweiz	275	1.53	.839	.019
	Deutschland	114	1.51		

Arbeitsland		N	Mittelwert	Sig. (2-seitig)	Mittlere Differenz
... gezielt ihre älteren Mitarbeitenden motivieren, bis zu ihrem offiziellen Rentenalter im Erwerbsleben zu verbleiben.	Schweiz	275	3.41	.236	-.137
	Deutschland	114	3.54		
... das Ausscheiden älterer Mitarbeitender in den vorzeitigen Ruhestand aktiv unterstützen.	Schweiz	275	2.93	.000	.383
	Deutschland	114	2.54		
... Frühpensionierungen als eine sozialverträgliche Form von Restrukturierung nutzen.	Schweiz	275	2.94	.042	.258
	Deutschland	114	2.68		
... eher ältere Mitarbeitende entlassen, da diese ein vergleichsweise schlechteres Lohn-/ Arbeitswertverhältnis aufweisen.	Schweiz	275	1.65	.058	-.169
	Deutschland	114	1.82		

Arbeitsland		N	Mittelwert	Sig. (2-seitig)	Mittlere Differenz
Ich stelle ältere Arbeitnehmende neu ein.	Schweiz	275	3.12	.002	.360
	Deutschland	114	2.76		
... ältere Arbeitnehmende neu einstellen.	Schweiz	275	3.47		
	Deutschland	114	3.23	.008	.245

Nach Unternehmensgrösse

Unternehmensgrösse		N	Mittelwert	Sig. (2-seitig)	Mittlere Differenz
Ich stelle sicher, dass meine Mitarbeitenden nicht wiederholt oder dauerhaft übermässige Arbeitspensen leisten.	Mikro-, Klein- und Mittelunternehmen (bis 250 VZÄ)	151	3.57	.618	-.049
	Grossunternehmen (ab 250 VZÄ)	244	3.62		
Ich stelle sicher, dass meine Mitarbeitenden nicht übermässigem psychischem Druck / übermässiger nervlicher Belastung ausgesetzt sind.	Mikro-, Klein- und Mittelunternehmen (bis 250 VZÄ)	151	3.55	.325	-.090
	Grossunternehmen (ab 250 VZÄ)	244	3.64		
Ich unterstütze aktiv eine gesunde Lebensweise (gesunde Ernährung / ausreichend Bewegung) meiner Mitarbeitenden.	Mikro-, Klein- und Mittelunternehmen (bis 250 VZÄ)	151	3.10	.342	.124
	Grossunternehmen (ab 250 VZÄ)	244	2.98		
Ich stelle eine ergonomische Arbeitsplatz- und Arbeitsumfeldgestaltung sicher.	Mikro-, Klein- und Mittelunternehmen (bis 250 VZÄ)	151	3.57	.585	-.058
	Grossunternehmen (ab 250 VZÄ)	244	3.63		
Ich unterstütze aktiv die kontinuierliche Weiterbildung meiner Mitarbeitenden durch learning-on-the-job (Job-Rotation, Job-enlargement etc.).	Mikro-, Klein- und Mittelunternehmen (bis 250 VZÄ)	151	3.68		
	Grossunternehmen (ab 250 VZÄ)	244	3.85	.112	-.170
Ich unterstütze meine Mitarbeitenden bei der kontinuierlichen Weiterbildung durch interne und externe Schulungen.	Mikro-, Klein- und Mittelunternehmen (bis 250 VZÄ)	151	4.08		
	Grossunternehmen (ab 250 VZÄ)	244	4.15	.444	-.068
Ich engagiere mich aktiv dafür, dass meine Mitarbeitenden arbeitsmarktfähig bleiben.	Mikro-, Klein- und Mittelunternehmen (bis 250 VZÄ)	151	3.77		
	Grossunternehmen (ab 250 VZÄ)	244	3.87	.325	-.098
Ich vermeide, dass am Arbeitsplatz meiner Mitarbeitenden langjährige Routine eintritt.	Mikro-, Klein- und Mittelunternehmen (bis 250 VZÄ)	151	3.44		
	Grossunternehmen (ab 250 VZÄ)	244	3.51	.494	-.071

Unternehmensgrösse		N	Mittelwert	Sig. (2-seitig)	Mittlere Differenz
... sicherstellen, dass ihre Mitarbeitenden nicht wiederholt oder dauerhaft übermässige Arbeitspensen leisten.	Mikro-, Klein- und Mittelunternehmen (bis 250 VZÄ)	151	4.14	.653	.037
	Grossunternehmen (ab 250 VZÄ)	244	4.10		
... sicherstellen, dass ihre Mitarbeitenden nicht dauerhaft übermässigem psychischem Druck / übermässiger nervlicher Belastung ausgesetzt sind.	Mikro-, Klein- und Mittelunternehmen (bis 250 VZÄ)	151	4.28	.893	-.010
	Grossunternehmen (ab 250 VZÄ)	244	4.30		
... aktiv eine gesunde Lebensweise (gesunde Ernährung / ausreichend Bewegung) ihrer Mitarbeitenden unterstützen.	Mikro-, Klein- und Mittelunternehmen (bis 250 VZÄ)	151	3.78	.535	.068
	Grossunternehmen (ab 250 VZÄ)	244	3.71		
... eine ergonomische Arbeitsplatz- und Arbeitsumfeldgestaltung sicherstellen.	Mikro-, Klein- und Mittelunternehmen (bis 250 VZÄ)	151	4.26		
	Grossunternehmen (ab 250 VZÄ)	244	4.25	.895	.011
... aktiv die kontinuierliche Weiterbildung ihrer Mitarbeitenden durch learning-on-the-job (Job-Rotation, Job-enlargement etc.) unterstützen.	Mikro-, Klein- und Mittelunternehmen (bis 250 VZÄ)	151	4.09	.192	-.100
	Grossunternehmen (ab 250 VZÄ)	244	4.19		
... ihre Mitarbeitenden bei der kontinuierlichen Weiterbildung durch interne und externe Schulungen unterstützen.	Mikro-, Klein- und Mittelunternehmen (bis 250 VZÄ)	151	4.34	.521	.045
	Grossunternehmen (ab 250 VZÄ)	244	4.30		
... sich aktiv dafür engagieren, dass ihre Mitarbeitenden arbeitsmarktfähig bleiben.	Mikro-, Klein- und Mittelunternehmen (bis 250 VZÄ)	151	4.05	.595	-.044
	Grossunternehmen (ab 250 VZÄ)	244	4.09		
... vermeiden, dass am Arbeitsplatz ihrer Mitarbeitenden langjährige Routine eintritt.	Mikro-, Klein- und Mittelunternehmen (bis 250 VZÄ)	151	3.91	.755	.026
	Grossunternehmen (ab 250 VZÄ)	244	3.88		

Unternehmensgrösse		N	Mittelwert	Sig. (2-seitig)	Mittlere Differenz
Ich motiviere meine älteren Mitarbeitenden, bis zu ihrem offiziellen Rentenalter im Erwerbsleben zu verbleiben.	Mikro-, Klein- und Mittelunternehmen (bis 250 VZÄ)	151	3.78	.065	.199
	Grossunternehmen (ab 250 VZÄ)	244	3.58		
Ich unterstütze aktiv das Ausscheiden älterer Mitarbeitender in den vorzeitigen Ruhestand.	Mikro-, Klein- und Mittelunternehmen (bis 250 VZÄ)	151	2.47	.008	-.288
	Grossunternehmen (ab 250 VZÄ)	244	2.76		
Ich nutze Frühpensionierungen als eine sozialverträgliche Form von Restrukturierung.	Mikro-, Klein- und Mittelunternehmen (bis 250 VZÄ)	151	2.37	.001	-.387
	Grossunternehmen (ab 250 VZÄ)	244	2.76		
Ich entlasse eher ältere Mitarbeitende, da diese ein vergleichsweise schlechteres Lohn-/ Arbeitswertverhältnis aufweisen.	Mikro-, Klein- und Mittelunternehmen (bis 250 VZÄ)	151	1.65		
	Grossunternehmen (ab 250 VZÄ)	244	1.45	.023	.202

Unternehmensgrösse		N	Mittelwert	Sig. (2-seitig)	Mittlere Differenz
... gezielt ihre älteren Mitarbeitenden motivieren, bis zu ihrem offiziellen Rentenalter im Erwerbsleben zu verbleiben.	Mikro-, Klein- und Mittelunternehmen (bis 250 VZÄ)	151	3.50	.404	.089
	Grossunternehmen (ab 250 VZÄ)	244	3.41		
... das Ausscheiden älterer Mitarbeitender in den vorzeitigen Ruhestand aktiv unterstützen.	Mikro-, Klein- und Mittelunternehmen (bis 250 VZÄ)	151	2.58		
	Grossunternehmen (ab 250 VZÄ)	244	2.94	.000	-.360
... Frühpensionierungen als eine sozialverträgliche Form von Restrukturierung nutzen.	Mikro-, Klein- und Mittelunternehmen (bis 250 VZÄ)	151	2.68	.017	-.281
	Grossunternehmen (ab 250 VZÄ)	244	2.96		
... eher ältere Mitarbeitende entlassen, da diese ein vergleichsweise schlechteres Lohn-/ Arbeitswertverhältnis aufweisen.	Mikro-, Klein- und Mittelunternehmen (bis 250 VZÄ)	151	1.67	.627	-.040
	Grossunternehmen (ab 250 VZÄ)	244	1.71		

Unternehmensgrösse		N	Mittelwert	Sig. (2-seitig)	Mittlere Differenz
Ich stelle ältere Arbeitnehmende neu ein.	Mikro-, Klein- und Mittelunternehmen (bis 250 VZÄ)	151	3.23	.001	.359
	Grossunternehmen (ab 250 VZÄ)	244	2.87		
... ältere Arbeitnehmende neu einstellen.	Mikro-, Klein- und Mittelunternehmen (bis 250 VZÄ)	151	3.52		
	Grossunternehmen (ab 250 VZÄ)	244	3.33	.033	.195

Nach Führungsstufe

Stellung im Unternehmen		N	Mittelwert	Sig. (2-seitig)	Mittlere Differenz
Ich motiviere meine älteren Mitarbeitenden, bis zu ihrem offiziellen Rentenalter im Erwerbsleben zu verbleiben.	Untere Führungsstufe (z.B. Teamleitung)	76	3.59	.051	-.343
	Obere Führungsstufe (z.B. Geschäftsleitung, CEO)	77	3.94		
Ich unterstütze aktiv das Ausscheiden älterer Mitarbeitender in den vorzeitigen Ruhestand.	Untere Führungsstufe (z.B. Teamleitung)	76	2.91	.031	.375
	Obere Führungsstufe (z.B. Geschäftsleitung, CEO)	77	2.53		
Ich nutze Frühpensionierungen als eine sozialverträgliche Form von Restrukturierung.	Untere Führungsstufe (z.B. Teamleitung)	76	2.70	.049	.360
	Obere Führungsstufe (z.B. Geschäftsleitung, CEO)	77	2.34		
Ich entlasse eher ältere Mitarbeitende, da diese ein vergleichsweise schlechteres Lohn-/ Arbeitswertverhältnis aufweisen.	Untere Führungsstufe (z.B. Teamleitung)	76	1.61	.338	.125
	Obere Führungsstufe (z.B. Geschäftsleitung, CEO)	77	1.48		

Stellung im Unternehmen		N	Mittelwert	Sig. (2-seitig)	Mittlere Differenz
... gezielt ihre älteren Mitarbeitenden motivieren, bis zu ihrem offiziellen Rentenalter im Erwerbsleben zu verbleiben.	Untere Führungsstufe (z.B. Teamleitung)	76	3.41	.141	-.241
	Obere Führungsstufe (z.B. Geschäftsleitung, CEO)	77	3.65		
... das Ausscheiden älterer Mitarbeitender in den vorzeitigen Ruhestand aktiv unterstützen.	Untere Führungsstufe (z.B. Teamleitung)	76	2.97	.008	.402
	Obere Führungsstufe (z.B. Geschäftsleitung, CEO)	77	2.57		
... Frühpensionierungen als eine sozialverträgliche Form von Restrukturierung nutzen.	Untere Führungsstufe (z.B. Teamleitung)	76	2.91		
	Obere Führungsstufe (z.B. Geschäftsleitung, CEO)	77	2.57	.052	.336
... eher ältere Mitarbeitende entlassen, da diese ein vergleichsweise schlechteres Lohn-/ Arbeitswertverhältnis aufweisen.	Untere Führungsstufe (z.B. Teamleitung)	76	1.84	.264	.154
	Obere Führungsstufe (z.B. Geschäftsleitung, CEO)	77	1.69		

Stellung im Unternehmen		N	Mittelwert	Sig. (2-seitig)	Mittlere Differenz
Ich stelle ältere Arbeitnehmende neu ein.	Untere Führungsstufe (z.B. Teamleitung)	76	2.92	.129	-.274
	Obere Führungsstufe (z.B. Geschäftsleitung, CEO)	77	3.19		
... ältere Arbeitnehmende neu einstellen.	Untere Führungsstufe (z.B. Teamleitung)	76	3.37	.625	-.073
	Obere Führungsstufe (z.B. Geschäftsleitung, CEO)	77	3.44		

Nach Geschlecht

Geschlecht		N	Mittelwert	Sig. (2-seitig)	Mittlere Differenz
Ich stelle sicher, dass meine Mitarbeitenden nicht wiederholt oder dauerhaft übermässige Arbeitspensen leisten.	weiblich	124	3.73	.059	.195
	männlich	271	3.54		
Ich stelle sicher, dass meine Mitarbeitenden nicht übermässigem psychischem Druck / übermässiger nervlicher Belastung ausgesetzt sind.	weiblich	124	3.70	.140	.141
	männlich	271	3.56		
Ich unterstütze aktiv eine gesunde Lebensweise (gesunde Ernährung / ausreichend Bewegung) meiner Mitarbeitenden.	weiblich	124	3.15	.191	.178
	männlich	271	2.97		
Ich stelle eine ergonomische Arbeitsplatz- und Arbeitsumfeldgestaltung sicher.	weiblich	124	3.58	.747	-.036
	männlich	271	3.62		
Ich unterstütze aktiv die kontinuierliche Weiterbildung meiner Mitarbeitenden durch learning-on-the-job (Job-Rotation, Job-enlargement etc.).	weiblich	124	3.94	.042	.216
	männlich	271	3.72		
Ich unterstütze meine Mitarbeitenden bei der kontinuierlichen Weiterbildung durch interne und externe Schulungen.	weiblich	124	4.19	.292	.093
	männlich	271	4.09		
Ich engagiere mich aktiv dafür, dass meine Mitarbeitenden arbeitsmarktfähig bleiben.	weiblich	124	4.05		
	männlich	271	3.74	.001	.310
Ich vermeide, dass am Arbeitsplatz meiner Mitarbeitenden langjährige Routine eintritt.	weiblich	124	3.63	.039	.216
	männlich	271	3.41		

Geschlecht		N	Mittelwert	Sig. (2-seitig)	Mittlere Differenz
... sicherstellen, dass ihre Mitarbeitenden nicht wieder-holt oder dauerhaft übermässige Arbeitspensen leisten.	weiblich	124	4.30	.002	.265
	männlich	271	4.03		
... sicherstellen, dass ihre Mitarbeitenden nicht dauer-haft übermässigem psychischem Druck / übermässiger nervlicher Belastung ausgesetzt sind.	weiblich	124	4.39	.080	.140
	männlich	271	4.25		
... aktiv eine gesunde Lebensweise (gesunde Ernährung / ausreichend Bewegung) ihrer Mitarbeitenden unterstüt-zen.	weiblich	124	3.79	.518	.074
	männlich	271	3.72		
... eine ergonomische Arbeitsplatz- und Arbeitsumfeld-gestaltung sicherstellen.	weiblich	124	4.33	.203	.106
	männlich	271	4.23		
... aktiv die kontinuierliche Weiterbildung ihrer Mitarbei-tenden durch learning-on-the-job (Job-Rotation, Job-enlargement etc.) unterstützen.	weiblich	124	4.24	.112	.128
	männlich	271	4.11		
... ihre Mitarbeitenden bei der kontinuierlichen Weiterbil-dung durch interne und externe Schulungen unterstüt-zen.	weiblich	124	4.45	.007	.197
	männlich	271	4.25		
... sich aktiv dafür engagieren, dass ihre Mitarbeitenden arbeitsmarktfähig bleiben.	weiblich	124	4.24	.004	.246
	männlich	271	4.00		
... vermeiden, dass am Arbeitsplatz ihrer Mitarbeitenden langjährige Routine eintritt.	weiblich	124	4.05	.009	.229
	männlich	271	3.82		

Geschlecht		N	Mittelwert	Sig. (2-seitig)	Mittlere Differenz
Ich motiviere meine älteren Mitarbeitenden, bis zu ihrem offiziellen Rentenalter im Erwerbsleben zu verbleiben.	weiblich	124	3.66	.969	.004
	männlich	271	3.66		
Ich unterstütze aktiv das Ausscheiden älterer Mitarbei-tender in den vorzeitigen Ruhestand.	weiblich	124	2.69	.561	.066
	männlich	271	2.63		
Ich nutze Frühpensionierungen als eine sozialverträgli-che Form von Restrukturierung.	weiblich	124	2.47	.092	-.208
	männlich	271	2.68		
Ich entlasse eher ältere Mitarbeitende, da diese ein ver-gleichsweise schlechteres Lohn-/ Arbeitswertverhältnis aufweisen.	weiblich	124	1.56	.506	.059
	männlich	271	1.51		

Geschlecht		N	Mittelwert	Sig. (2-seitig)	Mittlere Differenz
... gezielt ihre älteren Mitarbeitenden motivieren, bis zu ihrem offiziellen Rentenalter im Erwerbsleben zu verblei-ben.	weiblich	124	3.56	.158	.158
	männlich	271	3.40		
... das Ausscheiden älterer Mitarbeitender in den vorzeiti-gen Ruhestand aktiv unterstützen.	weiblich	124	2.69	.117	-.163
	männlich	271	2.86		
... Frühpensionierungen als eine sozialverträgliche Form von Restrukturierung nutzen.	weiblich	124	2.75	.213	-.154
	männlich	271	2.90		
... eher ältere Mitarbeitende entlassen, da diese ein ver-gleichsweise schlechteres Lohn-/ Arbeitswertverhältnis aufweisen.	weiblich	124	1.64	.340	-.082
	männlich	271	1.72		

Geschlecht		N	Mittelwert	Sig. (2-seitig)	Mittlere Differenz
Ich passe mein Informationsverhalten dem Alter meiner Mitarbeitenden an.	weiblich	124	2.93	.181	.164
	männlich	271	2.76		
Ich beziehe bei der Leistungsbeurteilung das Alter meiner Mitarbeitenden mit ein.	weiblich	124	2.97	.245	.145
	männlich	271	2.82		
Ich berücksichtige bei der Verteilung von Arbeitsaufgaben das Alter meiner Mitarbeitenden.	weiblich	124	2.79	.529	-.077
	männlich	271	2.87		
Ich passe mein Führungsverhalten dem Alter meiner Mitarbeitenden an.	weiblich	124	2.95	.436	-.093
	männlich	271	3.04		
Bei Schwierigkeiten im Arbeitsprozess richte ich die Unterstützung auf das Alter meiner Mitarbeitenden aus.	weiblich	124	2.96	.319	.115
	männlich	271	2.85		
Bei Interesse an Weiterbildungsangeboten richte ich meine Unterstützung auf das Alter meiner Mitarbeitenden aus.	weiblich	124	2.80	.588	-.065
	männlich	271	2.86		
Ich erreiche durch eine dem Alter der Mitarbeitenden angepasste Führung Produktivitätsvorteile.	weiblich	124	3.28	.206	.149
	männlich	271	3.13		

Geschlecht		N	Mittelwert	Sig. (2-seitig)	Mittlere Differenz
... ihr Informationsverhalten dem Alter ihrer Mitarbeitenden anpassen.	weiblich	124	3.10	.284	.119
	männlich	271	2.98		
... bei der Leistungsbeurteilung das Alter ihrer Mitarbeitenden mit einbeziehen.	weiblich	124	3.15	.181	.156
	männlich	271	2.99		
... bei der Verteilung von Arbeitsaufgaben das Alter ihrer Mitarbeitenden berücksichtigen.	weiblich	124	3.19	.674	.045
	männlich	271	3.14		
... ihr Führungsverhalten dem Alter ihrer Mitarbeitenden anpassen.	weiblich	124	3.08	.919	-.012
	männlich	271	3.09		
... bei Schwierigkeiten im Arbeitsprozess ihre Unterstützung auf das Alter ihrer Mitarbeitenden ausrichten.	weiblich	124	3.23	.339	-.095
	männlich	271	3.33		
... bei Interesse an Weiterbildungsangeboten ihre Unterstützung auf das Alter ihrer Mitarbeitenden ausrichten.	weiblich	124	3.50	.393	.094
	männlich	271	3.41		
... durch eine dem Alter der Mitarbeitenden angepasste Führung Produktivitätsvorteile erreichen.	weiblich	124	3.73	.643	.048
	männlich	271	3.69		

Geschlecht		N	Mittelwert	Sig. (2-seitig)	Mittlere Differenz
Ich beziehe die Erfahrungen meiner älteren Mitarbeitenden in meine Entscheidungen mit ein.	weiblich	124	4.20	.913	-.009
	männlich	271	4.21		
Ich stelle ältere Arbeitnehmende neu ein.	weiblich	124	3.37	.000	.526
	männlich	271	2.85		
Ich setze die speziellen Fähigkeiten meiner älteren Mitarbeitenden gezielt für die Erreichung der Unternehmensziele ein.	weiblich	124	4.11	.361	.083
	männlich	271	4.03		
Ich fördere die Arbeit und den Know how-Transfer in altersgemischten Teams.	weiblich	124	4.14	.029	.207
	männlich	271	3.93		

Geschlecht		N	Mittelwert	Sig. (2-seitig)	Mittlere Differenz
... die Erfahrungen ihrer älteren Mitarbeitenden in ihre Entscheidungen mit einbeziehen.	weiblich	124	4.19	.678	-.036
	männlich	271	4.22		
... ältere Arbeitnehmende neu einstellen.	weiblich	124	3.66	.000	.377
	männlich	271	3.28		
... die speziellen Fähigkeiten ihrer älteren Mitarbeitenden gezielt für die Erreichung der Unternehmensziele einsetzen.	weiblich	124	4.29	.763	.025
	männlich	271	4.27		
... die Arbeit und den Know how-Transfer in altersgemischten Teams fördern.	weiblich	124	4.44	.000	.328
	männlich	271	4.11		

Multiple lineare Regression

Regressionsmodelle mit dem Verhalten als abhängiger Variable

abhängige Variable (Kriterium)	Prädiktoren*	R^2	F	p	Korrigiertes R^2	Effektstärke f^2	Teststärke 1-β
Erhalt der Arbeits-fähigkeit - Verhalten	Erhalt der Arbeitsfähigkeit - Einstellung	.395	$F_{16.374}= 15.231$	.000	.369	.653	1.000
Individualisierte alters-spezifische Führung - Verhalten	Individualisierte altersspezifische Führung - Einstellung	.517	$F_{16.374}= 25.053$	.000	.497	1.070	1.000
Frühzeitiger Austritt aus dem Erwerbsleben - Verhalten	Frühzeitiger Austritt aus dem Erwerbsleben - Einstellung	.458	$F_{16.374}= 19.771$	.000	.435	.845	1.000
Führung älterer Mit-arbeitender - Verhalten	Führung älterer Mit-arbeitender - Einstellung	.440	$F_{16.374}= 18.403$	.000	.417	.786	1.000

*Ebenfalls Prädiktoren sind WA1, WA2, WA3, EF1, EF2, EF3, Führungsstufe, Anzahl Jahre im Unternehmen, Arbeitsland Deutschland vs. Arbeitsland Schweiz, anderes Arbeitsland vs. Arbeitsland Schweiz, Unternehmensgrösse, Industrie vs. Verwaltung und Soziales, andere Branchen vs. Verwaltung und Soziales, Alter und Geschlecht. Methode: Einschluss.

Abhängige Variable: Erhalt der Arbeitsfähigkeit - Verhalten	Nicht standardisierte Koeffizienten		Standardisierte Koeffizienten			Korrelationen		
	Regressions-koeffizient B	Standard-fehler	β	T	Sig.	Nullter Ordnung	Partiell	Teil
(Konstante)	.580	.408		1.423	.156			
Erhalt der Arbeitsfähigkeit - Einstellung	.706	.050	.598	14.065	.000	.603	.588	.566
WA1	-9.288E-5	.059	.000	-.002	.999	.062	.000	.000
WA2	-.029	.058	-.022	-.496	.620	.038	-.026	-.020
WA3	.067	.076	.043	.879	.380	.142	.045	.035
EF1	-.160	.093	-.084	-1.729	.085	.065	-.089	-.070
EF2	.139	.079	.079	1.750	.081	.107	.090	.070
EF3	.082	.081	.050	1.010	.313	.095	.052	.041
Führungsstufe	.017	.033	.022	.509	.611	-.009	.026	.020
Anzahl Jahre im Unternehmen	-.006	.003	-.087	-1.720	.086	-.078	-.089	-.069
Arbeitsland Deutschland vs. Arbeitsland Schweiz	-.047	.060	-.035	-.778	.437	-.148	-.040	-.031
anderes Arbeitsland vs. Arbeitsland Schweiz	-.036	.204	-.007	-.176	.860	-.024	-.009	-.007
Unternehmensgrösse	.044	.032	.063	1.369	.172	.029	.071	.055
Industrie vs. Verwaltung und Soziales	-.015	.074	-.011	-.203	.839	-.088	-.011	-.008
andere Branchen vs. Verwaltung und Soziales	.051	.061	.042	.836	.404	.051	.043	.034
Alter	-.001	.004	-.014	-.276	.783	-.034	-.014	-.011
Geschlecht	-.037	.059	-.029	-.629	.530	-.124	-.032	-.025

Abhängige Variable: Individualisierte altersspezifische Führung - Verhalten

	Nicht standardisierte Koeffizienten		Standardisierte Koeffizienten			Korrelationen		
	Regressionskoeffizient B	Standardfehler	β	T	Sig.	Nullter Ordnung	Partiell	Teil
(Konstante)	-.620	.440		-1.411	.159			
Individualisierte altersspezifische Führung - Einstellung	.711	.040	.669	17.583	.000	.697	.673	.632
WA1	-.042	.067	-.026	-.624	.533	.128	-.032	-.022
WA2	.128	.066	.078	1.956	.051	.249	.101	.070
WA3	.081	.086	.041	.941	.347	-.029	.049	.034
EF1	.100	.103	.041	.962	.336	.132	.050	.035
EF2	-.034	.090	-.015	-.374	.708	-.091	-.019	-.013
EF3	.097	.091	.047	1.069	.286	.172	.055	.038
Führungsstufe	.001	.037	.001	.025	.980	.020	.001	.001
Anzahl Jahre im Unternehmen	3.144E-5	.004	.000	.009	.993	.019	.000	.000
Arbeitsland Deutschland vs. Arbeitsland Schweiz	.092	.067	.055	1.380	.168	.029	.071	.050
anderes Arbeitsland vs. Arbeitsland Schweiz	-.401	.229	-.065	-1.751	.081	-.117	-.090	-.063
Unternehmensgrösse	.046	.036	.053	1.291	.198	.010	.067	.046
Industrie vs. Verwaltung und Soziales	-.149	.083	-.088	-1.793	.074	-.087	-.092	-.064
andere Branchen vs. Verwaltung und Soziales	.048	.069	.031	.696	.487	.048	.036	.025
Alter	.002	.004	.022	.484	.629	.099	.025	.017
Geschlecht	-.020	.066	-.012	-.304	.761	-.036	-.016	-.011

Abhängige Variable: Frühzeitiger Austritt aus dem Erwerbsleben - Verhalten

	Nicht standardisierte Koeffizienten		Standardisierte Koeffizienten	T	Sig.	Korrelationen		
	Regressions-koeffizient B	Standard-fehler	β			Nullter Ordnung	Partiell	Teil
(Konstante)	1.442	.388		3.712	.000			
Frühzeitiger Austritt aus dem Erwerbsleben - Einstellung	.620	.039	.646	16.031	.000	.654	.638	.610
WA1	.035	.059	.026	.602	.548	.124	.031	.023
WA2	.002	.057	.002	.040	.968	.041	.002	.002
WA3	.050	.075	.031	.660	.510	.128	.034	.025
EF1	-.026	.091	-.013	-.285	.776	.031	-.015	-.011
EF2	.016	.078	.009	.211	.833	.092	.011	.008
EF3	.014	.080	.008	.171	.864	.062	.009	.007
Führungsstufe	.061	.033	.077	1.855	.064	.181	.095	.071
Anzahl Jahre im Unternehmen	.005	.003	.077	1.608	.109	-.017	.083	.061
Arbeitsland Deutschland vs. Arbeitsland Schweiz	-.147	.059	-.106	-2.484	.013	-.039	-.127	-.095
anderes Arbeitsland vs. Arbeitsland Schweiz	.123	.202	.024	.609	.543	.081	.031	.023
Unternehmensgrösse	-.023	.031	-.032	-.744	.457	-.122	-.038	-.028
Industrie vs. Verwaltung und Soziales	-.063	.073	-.045	-.866	.387	-.056	-.045	-.033
andere Branchen vs. Verwaltung und Soziales	-.070	.060	-.055	-1.162	.246	-.040	-.060	-.044
Alter	-.006	.004	-.073	-1.519	.130	-.018	-.078	-.058
Geschlecht	.086	.058	.064	1.502	.134	-.018	.077	.057

Abhängige Variable: Führung älterer Mitarbeitender - Verhalten	Nicht standardisierte Koeffizienten		Standardisierte Koeffizienten			Korrelationen		
	Regressionskoeffizient B	Standardfehler	β	T	Sig.	Nullter Ordnung	Partiell	Teil
(Konstante)	.347	.365		.951	.342			
Führung älterer Mitarbeitender - Einstellung	.589	.046	.550	12.871	.000	.611	.554	.498
WA1	.139	.056	.113	2.485	.013	.297	.127	.096
WA2	.057	.053	.046	1.073	.284	.099	.055	.042
WA3	.140	.071	.093	1.977	.049	.257	.102	.076
EF1	-.187	.086	-.102	-2.169	.031	.121	-.111	-.084
EF2	.168	.073	.099	2.288	.023	.133	.118	.089
EF3	.072	.075	.045	.960	.338	.161	.050	.037
Führungsstufe	.005	.031	.007	.178	.859	.002	.009	.007
Anzahl Jahre im Unternehmen	-.009	.003	-.146	-2.987	.003	-.142	-.153	-.116
Arbeitsland Deutschland vs. Arbeitsland Schweiz	.006	.055	.005	.107	.915	-.029	.006	.004
anderes Arbeitsland vs. Arbeitsland Schweiz	-.319	.188	-.068	-1.694	.091	-.042	-.087	-.066
Unternehmensgrösse	.002	.029	.004	.081	.936	-.071	.004	.003
Industrie vs. Verwaltung und Soziales	-.006	.068	-.004	-.082	.935	-.048	-.004	-.003
andere Branchen vs. Verwaltung und Soziales	.005	.057	.004	.092	.926	-.050	.005	.004
Alter	.003	.004	.041	.843	.400	.029	.044	.033
Geschlecht	-.073	.054	-.058	-1.343	.180	-.162	-.069	-.052

Regressionsmodelle mit der Einstellung als abhängiger Variable

abhängige Variable (Kriterium)	Prädiktoren	R^2	F	p	Korrigiertes R^2	Effektstärke f^2	Teststärke $1-\beta$
Erhalt der Arbeitsfähigkeit - Einstellung	WA1, WA2, WA3, EF1, EF2, EF3, Führungsstufe, Anzahl Jahre im Unternehmen, Arbeitsland Deutschland vs. Arbeitsland Schweiz, anderes Arbeitsland vs. Arbeitsland Schweiz, Unternehmensgrösse, Industrie vs. Verwaltung und Soziales, andere Branchen vs. Verwaltung und Soziales, Alter und Geschlecht	.104	$F_{15,375}= 2.889$	.000	.068	.116	.998
Individualisierte altersspezifische Führung - Einstellung		.108	$F_{15,375}= 3.041$	.000	.073	.121	.998
Frühzeitiger Austritt aus dem Erwerbsleben - Einstellung		.108	$F_{15,375}= 3.019$	.000	.072	.121	.998
Führung älterer Mitarbeitender - Einstellung		.180	$F_{15,375}= 5.502$	.000	.148	.220	1.000

Methode: Einschluss.

Abhängige Variable: Erhalt der Arbeitsfähigkeit - Einstellung

Einstellung	Nicht standardisierte Koeffizienten		Standardisierte Koeffizienten	T	Sig.	Korrelationen		
	Regressionskoeffizient B	Standardfehler	β			Nullter Ordnung	Partiell	Teil
(Konstante)	2.581	.398		6.491	.000			
WA1	.024	.061	.022	.387	.699	.104	.020	.019
WA2	.107	.059	.096	1.798	.073	.121	.092	.088
WA3	.133	.078	.101	1.700	.090	.116	.087	.083
EF1	.220	.095	.136	2.318	.021	.178	.119	.113
EF2	-.094	.082	-.063	-1.147	.252	.021	-.059	-.056
EF3	.101	.083	.072	1.209	.227	.145	.062	.059
Führungsstufe	.004	.034	.006	.107	.915	-.017	.006	.005
Anzahl Jahre im Unternehmen	.001	.003	.016	.260	.795	-.001	.013	.013
Arbeitsland Deutschland vs. Arbeitsland Schweiz	-.164	.061	-.146	-2.683	.008	-.136	-.137	-.131
anderes Arbeitsland vs. Arbeitsland Schweiz	-.134	.210	-.032	-.637	.525	-.062	-.033	-.031
Unternehmensgrösse	.030	.033	.051	.918	.359	.003	.047	.045
Industrie vs. Verwaltung und Soziales	.005	.076	.004	.059	.953	-.059	.003	.003
andere Branchen vs. Verwaltung und Soziales	-.019	.063	-.018	-.300	.764	-.013	-.016	-.015
Alter	.001	.004	.013	.210	.834	.022	.011	.010
Geschlecht	-.163	.060	-.148	-2.714	.007	-.153	-.139	-.133

Abhängige Variable: Individualisierte altersspezifische Führung - Einstellung	Nicht standardisierte Koeffizienten		Standardisierte Koeffizienten			Korrelationen		
	Regressionskoeffizient B	Standardfehler	β	T	Sig.	Nullter Ordnung	Partiell	Teil
(Konstante)	1.736	.555		3.131	.002			
WA1	.176	.085	.116	2.070	.039	.147	.106	.101
WA2	.249	.083	.161	3.005	.003	.233	.153	.147
WA3	-.163	.109	-.088	-1.489	.137	-.091	-.077	-.073
EF1	.086	.132	.038	.651	.516	.096	.034	.032
EF2	-.261	.114	-.125	-2.297	.022	-.145	-.118	-.112
EF3	.127	.116	.066	1.100	.272	.135	.057	.054
Führungsstufe	.000	.047	-.001	-.010	.992	.018	-.001	.000
Anzahl Jahre im Unternehmen	-.006	.005	-.076	-1.233	.218	-.022	-.064	-.060
Arbeitsland Deutschland vs. Arbeitsland Schweiz	-.049	.085	-.031	-.579	.563	.004	-.030	-.028
anderes Arbeitsland vs. Arbeitsland Schweiz	-.255	.292	-.044	-.872	.384	-.052	-.045	-.043
Unternehmensgrösse	.010	.046	.012	.222	.825	-.022	.011	.011
Industrie vs. Verwaltung und Soziales	.038	.106	.024	.355	.723	-.011	.018	.017
andere Branchen vs. Verwaltung und Soziales	-.011	.088	-.008	-.125	.901	-.032	-.006	-.006
Alter	.011	.006	.120	1.949	.052	.075	.100	.095
Geschlecht	-.115	.084	-.075	-1.375	.170	-.035	-.071	-.067

Abhängige Variable: Frühzeitiger Austritt aus dem Erwerbsleben - Einstellung

	Nicht standardisierte Koeffizienten		Standardisierte Koeffizienten			Korrelationen		
	Regressions-koeffizient B	Standard-fehler	β	T	Sig.	Nullter Ordnung	Partiell	Teil
(Konstante)	2.016	.508		3.967	.000			
WA1	.118	.078	.085	1.516	.130	.136	.078	.074
WA2	.075	.076	.053	.984	.326	.050	.051	.048
WA3	.187	.100	.110	1.868	.062	.138	.096	.091
EF1	.077	.121	.037	.632	.528	.074	.033	.031
EF2	.138	.104	.072	1.325	.186	.113	.068	.065
EF3	-.007	.106	-.004	-.066	.948	.075	-.003	-.003
Führungsstufe	.122	.044	.148	2.813	.005	.161	.144	.137
Anzahl Jahre im Unternehmen	-.003	.004	-.047	-.766	.444	-.066	-.040	-.037
Arbeitsland Deutschland vs. Arbeitsland Schweiz	.194	.078	.134	2.477	.014	.105	.127	.121
anderes Arbeitsland vs. Arbeitsland Schweiz	.533	.268	.100	1.989	.047	.075	.102	.097
Unternehmensgrösse	-.050	.042	-.067	-1.196	.233	-.122	-.062	-.058
Industrie vs. Verwaltung und Soziales	-.025	.097	-.017	-.254	.800	.000	-.013	-.012
andere Branchen vs. Verwaltung und Soziales	-.049	.081	-.037	-.611	.542	-.060	-.032	-.030
Alter	-.003	.005	-.042	-.677	.499	-.010	-.035	-.033
Geschlecht	-.118	.077	-.084	-1.538	.125	-.100	-.079	-.075

Abhängige Variable: Führung älterer Mitarbeitender - Einstellung	Nicht standardisierte Koeffizienten		Standardisierte Koeffizienten	T	Sig.	Korrelationen		
	Regressionskoeffizient B	Standardfehler	β			Nullter Ordnung	Partiell	Teil
(Konstante)	1.662	.403		4.128	.000			
WA1	.243	.062	.213	3.944	.000	.296	.200	.184
WA2	.051	.060	.043	.841	.401	.101	.043	.039
WA3	.189	.079	.135	2.385	.018	.183	.122	.111
EF1	.321	.096	.187	3.347	.001	.235	.170	.156
EF2	-.125	.083	-.079	-1.517	.130	.017	-.078	-.071
EF3	.032	.084	.022	.385	.700	.172	.020	.018
Führungsstufe	-.029	.034	-.043	-.848	.397	-.029	-.044	-.040
Anzahl Jahre im Unternehmen	-.007	.003	-.123	-2.090	.037	-.083	-.107	-.098
Arbeitsland Deutschland vs. Arbeitsland Schweiz	-.019	.062	-.016	-.300	.764	-.010	-.016	-.014
anderes Arbeitsland vs. Arbeitsland Schweiz	.212	.212	.048	.998	.319	.013	.051	.047
Unternehmensgrösse	-.013	.033	-.021	-.397	.691	-.053	-.021	-.019
Industrie vs. Verwaltung und Soziales	.012	.077	.010	.161	.872	.002	.008	.008
andere Branchen vs. Verwaltung und Soziales	-.070	.064	-.064	-1.099	.272	-.096	-.057	-.051
Alter	.007	.004	.104	1.763	.079	.045	.091	.082
Geschlecht	-.141	.061	-.121	-2.323	.021	-.146	-.119	-.109

Regressionsmodelle für die abhängige Variable Verhalten ohne die unabhängige Variable Einstellung

abhängige Variable (Kriterium)	Prädiktoren	R^2	F	p	Korrigiertes R^2	Effektstärke f^2	Teststärke $1-\beta$
Erhalt der Arbeitsfähigkeit - Verhalten	WA1, WA2, WA3, EF1, EF2, EF3, Führungsstufe, Anzahl Jahre im Unternehmen, Arbeitsland Deutschland vs. Arbeitsland Schweiz, anderes Arbeitsland vs. Arbeitsland Schweiz, Unternehmensgrösse, Industrie vs. Verwaltung und Soziales, andere Branchen vs. Verwaltung und Soziales, Alter und Geschlecht	.074	$F_{15,375}= 2.006$	.014	.037	.080	.962
Individualisierte altersspezifische Führung - Verhalten		.118	$F_{15,375}= 3.355$	.000	.083	.134	.999
Frühzeitiger Austritt aus dem Erwerbsleben - Verhalten		.086	$F_{15,375}= 2.351$	.003	.049	.094	.986
Führung älterer Mitarbeitender - Verhalten		.193	$F_{15,375}= 5.967$	.000	.160	.239	1.000

Methode: Einschluss.

Abhängige Variable: Erhalt der Arbeitsfähigkeit - Verhalten	Nicht standardisierte Koeffizienten		Standardisierte Koeffizienten			Korrelationen		
	Regressions-koeffizient B	Standard-fehler	β	T	Sig.	Nullter Ordnung	Partiell	Teil
(Konstante)	2.404	.478		5.033	.000			
WA1	.017	.073	.013	.227	.821	.062	.012	.011
WA2	.047	.071	.036	.654	.513	.038	.034	.033
WA3	.161	.094	.103	1.715	.087	.142	.088	.085
EF1	-.005	.114	-.003	-.047	.963	.065	-.002	-.002
EF2	.073	.098	.041	.745	.457	.107	.038	.037
EF3	.153	.100	.093	1.531	.127	.095	.079	.076
Führungsstufe	.019	.041	.025	.475	.635	-.009	.025	.024
Anzahl Jahre im Unternehmen	-.005	.004	-.078	-1.240	.216	-.078	-.064	-.062
Arbeitsland Deutschland vs. Arbeitsland Schweiz	-.163	.074	-.122	-2.214	.027	-.148	-.114	-.110
anderes Arbeitsland vs. Arbeitsland Schweiz	-.130	.252	-.027	-.518	.605	-.024	-.027	-.026
Unternehmensgrösse	.065	.039	.094	1.650	.100	.029	.085	.082
Industrie vs. Verwaltung und Soziales	-.012	.091	-.009	-.130	.897	-.088	-.007	-.006
andere Branchen vs. Verwaltung und Soziales	.038	.076	.031	.500	.617	.051	.026	.025
Alter	.000	.005	-.006	-.100	.921	-.034	-.005	-.005
Geschlecht	-.152	.072	-.117	-2.111	.035	-.124	-.108	-.105

Abhängige Variable: Individualisierte altersspezifische Führung - Verhalten	Nicht standardisierte Koeffizienten		Standardisierte Koeffizienten	T	Sig.	Korrelationen		
	Regressionskoeffizient B	Standardfehler	β			Nullter Ordnung	Partiell	Teil
(Konstante)	.614	.586		1.048	.296			
WA1	.083	.090	.052	.927	.354	.128	.048	.045
WA2	.305	.088	.185	3.488	.001	.249	.177	.169
WA3	-.035	.115	-.018	-.302	.763	-.029	-.016	-.015
EF1	.161	.140	.067	1.151	.250	.132	.059	.056
EF2	-.219	.120	-.099	-1.824	.069	-.091	-.094	-.088
EF3	.188	.122	.091	1.533	.126	.172	.079	.074
Führungsstufe	.001	.050	.001	.012	.990	.020	.001	.001
Anzahl Jahre im Unternehmen	-.004	.005	-.050	-.823	.411	.019	-.042	-.040
Arbeitsland Deutschland vs. Arbeitsland Schweiz	.057	.090	.034	.633	.527	.029	.033	.031
anderes Arbeitsland vs. Arbeitsland Schweiz	-.582	.309	-.095	-1.885	.060	-.117	-.097	-.091
Unternehmensgrösse	.053	.048	.061	1.106	.270	.010	.057	.054
Industrie vs. Verwaltung und Soziales	-.122	.112	-.072	-1.090	.277	-.087	-.056	-.053
andere Branchen vs. Verwaltung und Soziales	.040	.093	.026	.432	.666	.048	.022	.021
Alter	.010	.006	.103	1.671	.095	.099	.086	.081
Geschlecht	-.102	.088	-.062	-1.151	.251	-.036	-.059	-.056

Abhängige Variable: Frühzeitiger Austritt aus dem Erwerbsleben - Verhalten	Nicht standardisierte Koeffizienten		Standardisierte Koeffizienten	T	Sig.	Korrelationen		
	Regressionskoeffizient B	Standardfehler	β			Nullter Ordnung	Partiell	Teil
(Konstante)	2.691	.494		5.452	.000			
WA1	.108	.076	.082	1.433	.153	.124	.074	.071
WA2	.049	.074	.036	.659	.510	.041	.034	.033
WA3	.166	.097	.102	1.703	.089	.128	.088	.084
EF1	.022	.118	.011	.183	.855	.031	.009	.009
EF2	.102	.101	.056	1.008	.314	.092	.052	.050
EF3	.009	.103	.005	.090	.928	.062	.005	.004
Führungsstufe	.137	.042	.172	3.240	.001	.181	.165	.160
Anzahl Jahre im Unternehmen	.003	.004	.047	.752	.453	-.017	.039	.037
Arbeitsland Deutschland vs. Arbeitsland Schweiz	-.027	.076	-.019	-.350	.727	-.039	-.018	-.017
anderes Arbeitsland vs. Arbeitsland Schweiz	.453	.260	.089	1.741	.083	.081	.090	.086
Unternehmensgrösse	-.055	.041	-.076	-1.338	.182	-.122	-.069	-.066
Industrie vs. Verwaltung und Soziales	-.078	.095	-.056	-.829	.408	-.056	-.043	-.041
andere Branchen vs. Verwaltung und Soziales	-.101	.078	-.079	-1.286	.199	-.040	-.066	-.063
Alter	-.008	.005	-.100	-1.604	.110	-.018	-.083	-.079
Geschlecht	.013	.074	.010	.180	.857	-.018	.009	.009

Abhängige Variable: Führung älterer Mitarbeitender - Verhalten

	Nicht standardisierte Koeffizienten		Standardisierte Koeffizienten			Korrelationen		
	Regressions-koeffizient B	Standard-fehler	β	T	Sig.	Nullter Ordnung	Partiell	Teil
(Konstante)	1.326	.428		3.098	.002			
WA1	.282	.066	.230	4.299	.000	.297	.217	.199
WA2	.087	.064	.069	1.362	.174	.099	.070	.063
WA3	.251	.084	.168	2.982	.003	.257	.152	.138
EF1	.002	.102	.001	.019	.985	.121	.001	.001
EF2	.094	.088	.056	1.073	.284	.133	.055	.050
EF3	.091	.089	.058	1.013	.312	.161	.052	.047
Führungsstufe	-.012	.037	-.016	-.322	.748	.002	-.017	-.015
Anzahl Jahre im Unternehmen	-.013	.004	-.214	-3.662	.000	-.142	-.186	-.170
Arbeitsland Deutschland vs. Arbeitsland Schweiz	-.005	.066	-.004	-.078	.938	-.029	-.004	-.004
anderes Arbeitsland vs. Arbeitsland Schweiz	-.194	.226	-.041	-.860	.390	-.042	-.044	-.040
Unternehmensgrösse	-.005	.035	-.008	-.153	.879	-.071	-.008	-.007
Industrie vs. Verwaltung und Soziales	.002	.082	.001	.021	.983	-.048	.001	.001
andere Branchen vs. Verwaltung und Soziales	-.036	.068	-.031	-.532	.595	-.050	-.027	-.025
Alter	.007	.004	.099	1.682	.093	.029	.087	.078
Geschlecht	-.156	.065	-.125	-2.414	.016	-.162	-.124	-.112